TIERRA DE NADIE

Los mitos sobre Malvinas

Edición al cuidado de Daniel Guebel

IGNACIO MONTES DE OCA

TIERRA DE NADIE

Los mitos sobre Malvinas

EDITORIAL SUDAMERICANA
BUENOS AIRES

Montes de Oca, Ignacio
    Tierra de nadie - 1ª ed. - Buenos Aires : Sudamericana, 2006.
    288 p. ; 23x16 cm. (Ensayo)

    ISBN 950-07-2725-0

    1. Ensayo Argentino. I. Título
    CDD A864

IMPRESO EN LA ARGENTINA

Queda hecho el depósito
que previene la ley 11.723.
© 2006, Editorial Sudamericana S.A.®
Humberto I 531, Buenos Aires.

www.edsudamericana.com.ar

ISBN-10: 950-07-2725-0
ISBN-13: 978-950-07-2725-9

A Carito

Prólogo

◆

Tierra de nadie es el nombre que recibe la franja de terreno que separa a las trincheras adversarias. La tierra de nadie es el sitio donde se mata y se muere, una franja que aún no pertenece a ninguno de los bandos que se la disputan. Es un sitio suspendido en el tiempo donde yacen los muertos y gimen los heridos entre el humo y los alaridos. Aunque no ofrece otra cosa que desazón y violencia, ese pedazo de la tierra es tan anhelado por los que participan de la batalla que muchos de ellos dan todo lo que tienen por conquistarlo.

Para los argentinos las Malvinas son un territorio ocupado ilegítimamente desde 1833 por Gran Bretaña, que merecen cualquier sacrificio para ser restituidas al patrimonio nacional. No importa la ideología del partido que gobierne en la Argentina, el reclamo por la soberanía de Malvinas, Georgias y Sandwich del Sur será parte previsible de su política exterior.

Para los británicos, que antes de 1982 apenas sabían de la existencia de este archipiélago, las Malvinas son el símbolo de la supervivencia del imperio colonial. Las islas son una de las últimas gemas en la Corona, cuya posesión mereció el mayor esfuerzo bélico desde el fin de la Segunda Guerra Mundial, y aun valen los cientos de millones de dólares anuales que cuesta mantener allí una de sus bases más importantes en el extranjero.

La legalidad del reclamo argentino se equilibra con el poder militar y político que despliega el Reino Unido. Los muertos de 1982 son todavía un condicionante muy poderoso para que la Argentina y Gran Bretaña se sienten a conversar pacíficamente para cerrar este capítulo nefasto de su historia común.

Esas islas, que ya provocaron tantas muertes a lo largo de la historia y el enfrentamiento permanente entre dos naciones que en algún momento fueron aliadas cercanas, no poseen mayor valor estratégico y económico.

9

En Malvinas viven en la actualidad tantas personas como las que ocupan una cuadra de cualquiera de las grandes ciudades del mundo. Las islas no producen nada que pueda desequilibrar el comercio mundial; no hay una sola fábrica allí. Su posición ya no es estratégica; quien domine su territorio no podrá reclamar el estatus de potencia global o regional. Su tierra es incapaz de producir siquiera el sustento de los que la habitan. Aunque hasta hace poco sus aguas eran ricas en recursos pesqueros, en años recientes esa riqueza se esfumó de la mano de la explotación excesiva. En Malvinas existen piedras, nubes, frío y la omnipresente turba, una forma de vegetación que apenas sirve para mojar los pies de los que la pisan.

Ese territorio yermo e insoportable provocó la única guerra entre países del hemisferio occidental desde la Segunda Guerra Mundial, y, como el resultado de las armas no acalló los reclamos argentinos, ese estado de perpetua indefinición hace que exista la posibilidad de que en algún momento del futuro se produzca otro conflicto armado si no se llega a un acuerdo razonable sobre quién es el propietario definitivo de las islas.

Pero las razones que alientan a los argentinos y británicos no deben ser buscadas en la economía ni en la política. Quizá resulte más fácil explicar la centenaria disputa por las islas observando cómo influyeron a lo largo de la historia el orgullo imperial británico y el nacionalismo argentino en las negociaciones por la soberanía.

Miles de horas de discusiones y debates entre argentinos y británicos, toneladas de documentos diplomáticos y centenares de libros abonan con mayor o menor suerte los argumentos de cada país para reivindicar el derecho sobre las Malvinas, Georgias y Sandwich del Sur. Pese al fervor puesto por cada bando para convencer al otro sobre la justicia de su reclamo, hace más de ciento cincuenta años que no se avanza prácticamente nada en la búsqueda de una solución.

Es como si las Malvinas coquetearan siempre con la muerte. Esa tierra amarga parece empecinada en observar cómo se eterniza el conflicto. Casi nadie en el mundo las conoce y fuera de la Argentina y Gran Bretaña su nombre sólo recuerda una guerra ocurrida a inicios de la década de 1980.

En tiempos en que la especie humana ha logrado descifrar el código genético de su propio cuerpo y se encuentra próxima a colocar un hombre en Marte, todavía no logró ponerse de acuerdo en el reparto del planeta que habita. Son tantos los reclamos de territorio pendientes entre Estados que sumando los espacios en discusión podríamos crear un nuevo continente. Como ocurrió muchas veces en el pasado, probablemente en el futuro esos reclamos se convertirán en guerras, como sucedió con Malvinas en 1982.

Por esta tierra fría y todavía desolada se cometieron traiciones, asesinatos, actos de heroísmo y de enorme estupidez. Se perdieron casi mil vidas en la guerra de 1982. Cerca de setecientos ex combatientes de Malvinas de ambos bandos recurrieron al suicidio, cansados de soportar el sufrimiento que les provocó ser parte de una batalla que terminó antes de que pudieran darse cuenta de que estaban en guerra. Entre los sobrevivientes hay mutilados, cuerpos retorcidos por el dolor permanente, extrañas enfermedades que heredan los hijos de los soldados, hogares con huérfanos que nunca tocaron a sus padres y padres que extrañan a sus hijos.

"Algo debe tener" esta tierra, como una mujer carente de gracia por la cual dos hombres son capaces de dejar su vida y honor con tal de llamarse su dueño.

Algo debe poseer este yermo páramo en medio del helado Atlántico Sur para provocar una de las guerras más amargas, complejas y brevemente violentas que vivió el siglo XX.

Ésta es otra historia de las Malvinas o de las Falklands, según como quiera cada uno llamar al archipiélago del sur del Atlántico. Dicen que cuando uno les pone nombre a las cosas, de alguna forma se apropia de ellas. Quizás allí radique el problema que llevó a la guerra: los argentinos quieren las Malvinas, los británicos las Falklands y nadie es capaz de entregarle al otro aquello que cree que le pertenece.

Las páginas de este libro pretenden entonces arrojar una luz sobre ese conflicto entre dos pueblos —tres si se piensa a los pobladores de las islas como un colectivo con intereses propios— y aportar a la comprensión sobre el porqué de una guerra por una tierra de nadie.

Las historias que siguen apuestan a mostrar lo que significó realmente la guerra de 1982 y el interminable dolor que provoca el conflicto en las personas que se ven envueltas en él. Porque la guerra no termina, aunque un papel firmado entre ambos bandos diga que el conflicto acabó el 14 de junio de 1982.

Ninguna guerra vale la pena cuando hay alternativas para resolver las diferencias por medios no violentos. Al menos en seis ocasiones Gran Bretaña quiso devolver las islas a la Argentina y en otras tantas ocasiones la Argentina desperdició la oportunidad para evitar el conflicto de 1982. Este libro relata lo que sucedió y sigue sucediendo. Explica por qué detrás de los relatos heroicos se esconde otra historia de la guerra plagada de intrigas, de los más nefastos egoísmos, y qué es lo que realmente provoca un conflicto bélico en sus protagonistas, más allá de las edulcoradas historias sobre valentía. También narra detalles desconocidos o poco conocidos de la guerra que demuestran que los novecientos muertos que cayeron en los combates fueron víctimas del cálculo político de quienes no dudaron en enviar a sus jóvenes a la batalla para proteger sus carreras y ambiciones políticas.

Cuando se descorre el velo sobre la verdadera historia de las islas y de la guerra de 1982, se entiende que todo lo sucedido fue un inmenso error y que la tierra de nadie sigue estando allí, viendo cómo desde las trincheras los enemigos se observan esperando la oportunidad para lanzarse a una nueva carga con la que pretenderán lograr por medio de la violencia lo que el diálogo quizá podría conseguir... si no primase la estupidez sobre la cordura.

Capítulo 1

Siete gauchos contra la Marina británica

◆

A penas lograda la rendición de los marines británicos de Puerto Stanley el 2 de abril de 1982, los militares argentinos fueron presa del furor por castellanizar los nombres puestos por los ingleses a la cartografía del archipiélago.

En los días siguientes algunas imprentas de Buenos Aires trabajaron a tiempo completo para fabricar nuevos mapas de Malvinas con los nuevos nombres dictados por los militares. Monte Tumbledown pasó a ser Monte Destartalado; Moody Brook fue Arroyo Correntoso; Goose Green fue cambiado por Pradera del Ganso, Sapper Hill por Cerro Zapador, y así sucedió con los principales hitos geográficos de las islas.

Un oficial del Regimiento de Infantería 25, la unidad que formó la vanguardia de la invasión argentina[1], sugirió a sus superiores que la capital de Malvinas pasara a llamarse Puerto Rivero.

Aunque no figuraba en los mapas de Malvinas, Puerto Rivero era el nombre usado por los nacionalistas argentinos para referirse a la capital de las islas desde 1966. En aquel año, un grupo de jóvenes autodenominados "Comando Cóndor" secuestró y desvió un avión comercial hacia las islas y una vez en tierra renombraron la ciudad como Puerto Rivero.

No consta la respuesta al pedido de cambio de nombre hecho por aquel oficial del Regimiento 25, pero desde el 5 de abril los militares y periodistas argentinos que estaban en Malvinas empezaron a referirse a "Puerto Rivero" cada vez que hablaban de la capital de las islas[2].

---

[1] La palabra "invasión" sólo se utiliza en la primera acepción dada por la Real Academia Española: "Irrumpir, entrar por la fuerza", y en ese sentido será utilizada en adelante, y su uso en el presente libro no tiene intenciones de describir el ingreso de tropas en territorios que no les pertenecen.

[2] John Smith, 74 days, Quetzal, Londres, 1984.

Pero ¿quién era ese Rivero que había merecido semejante devoción y que su nombre fuera usado tantas veces para renombrar la capital de Malvinas? Para descubrirlo es preciso conocer la historia del intento argentino de colonizar Malvinas a inicios del siglo XIX, el relato del primer asentamiento en las islas encabezado por el alemán Luis Vernet y la posterior invasión inglesa a las islas en 1833.

Antonio Rivero nació el 7 de noviembre de 1808 en la localidad entrerriana de Concepción del Uruguay. Como muchos trabajadores rurales de la época, recorrió la Argentina en busca de empleo. Rivero fue esquilador en la Patagonia y gaucho en la pampa. En 1828,[3] cuando contaba con apenas 20 años, fue contratado por el comerciante Louis Elías Vernet para trabajar en Malvinas como esquilador de ovejas.

Louis Vernet era un comerciante proveniente de la ciudad alemana de Hamburgo. Nació en el seno de una familia hugonote francesa que llegó a Alemania a fines del siglo XVIII huyendo de las persecuciones religiosas. Deseoso de hacer fortuna en el nuevo mundo, Vernet viajó hacia Buenos Aires en 1819. Al llegar, cambió su primer nombre por Luis y con el tiempo se convirtió en un respetado comerciante con fluidos contactos entre las autoridades de la recién creada Confederación del Río de la Plata.

A inicios de 1820, el gobierno de Buenos Aires envió al buque *Heroína* para que tomara posesión de las Malvinas. El 6 de noviembre se izó la bandera argentina en Puerto Soledad y se saludó a la insignia con una salva de veintiún cañonazos. Terminada la ceremonia, la *Heroína* retornó a Buenos Aires sin dejar habitantes en las islas.

En agosto de 1823, Luis Vernet le compró a Jorge Pacheco una deuda incobrable de cien mil pesos que éste tenía con el gobierno porteño y la canjeó por los derechos exclusivos de colonización y explotación de Malvinas y Tierra del Fuego. Vernet obtuvo así la propiedad de todas las tierras de las islas, a excepción de una porción apartada para la familia Pacheco y diez leguas que se reservó el gobierno. Posteriormente, el gobernador de la provincia de Buenos Aires, Manuel Rodríguez, creó la Gobernación de las Islas Malvinas y los territorios adyacentes al Cabo de Hornos el 9 de junio de 1829 y le concedió el título de gobernador a Vernet.

[3] Hipólito Solari Irigoyen, *Malvinas: lo que no cuentan los ingleses*, El Ateneo, Buenos Aires, 1998.

14

Aunque Luis Vernet figura en la actualidad dentro del panteón de los argentinos ilustres, su fidelidad con el gobierno de Buenos Aires resultó siempre una cuestión de conveniencia comercial. Mientras las autoridades porteñas lo designaban gobernador de Malvinas, el comerciante mantenía informado al representante de negocios británico en Buenos Aires, Woodbine Parisch, sobre sus gestiones y le solicitaba el consentimiento de la Corona para seguir adelante con su empresa. Más tarde, Vernet le ofreció a Parisch ser su socio en la explotación de las tierras malvinenses, oferta que el diplomático británico no aceptó. El comerciante alemán sabía que los británicos reclamaban las Malvinas como territorio propio y es probable que tantas atenciones con Parisch apuntaran a no enemistarse con la potencia militar y económica de la época. En los meses siguientes Vernet mantuvo una abultada correspondencia con Parisch, informándole detalladamente sobre los asuntos de las islas. Aunque era el gobernador de las Malvinas, Vernet tuvo siempre la atención de poner "Falkland" en el remitente de las cartas que le enviaba al diplomático inglés.

En esos años, las islas eran un sitio inhóspito frente a las costas argentinas. Sólo llegaban a ellas algunos buques para cazar ballenas y lobos marinos. A comienzos del siglo XIX no había en Malvinas un puerto donde reaprovisionarse, ni población estable.

Vernet desembarcó en Malvinas en junio de 1826 con unas treinta familias y unos cincuenta criados y esclavos[4]. La mayoría de los colonos provenía de Alemania y Holanda. En la expedición también había peones criollos e indios, entre los que se encontraba el gaucho Rivero, contratados para realizar las faenas en la estancia ganadera que Vernet fundó con caballos, vacas y ovejas traídas en los barcos.

El casco de la estancia y las casas de los colonos que lo acompañaban se construyeron con madera transportada desde Tierra del Fuego. La primera población estable de Malvinas se asentó en un viejo fondeadero de la isla Gran Malvina conocido como Puerto Luis, que había sido fundado por el marino francés Antoine de Bougainville al norte de donde se encuentra hoy Puerto Argentino.

Con la inauguración de la estancia Vernet, algunos barcos cazadores y pesqueros con bandera argentina comenzaron a operar en el archipiélago cuando el flamante gobernador comenzó a vender los primeros permisos de explotación de los caladeros de peces, ballenas y lobos marinos que rodean a las Malvinas. El dinero que entraba en las arcas de la gobernación convirtió en pocos meses al asentamiento de Vernet en un próspero negocio.

---

[4] Las fuentes divergen sobre este punto. Algunas hablan de una docena y otras elevan esa cifra a cincuenta.

A poco de establecerse Vernet en Malvinas, partieron desde Puerto Luis las primeras cargas de pescado y carnes con destino al continente. Hacia fines de 1829, todo parecía marchar de acuerdo con los planes del comerciante alemán.

Sin embargo la calma era aparente. Flotillas de buques de diferentes nacionalidades cazaban en los caladeros de pingüinos y lobos marinos que rodean a Malvinas sin pagarle tributo a Vernet. El 26 de diciembre de 1829 y nuevamente el 25 de agosto de 1830, el gobernador solicitó por carta al gobernador de Buenos Aires, Juan Manuel de Rosas, que le enviara un barco de guerra y dos docenas de soldados de Buenos Aires para poder interceptarlos.

En julio de 1831, la goleta norteamericana *Harriet*, comandada por el capitán Gilbert Davidson, llegó a Puerto Luis. En la bodega de la *Harriet* se escondían cientos de cueros de lobos marinos producto de varias semanas de caza furtiva en la zona. Davidson ya había sido advertido en dos ocasiones anteriores por Vernet de que debía comprar la licencia para poder cazar en Malvinas o, caso contrario, retirarse de las islas. En ambas oportunidades el capitán Davidson había prometido a Vernet luego de ser amenazado con el decomiso de la carga de pieles que llevaba a bordo que no regresaría.

Cuando la goleta *Harriet* llegó a Puerto Luis por tercera vez con el propósito de reaprovisionarse de comestibles, Vernet pidió los libros de navegación del buque. Davidson se negó a mostrarlos, ante la certeza de que su bitácora delataría sus actividades de caza clandestina. Vernet dispuso entonces la captura de la *Harriet* y su tripulación. En las semanas siguientes, el gobernador apresó a los buques *Breakwater* y *Superior*, también de bandera norteamericana. Uno de los barcos logró escapar e informó al representante norteamericano en Buenos Aires sobre lo que había sucedido en Malvinas.

Los capitanes norteamericanos argumentaron ante Vernet que las Malvinas eran territorio británico y que, por lo tanto, carecía de autoridad para incautar sus naves. Un argumento similar fue usado por el representante de los Estados Unidos en la Argentina, George Slacum, cuando protestó ante los funcionarios porteños por la detención de los buques norteamericanos en Malvinas.

Vernet viajó a Buenos Aires en la goleta *Harriet* junto a Davidson para resolver ante las autoridades porteñas qué hacer con la carga decomisada en los buques capturados. La goleta llegó a Buenos Aires el 21 de noviembre de 1831 y ni bien tocó tierra el capitán Davidson corrió a pedir ayuda a George Slacum.

Ocho días después de la llegada de Vernet atracó en los muelles porteños la fragata estadounidense *Lexington*. La nave había recibido una carta del cónsul en Buenos Aires mientras se encontraba frente a las costas brasileñas. En la carta, Slacum le pedía a Silas Duncan, capitán de la *Lexington*, que interviniera para resolver la incautación de la carga de los buques norteamericanos en Malvinas.

Ante los funcionarios del puerto de Buenos Aires el capitán Duncan declaró que se dirigiría hacia las Malvinas en una obvia expedición de represalia. El gobierno de Buenos Aires no hizo nada para detenerlo y dejó que la nave se aprovisionara en su puerto.

El capitán Silas Duncan pidió sin éxito a las autoridades porteñas que enviaran a Vernet a bordo de su barco para juzgarlo por haber apresado a las naves norteamericanas. Vernet no abordó la *Lexington*, pero sí subió Davidson, quien se ofreció para guiar al buque hasta las aguas malvinenses. Davidson y Duncan pactaron que una vez en Malvinas el capitán de la *Harriet* tomaría de los almacenes de Vernet la mercadería necesaria para obtener una compensación por la carga que le fuera incautada.

Alertado por una carta de Slacum, el presidente norteamericano Andrew Jackson hizo pública su postura frente al incidente sucedido en Malvinas. En diciembre de 1831 en su discurso anual ante el Parlamento de su país, Jackson llamó "banda de piratas de la administración de las Falklands" a Vernet y sus hombres para luego anunciar el envío de fuerzas a fin de proteger a los ciudadanos de su país en las islas[5].

El 26 de diciembre la *Lexington* llegó a Puerto Luis. El navío entró a la rada enarbolando una bandera francesa en su mástil mayor. En una chalupa, tres hombres bajaron a tierra e invitaron al administrador de la estancia de Vernet, el escocés Mathew Brisbane, a que subiera a bordo de la fragata para tomar una taza de té y conocer a los oficiales del buque.

Cuando Brisbane estuvo a bordo de la fragata, los marinos le anunciaron que estaba arrestado por haber participado en actos de piratería contra naves norteamericanas y lo encerraron en la bodega. Un rato más tarde, desembarcó desde la fragata un grupo de soldados. Las tropas norteamericanas saquearon algunas casas, destruyeron los cañones de la gobernación y quemaron los depósitos de pólvora.

---

[5] "Oh, oh, oh, what a beautiful war!", *The Libertarian Forum*, Londres, mayo de 1982.

El capitán Silas Duncan ordenó que se subieran a bordo los cueros que Vernet guardaba en su depósito y se los entregó a Davidson como indemnización. No contento con el resarcimiento, el capitán de la *Harriet* saqueó después el almacén de Puerto Luis.

Los marinos norteamericanos pusieron grilletes a seis pobladores argentinos y los cargaron como prisioneros en el navío, tras acusarlos de actos de piratería. Algunos habitantes huyeron hacia el interior de las islas cuando comenzó el ataque de la *Lexington*.

La fragata se quedó en Puerto Luis hasta el 22 de enero de 1832, no sin antes difundir el rumor de que Vernet estaba siendo juzgado en Buenos Aires y que los habitantes de Malvinas serían abandonados a su suerte. Muchas de las familias que vivían en Malvinas dejaron las islas a bordo del navío de guerra y abandonaron sus propiedades, huertas y ganado. Brisbane fue llevado como prisionero a Montevideo, donde, por pedido de Vernet y gracias a la mediación del cónsul Parisch, fue dejado en libertad en febrero de 1832.

Davidson volvió unos meses más tarde a bordo de la goleta norteamericana *Dash* para asaltar nuevamente el asentamiento. Cuando se corrió la voz de que Puerto Luis permanecía sin autoridades y sin una guarnición armada, el caserío de Malvinas fue atracado también por otros buques corsarios.

Frente a la grave situación que se vivía en Malvinas el gobierno porteño designó al militar francés Juan Francisco Mestivier como autoridad de las islas en reemplazo de Vernet. Bajo el mando de Mestivier, se organizó una expedición militar para restaurar el orden. Vernet permaneció en Buenos Aires intentando reorganizar financieramente su empresa, colapsada por la rapiña de los corsarios.

El 25 de septiembre de 1832, el gobernador Mestivier y un grupo de veinticinco personas partieron hacia las Malvinas a bordo de la corbeta *Sarandí*, un buque de guerra con dieciocho cañones y una tripulación de ochenta marineros. Muchos de los soldados eran delincuentes que purgaban alguna condena prestando servicios en la milicia porteña.

Hasta la llegada de Mestivier, el capataz de la estancia Vernet, un francés llamado Jean Simon, se había transformado en la máxima autoridad en Puerto Luis. Simon dio armas a los gauchos e hizo frente a los buques piratas que llegaban para depredar el ganado y asaltar a los habitantes que permanecían en Malvinas.

Con la llegada de la *Sarandí* el 7 de octubre de 1832, Puerto Luis dejó de sufrir las incursiones de los corsarios. El 21 de diciembre, mientras la corbeta se encontraba patrullando las costas malvinenses, el sargento Manuel Sáenz Valiente y otros cinco soldados que habían quedado en el asentamiento fueron hasta la casa del gobernador y lo asesinaron frente a su mujer, que acababa de dar a luz unos días antes. Horas más tarde, los rebeldes ultimaron también al almacenero y a su señora. El mayor Gomila, jefe de la guarnición de Puerto Luis, hizo poco por frenar la masacre; por el contrario, tras los asesinatos obligó a la viuda de Mestivier a convivir con él al tiempo que dejaba que la mujer fuera violada por los amotinados.

Con la ayuda de los tripulantes de la goleta británica *Rapid*, que llegó a Puerto Luis en los días siguientes a los asesinatos, Simon y los peones de la estancia persiguieron y detuvieron a los militares rebeldes. Los empleados de Vernet no se atrevieron a arrestar a José Gomila, por tratarse de un oficial del Ejército.

El capitán de la *Sarandí*, el teniente coronel José María Pinedo, regresó el 30 de diciembre a Puerto Luis. Ante la muerte de Mestivier, Pinedo se vio obligado a asumir el puesto de gobernador.

El nuevo gobernador detuvo a José Gomila cuando le encontró entre sus ropas un reloj del difunto Mestivier. Al ver a Gomila detenido, la viuda de Mestivier se animó a denunciarlo y contó que mientras estuvo en cautiverio, el sargento miraba a cada rato el reloj robado a su marido y le recordaba cuánto tiempo había pasado desde el asesinato.

En las primeras horas del 2 de enero la fragata inglesa *Clio* entró de improviso en la rada de Puerto Luis, que aún permanecía conmocionada por la muerte de Mestivier. La nave británica estaba bajo el mando del capitán John Onslow y contaba con treinta cañones y ciento ochenta hombres a bordo.

Onslow entregó personalmente a Pinedo una nota que decía:

"Señor: comunico a Vd. Que he recibido órdenes de Su Excelencia el comandante en jefe de los buques de S.M.B. de estación en Sud América, en nombre de su Majestad, de ejecutar derechos de soberanía sobre estas islas. Es mi intención izar mañana por la mañana la bandera nacional de la Gran Bretaña en tierra, por lo que le solicito tenga a bien arriar su bandera y retirar sus fuerzas, llevando consigo todos sus depósitos, etc., que pertenezcan a su gobierno[6]".

El gobernador Pinedo revisó la cantidad de soldados y cañones con que contaba para hacer frente a los británicos. Tenía bajo su mando unos veinte soldados y los ochenta marineros de la corbeta. Pero la mayoría de los oficiales de la *Sarandí* eran ingleses y la cuarta parte de

---

[6] Héctor Ratto, *Historia del almirante Brown*, Instituto de Publicaciones Navales, Buenos Aires, 1985, 3ª edición, edición original 1963.

los soldados argentinos de la guarnición malvinense estaban recluidos por la muerte de Mestivier.

El gobernador reunió a sus oficiales y les preguntó si tomarían las armas contra las tropas británicas. Todos dijeron que sí, salvo el práctico Brisman, que pidió ser destinado a una función donde no tuviera que disparar contra sus compatriotas.

Pero Pinedo seguía desconfiando. El capitán pasó revista a su tripulación y concluyó que eran todos extranjeros, salvo los veinticuatro soldados de tropa, cuatro marineros y seis muchachos, tres de los cuales tenían entre 10 y 12 años. En las horas siguientes, Pinedo dio armas a nueve pobladores de Puerto Luis y liberó a Gomila y a los otros reos para engrosar sus fuerzas.

Los británicos contaban con un número mayor de cañones y soldados y el refuerzo de los marineros de la fragata *Clio* y la goleta *Rapid*, que también había entrado a la rada del puerto.

Al final del día, el capitán argentino aceptó la orden inglesa de abandonar Malvinas.

El comandante inglés arrió la bandera argentina que flameaba frente al edificio de la gobernación y se la envió al capitán de la *Sarandí* con un lacónico mensaje que decía entregársela por "haberse encontrado esa bandera extranjera en territorio de S.M.B."[7].

Antes de irse, Pinedo encargó al francés Jean Simon que se hiciera cargo de la representación del gobierno porteño en Malvinas.

Al llegar a Buenos Aires, Pinedo fue juzgado por un tribunal militar por no haber opuesto resistencia ante los ingleses en Malvinas. En el proceso contra él uno de sus lugartenientes, el norteamericano Robert Elliot, dijo que con los cañones de la *Sarandí* y los que se encontraban en tierra se podría haber hecho frente a los británicos con probabilidades ciertas de éxito. En el juicio también se ventiló que Pinedo había sido despojado del mando de su nave en dos oportunidades anteriores también por haber eludido el combate contra fuerzas enemigas.

La pena para Pinedo fue leve: cuatro meses de suspensión sin goce de sueldo y la prohibición de comandar buques de guerra argentinos en el futuro. Murió en Buenos Aires en 1885, a los 90 años de edad. Aunque había sido condenado a no volver a ser capitán de un navío argentino, Pinedo regresó fugazmente al mando de una nave de guerra en 1845, cuando comandó un barco de la escuadra del almirante Guillermo Brown durante el bloqueo franco-inglés al puerto de Buenos Aires.

[7] Antonio Montarcé Lastra, *Redención de la soberanía: las Malvinas y el diario de Doña María Rosa Sáez de Vernet*, Editorial Pompeya, Buenos Aires, 1964.

Sáenz Valiente, el asesino del gobernador Mestivier, fue enviado a Buenos Aires a bordo de la goleta *Rapid* y sometido a juicio. Se lo condenó a la amputación de la mano derecha y al posterior fusilamiento por la espalda. También fueron ejecutados los otros asesinos. El mayor José Gomila fue forzado al destierro.

El capitán Onslow y la fragata *Clio* dejaron las Malvinas once días después de su arribo. Parte de los colonos que habían llegado con Vernet abandonaron las islas en el buque de guerra inglés. La mayoría de los colonos que quedaron en las islas eran súbditos británicos. Solamente veintiséis personas, entre ellas tres mujeres y dos niños, permanecieron en Puerto Luis. Salvo Rivero y el resto de los peones, casi no quedaron argentinos en el suelo malvinense. Previo a su regreso a Inglaterra la fragata *Clio* pasó brevemente por Buenos Aires para cargar provisiones sin que fuera objeto de ninguna represalia.

Antes de partir de Malvinas el capitán Onslow nombró al almacenero irlandés William Dickson[8] como representante provisional de la Corona hasta que llegara el gobernador designado por Londres. Dickson recibió como tarea izar la bandera inglesa los domingos o cuando un buque llegara al puerto.

Semanas más tarde, el escocés Brisbane retornó a Malvinas con instrucciones del cónsul Parisch y relevó a Dickson como representante británico al tiempo que volvía a hacerse cargo de la administración de la estancia Vernet. El francés Jean Simon regresó a su puesto de capataz de la peonada en las islas y Dickson siguió administrando el único almacén de Puerto Luis.

Con el correr del tiempo, Brisbane, Simon y Dickson comenzaron a enfrentarse con los peones. Brisbane pagaba a los gauchos con vales de la estancia Vernet, pero Dickson subía los precios de las mercaderías cuando no le pagaban en efectivo. Simon desatendía a los peones que se quejaban por la imposición. Como consecuencia de las maniobras de Brisbane y sus socios, Rivero y el resto de los peones comenzaron a endeudarse.

Los jornaleros decidieron rebelarse cuando Brisbane y Dickson les prohibieron seguir faenando el ganado salvaje que cazaban en el interior de las islas. La carne de ganado cimarrón les permitía a los peones enriquecer su dieta y les evitaba tener que acrecentar sus deu-

---

[8] En los documentos del proceso de José Pinedo figura con el nombre de Guillermo Dickson, aunque otros autores lo presentan bajo el apellido Dickinson.

das en el almacén de Dickson. El 29 de agosto de 1833[9], Antonio Rivero encabezó un motín secundado por los criollos José María Luna y Antonio Brasido[10] y los indios Manuel González, Luciano Flores, Felipe Salazar, Manuel Godoy[11] y un tal Latorre.

Los rebeldes mataron a cuchilladas a Brisbane, Dickson y Simon. Enseguida asesinaron además al alemán Ventura Wehinger y al argentino Ventura Pasos. Luego, saquearon la despensa y la gobernación, arriaron la bandera inglesa y la reemplazaron por una bandera argentina.

Rivero, convertido en líder de la revuelta, dispuso que fueran los mismos pobladores británicos quienes enterraran a sus compatriotas muertos durante la rebelión.

Los sediciosos vivieron en la residencia del gobernador durante cinco meses mientras esperaban en vano que desde el continente llegara alguna expedición. Por medio de mensajes enviados por Rivero y sus hombres al gobierno porteño a través de los barcos que recalaban en Malvinas, los sublevados reclamaban urgente apoyo militar antes de que regresaran los ingleses. Enfrentado a una feroz guerra civil, lo que sucedía en las alejadas Malvinas estaba lejos de ser prioritario para el gobierno de Buenos Aires.

La mayor parte de los pobladores de Malvinas que permanecían vivos escaparon a un pequeño islote cercano llamado Peat, en donde sobrevivieron hasta que fueron recogidos en octubre siguiente por el buque británico *Hopeful*.

El 7 de enero de 1834 llegó a Malvinas la fragata inglesa *Challenger* con el teniente Henry Smith a bordo. Smith había sido nombrado gobernador del archipiélago por la Corona británica. Rivero y sus hombres huyeron al interior de las islas al ver la nave de guerra. Apenas tocaron tierra, los soldados ingleses observaron el caos que reinaba en Puerto Luis. La gobernación estaba en ruinas, la mayor parte de las casas habían sido abandonadas y el ganado vagaba por los alrededores del asentamiento.

Smith dio entonces la orden de capturar a Rivero y sus hombres a través de una proclama:

"Yo, Henry Smith, Teniente de la Marina Real, y Comandante de East Falkland, hago saber a todos los buques que existe un estableci-

---

[9] Martiniano Leguizamón Pondal, "Derechos de la Argentina a las islas Malvinas basados en autores ingleses". En José Luis Muñoz Azpiri (comp.), *Historia completa de las Malvinas* (vol. 3), Ediciones Oriente, Buenos Aires, 1966.

[10] Citado como Juan Brasido en el libro de Hipólito Solari Irigoyen, op. cit.

[11] Citado como Manuel González en el libro de Hipólito Solari Irigoyen, op. cit.

miento en Puerto Luis y que los seis gauchos en el campo son asesinos, y que cualquier asistencia o apoyo que le sea facilitado a cambio de carne o toda otra cosa, será tomado por mí como una agresión contra el Gobierno Británico. Dado por mi mano este día seis de febrero de 1.834".

La fuga del grupo liderado por Rivero duró tres meses. El primero en entregarse fue José María Luna; el gaucho corrió a delatar a sus camaradas para lograr la benevolencia de los ingleses.

Uno tras otro, el resto de los gauchos se fueron rindiendo ante las tropas británicas por causa del hambre y los rigores del clima. La excepción fue Antonio Brasido, que fue asesinado por sus compañeros cuando sospecharon que planeaba delatarlos como lo había hecho Luna. El único que permaneció prófugo hasta el fin fue Rivero, que se escondió en el interior de las islas y sobrevivió a pesar de las escasas provisiones y la falta de abrigo.

El 18 de marzo, en medio de una tormenta de viento y lluvia, el gaucho Rivero fue acorralado por una partida de soldados ingleses en una pequeña península al sur de Puerto Luis. Con el mar y las tropas rodeándolo, demacrado y aterido, enfrentó en un primer momento con su facón a una docena de soldados ingleses, pero finalmente se rindió a los británicos ante la certeza de que resistirse sólo provocaría su muerte.

Rivero fue sujetado con grilletes y llevado junto al resto de los amotinados a bordo de un buque amarrado frente a Puerto Luis. El gobernador Smith ordenó que los reos fueran trasladados a Londres para ser juzgados. Rivero y sus compañeros fueron llevados a Inglaterra a bordo del buque *Beagle* comandado por el capitán Fitz Roy que, casualmente, había hecho una escala en las Malvinas durante su travesía por los mares del mundo. En el mismo barco, también viajaba el naturalista Charles Darwin, quien en esos días recolectaba información para formular su Teoría de la Evolución de las Especies.

Los prisioneros llegaron a Londres meses después. Finalmente, en junio de 1835, tras permanecer detenidos más de seis meses en el buque *Talbot* anclado en el medio del río Támesis, los jueces británicos los dejaron en libertad por razones que aún hoy no están claras[12]. Rivero y sus hombres fueron embarcados hacia Río de Janeiro y, desde allí, el gaucho volvió a su Entre Ríos natal.

---

[12] Algunos autores sugieren que el fallo de los jueces británicos alegaba que "los crímenes no se habían producido en territorio de Su Majestad", aunque los documentos que avalan tales afirmaciones no están disponibles para ser corroborados.

La mayoría de los autores coinciden en afirmar que Rivero murió en el combate de Vuelta de Obligado, cuando las tropas argentinas intentaron cortar el paso de buques ingleses a través del río Paraná.

El gobierno británico ordenó en 1842 trasladar el asentamiento de Puerto Luis hacia una bahía situada más al sur, por considerarla un sitio más fácil de defender y con más posibilidades para la agricultura y la ganadería. Ese traslado sería el nacimiento de lo que luego se llamaría Port Stanley. Smith desconoció los títulos de propiedad de Vernet y acabó con la estancia del colonizador no bien se hizo cargo de las Malvinas.

Desde su motín contra las autoridades inglesas en 1833, Rivero se convirtió en un icono venerado por los nacionalistas argentinos, que lo transformaron en un símbolo de la reivindicación argentina sobre las islas.

Incluso en la actualidad, algunas escuelas y calles argentinas llevan el nombre del gaucho que se rebeló contra los ingleses en Malvinas. Lo que más resaltan los nacionalistas es la decisión de Rivero de arriar por primera vez la bandera inglesa en Malvinas y poner en su lugar la insignia argentina. Todavía no fue aclarado de dónde sacó Rivero la bandera argentina ya que la única que supuestamente había en la isla fue devuelta al teniente coronel Pinedo por el capitán John Onslow al ocupar las islas.

Por todo lo sucedido en 1833, a muchos militares argentinos les resultó obvio que la capital malvinense llevara el nombre del gaucho Rivero. En Buenos Aires, sin embargo, el nuevo nombre dado a la única ciudad de las islas fue objeto de debates y controversias. Algunos académicos e historiadores cuestionaron el nombre por considerarlo un homenaje poco apropiado a un personaje proveniente de los sectores marginales de la sociedad poscolonial.

Finalmente, se desempolvó un viejo dictamen de la Academia Nacional de Historia de Buenos Aires, que en 1965 se había opuesto a la creación de un monumento al gaucho Rivero en la Argentina con la explicación de que "No se desprende que un móvil patriótico impulsara a esos hombres a dar muerte al delegado y gente enviada por Luis Vernet".

Los militares argentinos no tuvieron otra alternativa, pese a la rabia de los oficiales nacionalistas, que cambiarle de nuevo el nombre a la capital malvinense y denominarla Puerto Argentino a través del decreto 757 del 22 de abril de 1982[13].

---

[13] Decreto 757/82 (*Boletín oficial*, 23 de abril de 1982).

La intención de llamar Puerto Rivero a la única ciudad de Malvinas resultó fugaz. Tan breve como el intento del gaucho Rivero por desterrar la bandera británica de las islas.

Capítulo 2

La otra batalla de las Malvinas

◆

Hubo otra batalla de las Malvinas. Sucedió en 1914 cuando los alemanes quisieron despojar a Gran Bretaña del control sobre el archipiélago. Fue tan imprevista como la guerra de 1982, también participó un buque llamado *Invencible* al frente de una flota inglesa y, como sucedería sesenta y ocho años más tarde, en ella tomaron partido Argentina y Chile.

La Primera Guerra Mundial se inició en Europa en 1914 y se propagó en poco tiempo al resto del planeta. El imperio Austro-húngaro y Alemania se enfrentaron contra la alianza encabezada por Inglaterra, Francia y Rusia.

Al inicio de la guerra, una escuadra alemana al mando del almirante Maximilian Von Spee fue enviada al océano Pacífico para obstaculizar el tráfico de buques mercantes aliados. El almirante Von Spee comandaba una flota integrada por los cruceros acorazados *Scharnhorst* y *Gneisenau* y los cruceros ligeros *Leipzig*, *Dresden* y *Nurenberg*, además de cinco barcos auxiliares.

En su campaña militar en el Pacífico, la escuadra alemana causó numerosas bajas entre los buques aliados. Luego, Von Spee se encaminó hacia el cabo de Hornos, en el extremo sur del continente americano, para pasar al Atlántico e intentar el regreso a Alemania.

Al llegar a las costas chilenas, Von Spee se encontró con dos cruceros acorazados que habían sido enviados por el almirantazgo británico para frenar el avance de su flota. En una breve batalla, los dos acorazados fueron hundidos por los eficaces cañones alemanes.

Ya en Chile, los miembros de la colonia alemana en ese país colaboraron en el reaprovisionamiento de la flota ante la impasibilidad del gobierno local, que en aquellos años simpatizaba abiertamente con Berlín.

Antes de regresar a Alemania, Von Spee decidió dar un último y espectacular golpe. El almirante ordenó a sus marineros que se dirigieran a la base inglesa de las Malvinas para bombardearla. En aquella época, aunque ya existía el Canal de Panamá, las Malvinas todavía eran un sitio estratégico para controlar el paso entre los océanos Atlántico y Pacífico.

Von Spee creía que las islas estarían desprotegidas y que una vez dentro de la bahía de Puerto Stanley le sería fácil destruir cuanto quisiera con los cañones de sus cruceros y ultrajar a sus enemigos izando el pabellón alemán sobre la casa de gobierno.

A las 7:50 de la mañana del 8 de diciembre de 1914, la flota de Von Spee se acercó a bombardear Puerto Stanley. Sin previo aviso, cayó sobre los barcos alemanes una andanada proveniente de un acorazado inglés. Cada uno de los proyectiles pesaba unos trescientos kilos y era capaz de pulverizar partes enteras de los cruceros alemanes.

Las enormes montañas de agua levantadas por cada explosión rociaron la estructura de los barcos alemanes. Mientras el comandante alemán maniobraba el *Scharnhorst* para evitar ser alcanzado, el crucero inglés *Kent* salió de la rada de Stanley para unirse a la batalla.

Minutos después los marinos alemanes vieron surgir del puerto malvinense a los acorazados pesados ingleses *Invencible* e *Inflexible* acompañados por media docena de cruceros acorazados.

Von Spee no tenía nada que hacer frente a esa poderosa flota y de inmediato ordenó la retirada hacia el sur. La flota germana intentó escapar a toda velocidad en dirección a la Antártida, en donde el mal tiempo quizá les daría la oportunidad de escabullirse entre las tormentas y los chubascos.

Cuando los proyectiles de los acorazados británicos encabezados por el *Invencible* empezaron a levantar grandes surtidores de agua cada vez más cerca de los buques de Von Spee, el almirante alemán comprendió que su suerte estaba echada. Ordenó entonces a los cruceros livianos que escaparan, mientras mandaba a los tripulantes de los cruceros *Scharnhorst* y *Gneisenau* a que intentaran frenar a los buques británicos. No ignoraba que se enfrentaba a un suicidio.

Pese a que el *Invencible* recibió algunos disparos del *Scharnhorst*, el acorazado británico siguió acortando la distancia que lo separaba del crucero alemán. Un rato más tarde, los proyectiles ingleses estaban triturando las estructuras del *Scharnhorst* y el *Gneisenau*.

A las 16 el *Scharnhorst* se hundió llevándose al fondo del mar a todos sus tripulantes, incluyendo al almirante Von Spee. Una hora y cuarenta minutos después, el *Gneisenau* también se fue a pique. El buque británico *Infatigable*, encargado de rescatar a los náufragos, tardó mucho tiempo en llegar al sitio donde los alemanes flotaban en balsas o aferrados a los restos de sus buques, por lo que muchos sobrevivientes de la batalla murieron congelados mientras esperaban ser salvados. Sólo ciento sesenta marinos alemanes del *Gneisenau* fueron rescatados.

Excepto el *Dresden*, todos los barcos alemanes fueron hundidos antes de que terminara el día. Nuevamente el frío cobró sus víctimas cuando los barcos británicos tardaron en acudir en auxilio de los sobrevivientes de los cruceros *Leipzig* y *Nurenberg*.

Al terminar la batalla, dos mil cuarenta marineros alemanes habían muerto. Los hijos del almirante Maximilian Von Spee, los tenientes Otto Ferdinand y Heinrich Franz, perecieron en el *Gneisenau* y *Nurenberg* respectivamente. Sólo seis británicos perdieron la vida por los disparos de los cañones alemanes. Terminada la batalla, la flota vencedora entró triunfal al puerto de Malvinas con el acorazado *Invencible* a la cabeza.

Para que la victoria fuera completa, los ingleses debían dar caza al crucero *Dresden*, el único buque de la flota de Von Spee que alcanzó a escapar. Tras los festejos en Malvinas, una flotilla de buques británicos salió hacia el continente para intentar hundirlo.

Por entonces, la Argentina era un aliado cercano de Gran Bretaña. Además de consumir la mayor parte de las carnes y los granos que exportaba el país, el Reino Unido era cuna de las empresas que manejaban la economía argentina.

Un breve intento del *Dresden* para encontrar un escondite en las costas argentinas fue abortado cuando su capitán supo que las autoridades de Buenos Aires vigilaban sus costas para informarle a Inglaterra sobre el sitio en donde se encontraba el crucero.

Obligado a buscar un lugar donde reaprovisionarse, el capitán del *Dresden* ordenó ir hacia los fiordos del sur de Chile, en donde sabía que encontrarían nuevamente la colaboración de los alemanes asentados en la zona. En marzo de 1915, dos cruceros británicos lo encontraron cerca de la solitaria isla de Juan Fernández, en el sur de Chile. Frente a dos buques que lo superaban en potencia, el capitán alemán prefirió hundir su nave antes que dejarla caer en manos de sus enemigos.

En la batalla de Malvinas de 1914 murieron más del doble de las personas que durante el conflicto de 1982. Sin embargo, la primera batalla de las Malvinas rara vez es mencionada, aunque ambas tienen en común el hecho de haber sido originadas por la miopía de militares que pensaron que no habría una reacción tan rabiosa de parte del Reino Unido al desafiar su control sobre aquellas islas tan alejadas de la metrópoli.

Von Spee y Galtieri malinterpretaron cada uno a su tiempo cuán importante es el orgullo imperial británico. Recién pudieron descifrarlo cuando vieron cómo la flota británica acudía a la batalla con el *Invencible* a la cabeza para seguir arrogándose el poder sobre esas islas acorraladas en el extremo sur del océano Atlántico.

Capítulo 3

La invención de Malvinas

◆

G eneraciones enteras de argentinos jamás dudaron de que las Malvinas, las Georgias y las Sandwich del Sur pertenecieran legítimamente a su país. Sin embargo, los reclamos oficiales de la Argentina por la ocupación de Malvinas a Gran Bretaña son relativamente recientes. Es como si la ocupación de las islas hubiera sido aceptada resignadamente por los sucesivos gobiernos de Argentina por casi un siglo.

Al momento de ser ocupadas las Malvinas por los británicos en 1833, el gobernador bonaerense Juan Manuel de Rosas protestó ante el embajador británico intimando al Reino Unido a retirarse de las islas. Luego, más calmado, le ofreció a la Corona inglesa reconocer la soberanía británica sobre las Malvinas a cambio de la conmutación de un empréstito tomado por su provincia con la banca Baring Brothers de Londres. El gobierno británico le contestó que ya estaba en posesión del archipiélago, por lo que consideraba que era poco lo que tenía que negociar con el gobernador bonaerense.

Desde 1833, y por más de un siglo, se produjo un sugestivo silencio en torno al tema, que es explicado por la particular relación que la Argentina y Gran Bretaña desarrollaron en ese período. Desde su emancipación en 1810 en adelante, la Argentina dependió económicamente del Reino Unido. Gran Bretaña consumía la mayor parte de las materias primas que exportaba la Argentina. Con los ingresos generados por sus exportaciones, la Argentina compraba manufacturas provenientes del Reino Unido.

Los políticos argentinos, que obedecían por lo general a la aristocracia agroganadera de Buenos Aires, habitualmente no se mostraban en desacuerdo con esa dependencia. Los sectores hegemónicos se beneficiaban con las ventas de materias primas a Inglaterra o eran empleados por las empresas británicas que dominaban la economía local.

En esa relación de mutuo provecho entre la aristocracia argentina y la Corona británica, la necesidad de encontrar una solución a la disputa pendiente por las Malvinas era una extravagancia que los políticos argentinos prefirieron dejar de lado.

La primera grieta en las relaciones bilaterales se abrió el 6 de septiembre de 1930, cuando un grupo de militares liderados por el general José Félix Uriburu derrocó al presidente radical Hipólito Yrigoyen.

El golpe encabezado por Uriburu fue una consecuencia directa de la crisis mundial iniciada con la caída de la bolsa neoyorquina en 1929. La debacle de los mercados llevó a un derrumbe en los precios internacionales de las materias primas que constituían la principal fuente de ingresos de la Argentina. La inestabilidad política provocada por la crisis económica alentó a los sectores nacionalistas a llevar adelante el primer golpe de Estado, que inauguró un período de intervenciones militares en la política que no se detendría hasta 1976.

La crisis del '29 trajo consigo un abultado desequilibrio en la balanza de pagos a favor del Reino Unido y, ante la creciente dificultad del Estado argentino de recaudar los recursos necesarios para sostenerse, por primera vez en muchos años algunos políticos e intelectuales comenzaron a poner en duda el tipo de relación que debía mantenerse con el principal socio comercial de la Argentina.

Uriburu era parte de los sectores oligárquicos porteños, pero su poder político real se apoyaba en los militares e intelectuales influidos por las ideas nacionalistas europeas. Muchas de las consignas de los golpistas contenían proclamas plagiadas de los nacionalistas europeos. Era inevitable que las reivindicaciones territoriales de los partidos europeos de la derecha también fueran copiadas por sus colegas argentinos. De repente, la soberanía reclamada por la Argentina sobre las islas Malvinas se convirtió en un tema de debate público.

Para muchos nacionalistas argentinos, la ocupación británica de las Malvinas era la demostración de que el Reino Unido no era un aliado digno de confianza sino un imperio que insistía en drenar los recursos de la joven nación y usurpar sus territorios soberanos.

Hubo otro factor que impulsó la visión crítica hacia la tradicional alianza entre la Argentina y el Reino Unido. Junto a la inmigración masiva que llegó al Río de la Plata desde Europa desde 1870 en adelante, arribaron también las ideologías socialista y anarquista que cuestionaban al sistema imperial encabezado por Gran Bretaña y del cual la Argentina era un actor subalterno. En 1934 Alfredo Palacios, el primer diputado socialista argentino, planteó enérgicamente la cuestión de Malvinas en el Congreso. Fue una de las primeras menciones de la disputa por los archipiélagos del Atlántico Sur dentro del Parlamento argentino en muchos años.

La suma de críticas provenientes de la derecha y la izquierda resultaron decisivas para que la visión sobre la historia de las relaciones con el Reino Unido sufriera un cambio categórico.

La nueva visión de la historia argentina es descrita así por Luis Alberto Romero: "Alentados por el impulso del golpe de 1930, un conjunto de intelectuales buscó reinterpretar el pasado en una clave de nacionalismo militante. Ésta se apoyaba en dos temas principales: el odio a Gran Bretaña, con la consiguiente relectura positiva del legado hispánico-católico, y el rescate militante de la figura de los caudillos, y en particular de Rosas".

Algunos ciudadanos argentinos se enteraron recién a partir de 1930 de las razones por las cuales la Argentina le reclamaba a Inglaterra un grupo de islas en el Atlántico Sur.

En los meses que siguieron a la toma del poder, el gobierno de facto del general Uriburu emitió una norma que exigía que todos los mapas fabricados en la Argentina llevaran una leyenda que dijera: "Las islas Malvinas, Georgias del Sur, Sandwich del Sur y la Antártida Argentina". Antes de esa regulación, la denominación Malvinas o Falklands aparecía indistintamente en los textos escolares argentinos e incluso algunos de ellos mostraban a las islas como una dependencia de la Corona británica[14].

Lo que en un primer momento comenzó como un cuestionamiento surgido al calor de la crisis de 1930, para el fin de esa década se transformó en una continua crítica a la influencia del Reino Unido sobre la Argentina. En el Ejército, ahora totalmente volcado a su rol de actor político, la ideología nacionalista se convirtió en un rector de conducta casi tan poderoso como el entrenamiento y la disciplina militar.

Salvo las agrupaciones más internacionalistas, los partidos políticos viraron en general sus discursos hacia el nacionalismo y, por lo tanto, incluyeron también en sus proclamas la exigencia de la restitución de la soberanía de las islas del Atlántico Sur.

[14] Carlos Escudé, "Contenido nacionalista de la enseñanza de la geografía en la República Argentina, 1879-1986", en http://www.argentina-rree.com.

En septiembre de 1939 se dio inicio a la Segunda Guerra Mundial. Durante los primeros dos años el conflicto pareció marchar a favor de los regímenes totalitarios europeos. El Eje integrado por Alemania, Japón e Italia ya había conquistado para 1940 la mayor parte de Europa y avanzaba sobre vastas regiones de África y Asia. Inglaterra apenas sobrevivía, con enorme dificultad, gracias al apoyo económico y político de los Estados Unidos. La aparente invulnerabilidad del Eje llevó a algunos políticos argentinos a cuestionar con mayor vigor el alineamiento con el país que parecía estar a punto de perder la guerra. El presidente conservador Roberto María Ortiz, en cambio, desde el inicio de la guerra se mostró cuidadoso de no definirse públicamente a favor de uno u otro bando.

En lo económico, la industrialización acelerada que vivía la Argentina desde 1915, estimulada en gran medida por el menor ingreso de manufacturas desde las fábricas europeas que estaban concentradas en el esfuerzo de guerra, restó poder a los sectores agroganaderos tradicionalmente cercanos al Reino Unido y dio impulso a los grupos que pretendían limitar el ingreso de productos industriales provenientes de Gran Bretaña.

Desde 1939 en adelante, el Reino Unido se había visto obligado a descuidar sus asuntos en la Argentina por estar ocupado en la guerra contra la Alemania de Hitler. El retroceso de la influencia de Inglaterra en la economía y la política argentinas fue aprovechado por los sectores nacionalistas para profundizar la retórica de enfrentamiento con Gran Bretaña.

Lo que en un principio fueron dudas respecto del aliado tradicional de la Argentina se transformó con el tiempo en una propuesta de confrontación directa con el Reino Unido.

En 1940 el gobierno sancionó una norma que obligaba a los fabricantes de mapas argentinos a que remitieran al Instituto Geográfico Militar (IGM) una copia de la cartografía antes de ser publicada, a fin de que los militares a cargo de ese organismo verificaran la correcta inclusión de los territorios nacionales[15]. Un año más tarde se publicó una nueva norma que daba al IGM la exclusividad para relevar la cartografía del país. La incorporación de los territorios insulares exigidos a Gran Bretaña y la porción argentina de la Antártida —que se superponía provocadora a los reclamos británicos en ese continente— se

---

[15] Luis Alberto Romero, *La Argentina en la escuela*, Siglo XXI, Buenos Aires, 2004, pág. 83.

convirtieron en un requisito *sine qua non* para la aprobación de los mapas por parte de los militares del IGM.

En 1941 se aprobó una amplia reforma en los contenidos educativos que debían ser dictados a los escolares argentinos, que incluyó por primera vez la obligatoriedad de la enseñanza de la historia de Malvinas y de los derechos argentinos sobre el archipiélago[16].

Tras un breve interregno democrático, los militares nacionalistas argentinos volvieron a dar otro golpe de Estado el 4 de junio de 1943, cuando el gobierno conservador de Ramón Castillo amagó con un acercamiento con los Aliados. Asumió la presidencia el general Pedro Ramírez, un destacado oficial del ala más nacionalista del Ejército argentino. En la nueva interrupción de la democracia participaron los mismos sectores de las Fuerzas Armadas que habían formado parte del golpe de 1930. El núcleo del nuevo *coup d'état* fue integrado esta vez por oficiales del Ejército asociados en el GOU (Grupo de Oficiales Unidos).

El GOU nació a inicios de la década de 1940. Estaba formado por oficiales de rango medio que, pese a su heterogénea identidad política, se encontraban unidos por un profundo sentimiento nacionalista y anticomunista. También se sumaban algunos civiles invariablemente ligados al mismo tipo de ideología. Entre sus cabecillas sobresalía el entonces coronel Juan Domingo Perón, que pronto comenzó a surgir como líder indiscutido de la logia. Perón había tenido su primera aparición pública el día en que Uriburu tomó el poder, cuando llegó al Congreso montado en el estribo del auto que transportaba al jefe golpista.

En las posturas respecto de la guerra que transcurría en Europa, existía una clara orientación del GOU en favor del Eje, regímenes que Perón supo observar de cerca mientras era agregado militar en la Italia de Mussolini. Algunas versiones indican incluso que Perón estuvo presente en París cuando las tropas alemanas desfilaron victoriosas bajo el Arco del Triunfo en 1940.

La identificación de los miembros del GOU con el Eje era en algunos casos producto de la admiración que originaba el resurgimiento económico y militar de Alemania e Italia tras la Primera Guerra Mundial y, en otros, causado por la idea de establecer una asociación con Alemania que hiciera surgir a la Argentina como la potencia dominante de América del Sur.

Ni siquiera el ingreso de Estados Unidos en el conflicto mundial del lado de Gran Bretaña en 1941 moderó a los nacionalistas argenti-

---

[16] Ídem, pág. 70.

nos en su apoyo al Eje. En septiembre de 1943, un golpe de Estado pro nazi en Bolivia, en el que los militares argentinos tuvieron una implicación directa, dio indicios firmes a Gran Bretaña y Estados Unidos de que la Argentina no era su aliado en la región.

Un breve intento del gobierno militar argentino —fogoneado por el GOU— para establecer una alianza formal con Alemania e Italia fue desarticulado cuando Osmar Hellmuth, un cónsul enviado por el presidente argentino a Alemania, fue detenido por la inteligencia británica en la isla de Trinidad. Hellmuth transportaba una carta personal de Ramírez con un pedido de armamentos a Adolfo Hitler. La prensa británica acusó al presidente argentino de estar tramando una alianza con Alemania. A través de sus diplomáticos, los Aliados amenazaron con intervenir militarmente junto a Brasil y otros países latinoamericanos para que la Argentina no se convirtiera en el aliado regional del Eje.

El presidente argentino reaccionó asustado y prometió a los Aliados el alineamiento de la Argentina con el Reino Unido y los Estados Unidos.

Enterado del probable viraje pro aliado del gobierno, el GOU impulsó un golpe de Estado en 1944 que desalojó del poder a Ramírez. En su reemplazo asumió el general Edelmiro Farrell, un militar de gran reputación entre los nacionalistas argentinos. Secundando a Farrell, se encontraba el coronel Perón, que además de la vicepresidencia retuvo los cargos de ministro de Guerra y secretario de Trabajo.

El nuevo gobierno adoptó una postura en apariencia neutral ante el conflicto europeo, que en los hechos resultaba coincidente con la estrategia política del Eje en la región. De hecho, fue el último país de América latina en declararle la guerra al Eje, decisión que tomó cuando las tropas rusas estaban casi en las puertas del búnker de Hitler. En ese período muchas empresas alemanas abrieron sucursales en la Argentina y los agentes nazis operaron tranquilamente en el país con la complacencia de los funcionarios locales.

Los discursos en apariencia neutralistas del gobierno militar de Farrell y Perón causaron el deterioro de las relaciones entre la Argentina y los países Aliados, degradando por lo tanto el intercambio diplomático con Gran Bretaña. No obstante, los envíos de materias primas de la Argentina al Reino Unido se mantuvieron constantes a lo largo de toda la guerra. Al mismo tiempo, se toleraba la exportación encubierta de materiales estratégicos que Alemania precisaba para sostener su esfuerzo bélico.

El doble estándar de la política exterior argentina se mantuvo hasta 1945. Para el momento de la derrota del Eje, el gobierno militar había decidido alinearse con Washington y Londres declarando la guerra a Alemania y sus aliados, aunque su discurso público se mantuvo inalterado respecto de su postura nacionalista.

En 1946, Perón ganó las elecciones y accedió a la presidencia. El primer gobierno peronista difundió ampliamente la consigna de la recuperación de las islas Malvinas como un imperativo nacional. La imagen de un presidente ocupado en tratar de restituir la soberanía sobre las islas era sumamente poderosa para atraer a la opinión pública argentina luego de largos años de discursos redentistas. Por otra parte, la figura de un enemigo poderoso al cual enfrentar —en este caso el imperio británico— dio a la política exterior peronista una impronta heroica que las masas argentinas consumieron ávidamente.

Antes del gobierno peronista, por ejemplo, no existía el "Día Nacional de Malvinas" (celebrado el 10 de junio en recuerdo de la designación del primer gobernador argentino en las islas Malvinas), novedad introducida en el calendario oficial el año en que asumió la presidencia el líder justicialista. La propaganda del régimen peronista convirtió a las islas reclamadas al Reino Unido en un símbolo de aquello que anhelaba la Argentina y que permanecía en poder de una de las potencias señaladas por años como uno de los adversarios históricos del pueblo argentino.

El 5 de julio de 1946, la Cámara de Diputados aprobó por abrumadora mayoría una ley que obligaba al Estado argentino a reclamar la soberanía sobre Malvinas ante las Naciones Unidas. Antes de que terminara el año '46, fue presentado el primer reclamo argentino por Malvinas en la recientemente creada Organización de Naciones Unidas.

Ese mismo año se reformaron nuevamente los contenidos de la instrucción pública en la Argentina para poner mayor énfasis en la enseñanza escolar sobre los reclamos territoriales argentinos y en particular sobre las islas del Atlántico Sur.

El gobierno de Perón estableció que en el censo nacional de 1947 se incluyera a las Malvinas dentro de las estadísticas. Ése era un paso necesario para incorporar a los archipiélagos del Atlántico Sur dentro de la administración central argentina.

En el año 1948, el gobierno argentino creó una secretaría dentro del Ministerio de Relaciones Exteriores para dar continuidad al reclamo sobre los archipiélagos del Atlántico Sur. La inauguración de la nueva oficina dio impulso a la intención del peronismo de transformar los reclamos de soberanía en una política de Estado.

La demanda del primer gobierno peronista por Malvinas ante la ONU en 1946 fue retomada con entusiasmo por los gobiernos posteriores que ocuparon la Casa Rosada, hubiesen llegado por las urnas o por las armas. La ley que forzaba a los presidentes argentinos a pedir a Gran Bretaña que restituyera las Malvinas nunca fue derogada.

Desde entonces, todos los argentinos, civiles y militares por igual, incluyeron en sus discursos el reclamo por la devolución de los archipiélagos ante los organismos multilaterales.

No es de extrañar que los textos escolares siguieran un rumbo similar. Desde la década del 40 hasta el presente, todos los libros escolares mantuvieron invariable la enseñanza del reclamo argentino sobre Malvinas.

Tal fue la influencia de la propaganda gubernamental que en la década del 60 hubo por lo menos cuatro incursiones sorpresivas de ciudadanos argentinos en Malvinas. Todas tuvieron como fin reivindicar los derechos de la Argentina sobre las islas.

Así, la convicción acerca de la usurpación británica de Malvinas estaba tan profundamente arraigada en la sociedad que el anuncio del desembarco del 2 de abril de 1982, aunque fuera hecho por uno de los gobiernos más brutales e impopulares de su historia, llevó a multitudes de argentinos a festejar en las plazas y calles de todo el país.

La misma maquinaria ideológica echada a rodar por los nacionalistas argentinos en las décadas del 30 y 40 y luego profundizada por el primer gobierno de Juan Domingo Perón iba a ser usada en su favor por la dictadura que gobernaba el país en 1982.

Después de todo, cuatro décadas de adoctrinamiento garantizaban que la sociedad argentina respondería con entusiasmo al llamado de las armas cuando se tratara de restituirles las islas a sus legítimos dueños.

Nada cambió desde entonces en las aulas argentinas. El reclamo sobre las Malvinas y el resto de los archipiélagos australes suele ser ejercitado como la historia de una afrenta cuasi personal contra la Argentina y no como una demanda fundamentada que requiere de medidas diplomáticas para ser resuelta. La historia se enseña muchas veces en forma de dogma, sin alternativas para asumir una postura crítica frente a las lacerantes consecuencias que trajo la guerra cuando se intentó reparar el despojo por medio de las armas.

El reclamo por las Malvinas fue siempre para los dirigentes argentinos una cantera inagotable de prestigio político, y las masas aleccionadas durante décadas para obedecer al llamado de la reivindicación parecen seguir dispuestas a apoyar cualquier medida que signifique una revancha por la usurpación británica de Malvinas y la derrota argentina en 1982.

Son muchos los ciudadanos que afirman estar dispuestos a ir a Malvinas si fuera necesario aportar más sangre al reclamo argentino. Muchos políticos lo saben y de tanto en tanto abrevan en discursos redentistas, de los que seguramente abjurarían si la guerra les reclamara un hijo para que luche en Malvinas.

Las multitudes que no cuestionaron las razones que impulsaron al general Galtieri a desembarcar en las islas en 1982, mientras tanto, estarán siempre listas para llenar las plazas.

Capítulo 4

The Falkland Islands are Argentine

◆

D urante el siglo pasado, Gran Bretaña intentó deshacerse de las Malvinas en varias ocasiones. De haber prosperado esa intención, se podrían haber evitado los muertos de la guerra de 1982.

Desde la mitad del siglo XIX y por más de un siglo, la Argentina estuvo ligada estrechamente al Reino Unido. Tal era la cercanía entre ambos países que un ex vicepresidente argentino no dudó en afirmar en 1933 que "la Argentina es, desde el punto de vista económico, parte del imperio británico, a causa de una interdependencia recíproca".

Fue en 1910, en pleno auge del romance entre los dos países, que el funcionario británico Gaston De Bernhardt dio a conocer el resultado de su trabajo sobre la posición del Reino Unido en la disputa que mantenía con la Argentina por las islas Malvinas[17]. El memorando había sido encargado por el Ministerio de Relaciones Exteriores británico.

De Bernhardt formuló una severa crítica a los fundamentos de su país para justificar jurídicamente la posesión de las islas al señalar que Gran Bretaña había abandonado el archipiélago en 1774 tras firmar un acuerdo con España. Luego, el funcionario señaló que en los siguientes cincuenta años el Reino Unido no había mostrado interés ni reclamado su derecho sobre las islas[18].

En 1936 se produjo un segundo informe, esta vez firmado por el jefe del departamento americano del Ministerio de Relaciones Exteriores británico John Troutbeck. El reporte afirmaba que "la dificultad de la posición reside en que nuestra toma de las islas Falkland en 1833 fue

---

[17] Peter J. Beck, "The Anglo-Argentine Dispute Over Title to the Falkland Islands: Changing British Perceptions on Sovereignty since 1910", en *Millennium: Journal of International Studies*, 12 (1), 1983, pág. 12.

[18] Rodolfo Terragno, *Falklands*, Ediciones de la Flor, Buenos Aires, 2002, pág. 277.

un procedimiento arbitrario a juzgar por la ideología del presente. Por lo tanto, no es fácil explicar nuestra posición sin aparecer como bandidos internacionales".

En aquellos años el asesor legal del Foreign Office, George Fitzmaurice, recomendó a sus superiores no someter la cuestión a un arbitraje internacional dada la debilidad de la posición británica.

Un documento británico depositado en el Archivo del Foreign Office de Londres revela que la Corona británica analizó en 1940 reconocer la soberanía argentina sobre Malvinas[19]. El reporte está vedado al público hasta el año 2015, de modo que sólo es posible suponer su contenido a través de la descripción que hace su ficha de archivo: "Oferta propuesta por el gobierno de Su Majestad para reunir las islas Falkland con Argentina y aceptar el arriendo". La restricción para acceder al documento todavía impide saber si la propuesta fue presentada al gobierno argentino y, si efectivamente fue recibida por las autoridades en Buenos Aires, cuál fue la respuesta que éstas dieron al proyecto[20].

En 1945, por pedido del gobierno británico se reunió un grupo del Departamento de Investigaciones del Foreign Office para evaluar las fortalezas y debilidades de la posición del Reino Unido en la disputa por las islas Malvinas. El 17 de septiembre de 1946 se presentaron las conclusiones. El estudio habría cuestionado los principios y argumentos históricos sobre los cuales se basaba la posesión británica[21].

El informe asevera:

"Gran Bretaña ha estado en formal posesión y ocupación efectiva de las islas Falkland desde 1833; en esa fecha las islas no estaban efectivamente ocupadas por el gobierno de Buenos Aires; y se puede argumentar entonces que estaban abiertas a la adquisición por la primera potencia efectivamente ocupante. En este sentido, la ocupación británica de 1833 fue en ese tiempo, un acto de injustificable agresión que ahora ha adquirido el apoyo del derecho de prescripción. La presente población es británica en su totalidad[22]".

---

[19] Equipo de *The Sunday Times*, *La guerra de Malvinas*, Editorial Arcos Vergara, Buenos Aires, 1983.

[20] Ídem.

[21] Alfredo Becerra, *Protestas por Malvinas (1833-1946)*, Buenos Aires, Caja Editora, 1998.

[22] "Historia de las relaciones exteriores argentinas. Comité Argentino de Relaciones Internacionales", obra dirigida por Andrés Cisneros y Carlos Escudé, Buenos Aires, 2000. La obra puede consultarse en http://www.argentina-rree.com/historia.htm.

Los informes de los especialistas británicos y sus conclusiones no pasaron inadvertidos para los funcionarios argentinos. Fue por eso quizá que el gobierno de Buenos Aires comenzó a formular una estrategia para hacerse con el control de las islas, pensando que el Reino Unido perdía interés en ellas.

Maniobras anfibias de la Armada argentina en proximidades de las islas realizadas a fines de 1946 hicieron que Londres enviara de apuro a la fragata *Snipe* para reforzar la defensa del archipiélago ante la eventualidad de una invasión argentina.

En 1947, en respuesta al pedido de la Argentina ante la ONU para que le fueran devueltas las Malvinas, el Reino Unido envió al crucero *Nigeria* al Atlántico Sur, temeroso de que la encendida retórica nacionalista de Buenos Aires se transformara en una invasión armada a las islas. La tensión entre ambos países llegó a límites inusitados y por primera vez desde 1833, el Reino Unido y la Argentina enfrentaron una crisis diplomática originada por el tema Malvinas. El crucero *Nigeria* permaneció allí hasta 1949, reforzando la presencia de la fragata *Snipe*, y fue retirado por Londres recién cuando sus agentes en Buenos Aires corroboraron que Perón no planeaba desembarcar en las islas.

En 1952, el presidente argentino envió a Gran Bretaña una comitiva de alto nivel para asistir a la coronación de la reina Isabel II de Inglaterra. La delegación era encabezada por el almirante Alberto Tessaire, presidente provisional del Senado.

En nombre del gobierno de Perón, Tessaire le propuso en forma reservada al Reino Unido el pago de una compensación monetaria a cambio de que éste reconociera la soberanía argentina sobre Malvinas. En realidad la propuesta apuntaba a canjear la restitución de las islas por una disminución de la deuda que arrastraba Gran Bretaña con la Argentina, generada por los envíos de materias primas a crédito durante la Segunda Guerra Mundial. La propuesta incluía un plan para compensar a los isleños descontentos con el traspaso de la soberanía, a quienes se les regalarían tierras en Nueva Zelanda, Australia o Canadá.

Aunque la oferta era atractiva para el quebrado Estado inglés de posguerra, los funcionarios del Foreign Office la rechazaron por temor a las repercusiones negativas que podría tener sobre el gobierno de Winston Churchill una disminución en la extensión del ya menguado imperio británico.

En forma paralela a las gestiones de Tessaire, Manuel de Anchorena, embajador argentino en Londres, ofreció a las autoridades de la Falkland Islands Company (FIC) la compra en nombre del Estado argentino de las tierras que tenía en Malvinas. En esos días la FIC poseía la mayor parte de las tierras malvinenses y casi todos los almacenes, medios de comunicación y transportes del archipiélago.

El precio a pagar por el gobierno argentino a la FIC sería fijado por el vendedor. Los directivos de la empresa británica se mostraron receptivos a estudiar la propuesta dado el fabuloso negocio que suponía un comprador que les dejaba en libertad para fijar el precio de venta. Pero luego rechazaron la posibilidad de vender las tierras por una sugerencia del Foreign Office, que no veía con buenos ojos el pase de la compañía a manos argentinas. El cambio de postura fue coincidente con la negativa del gobierno de Churchill a la propuesta de Perón que llevara Tessaire a Londres[23].

Desairado por el rechazo británico, Perón aprobó en 1953 una misión secreta para establecer un destacamento argentino en la isla Decepción, un remoto sitio del archipiélago de Sandwich del Sur reclamado como propio por el Reino Unido y por la Argentina.

La operación en isla Decepción fue ideada por la Armada argentina y tenía por objetivo instalar una estación militar y científica al estilo de las que se erigían en esos días en el territorio antártico. El buque ARA *Chiriguano* de la Armada argentina partió rumbo a Decepción en febrero de 1953. Aunque la operación debía ser llevada adelante con la mayor discreción, la inteligencia británica pronto estuvo al tanto de los planes de la Argentina.

El *Chiriguano* se quedó unos días frente a Decepción aguardando que se armara un refugio provisorio y luego regresó al continente. En la isla quedaron un sargento y un cabo de la infantería de Marina alojados en una precaria cabaña. Los marinos contaban con suficientes provisiones para subsistir durante las semanas que tardara en volver el siguiente barco argentino, en el cual llegarían equipos y personal suficientes para montar una estación permanente.

Una nota de protesta de Londres por el desembarco en Decepción hizo saber al gobierno argentino que Gran Bretaña estaba al tanto de sus planes para montar la base en esa isla, pero éste no respondió la carta de protesta.

El 15 de febrero de 1953, la fragata británica *Snipe* se estacionó frente a la isla Decepción. De ella bajaron treinta y dos marines armados con fusiles y ametralladoras. Los soldados ingleses tomaron por asalto la carpa donde vivían los dos marineros argentinos y los hicieron prisioneros. Ansiosos por limpiar la zona de toda presencia americana, los marines desalojaron luego un campamento chileno montado en las cercanías.

Los marineros argentinos capturados fueron transportados a las Malvinas y puestos bajo arresto en las dependencias de la policía local

---

[23] Eduardo José Costa, *Guerra bajo la Cruz del Sur*, Hyspamérica, Buenos Aires, 1988, pág. 55.

acusados de inmigrar en forma ilegal a territorio británico. Unos días más tarde el sargento y el cabo de la Marina argentina fueron remitidos de regreso al continente.

El reporte de los militares ingleses enviados a Decepción informó al comando en el Reino Unido que un "sargento y cabo naval argentinos, los únicos ocupantes de la cabaña, no ofrecieron resistencia, fueron requisados por armas". Luego, el informe agregaba que "los dos hombres detenidos están descriptos como resignados y posiblemente contentos de dejar la isla[24]".

El incidente estimuló al gobierno de Churchill a pensar que la Argentina quizás estuviera interesada en avanzar militarmente sobre los territorios que reclamaba en el Atlántico Sur. Esa suposición llevó al primer ministro británico a ordenar que la fragata *Snipe* y el crucero *Nigeria*[25] permanecieran en Malvinas.

El intento de Perón por comprar las Malvinas no sería la última tentativa argentina para hacerse con el control de las tierras malvinenses por medio del dinero.

En 1965, el empresario argentino Héctor Capozzolo intentó adquirir parte de las acciones de la Falkland Islands Company. Capozzolo ofreció a través de un banco francés siete millones de dólares al grupo controlante de la FIC por la mayoría accionaria de la compañía.

Aunque el directorio de la FIC pudiera estar complacido en deshacerse de su participación en una empresa que en ese entonces apenas le reportaba alguna ganancia, una nueva intervención del Foreign Office británico boicoteó la tentativa de Capozzolo. Ese año, a instancias del Foreign Office, se firmó un decreto que ponía a la FIC dentro de las empresas cuya propiedad no podía ser transferida a extranjeros sin autorización de la Corona[26].

El gobierno del presidente radical Arturo Illia reclamó desde su asunción en octubre de 1963 la restitución de las Malvinas ante los foros internacionales.

El general Juan Carlos Onganía, que derrocó a Illia en junio de 1966, nada tenía en común con su antecesor salvo la decisión de seguir reclamando la soberanía sobre las islas. En 1966, la Organización de las Naciones Unidas instó a ambos países a iniciar negociaciones para resolver la disputa por las Malvinas y a poner fin a la situación de colonialismo en que se encontraba el archipiélago.

---

[24] http://www.histarmar.com.ar/HYAMNEWS/HyamNews2004/HY01-04%20Churchill.htm.

[25] Algunas fuentes nombran el envío del crucero *Superb* en lugar del *Nigeria*.

[26] "Oh, oh, oh, what a beautiful war!", *The Libertarian Forum*, Londres, mayo de 1982.

La presión diplomática que ejerció la Argentina dio sus frutos en 1968, cuando el embajador británico le acercó al gobierno una propuesta de reconocer los derechos argentinos sobre las islas.

En febrero de ese año, el gobierno laborista británico encabezado por Harold Wilson se vio forzado a reconocer públicamente que analizaba la posibilidad de restituir los archipiélagos a la Argentina. Sucedió durante la interpelación en el Parlamento al secretario de Relaciones Exteriores, Michael Stewart, cuando el funcionario reveló que existían negociaciones reservadas entre ambos países que debían concluir con la bandera argentina flameando sobre la casa de gobierno de Port Stanley.

El funcionario reveló además que se había hecho llegar en forma reservada al gobierno de la Argentina un *non paper*[27] que contenía la propuesta del traspaso y las exigencias que hacía a cambio, tales como la necesidad de garantizar el uso del idioma inglés entre los malvinenses. Stewart reconoció además que durante una visita a Buenos Aires el año anterior había conversado con el canciller argentino Miguel Zavala Ortiz sobre el plan y los mecanismos para llevarlo a cabo.

Ante la confesión de Stewart, los legisladores de la oposición conservadora armaron un escándalo público.

En realidad, los conservadores ya conocían hacía meses los detalles del plan de traspaso y se disponían a utilizar la información para acusar al gobierno de conspirar junto a los argentinos para desmembrar al imperio británico. Se habían enterado de la propuesta a través de William Hunter Christie, un ex empleado de la embajada británica en Buenos Aires, quien a su vez recibió incidentalmente el dato sobre la negociación secreta de un funcionario del Ministerio de Defensa inglés. Por medio de uno de sus ex compañeros que todavía trabajaba en la Argentina, Christie consiguió los documentos que probaban la existencia de negociaciones reservadas y se los envió a Patrick Ainslie, presidente de la Falkland Islands Company.

Al tomar conocimiento de las tratativas entre el gobierno laborista y los argentinos, Ainslie se puso a trabajar en la formación del Grupo Falkland (Falkland Islands Committee en su nombre original) con el fin de oponerse públicamente a cualquier negociación que implicara la cesión de la soberanía de las Malvinas a la Argentina. Estaba inte-

---

[27] En el mundo de la diplomacia, un *non paper* es un documento usado por un Estado para decir algo importante que no puede admitir públicamente. Usualmente los *non paper* surgen cuando se deben negociar ciertos asuntos delicados antes de someterlos al escrutinio de la opinión pública.

grado por malvinenses e influyentes políticos británicos, en su mayoría provenientes de las filas del Partido Conservador.

Los laboristas se enteraron de la inminente ofensiva del grupo armado por la FIC y decidieron blanquear su plan antes de que fuera denunciado públicamente.

Luego de la confesión de Stewart, el Grupo Falkland se dedicó a mostrar el malestar que reinaba entre los habitantes de Malvinas por la posibilidad de transferir la soberanía a la Argentina.

El 12 de marzo de 1968 el diario británico *The Times* publicó una carta enviada a su redacción por ciudadanos malvinenses en la que éstos decían: "No deseamos someternos a una lengua, un derecho, unas costumbres y una cultura extranjeros (*sic* en el original)[28]". Otros diarios británicos publicaron también artículos que atacaban la devolución de las islas, dando muestra de la efectividad de la campaña de lobbying del Grupo Falkland.

También los sectores de la izquierda británica criticaron la idea de que se llegara a un acuerdo con un país gobernado por militares y que se expusiera a los malvinenses a la posibilidad de vivir bajo un régimen dictatorial que solía apalear a los opositores en calles y universidades.

Como consecuencia de la ofensiva conservadora alentada por el Grupo Falkland y las críticas de los sectores progresistas, el gobierno de Wilson aceptó subordinar el avance de las negociaciones a que los isleños estuvieran de acuerdo con la propuesta.

El gobierno británico envió entonces al secretario del ministro de Relaciones Exteriores, Lord Chalfont, quien en ese entonces se encargaba del área de asuntos latinoamericanos del Foreign Office. Chalfont debía explicar la propuesta del gobierno británico a los habitantes de Malvinas y persuadirlos para que "pensaran sobre si los valores de su comunidad podían sobrevivir al mundo moderno"[29]. Lord Chalfont se llamaba en realidad Alun Gwynne Jones y anteriormente había sido corresponsal de guerra del diario londinense *The Times*.

Chalfont llegó a Malvinas el 24 de noviembre de 1968 a bordo del *Endurance*, buque que había sido recientemente adquirido por el Reino Unido a la marina mercante danesa. Apenas llegó a Malvinas, el noble británico percibió la reacción desfavorable de los locales a su presencia cuando notó los muelles de Puerto Stanley cubiertos de banderas

---

[28] Equipo de *The Sunday Times*, *La guerra de Malvinas*, Editorial Arcos Vergara, Buenos Aires, 1983.

[29] Owen Bowcott, "Secret plan to persuade 'reactionary' Falklands to accept Argentinian rule", *The Guardian*, 29 de noviembre de 2001.

del Reino Unido y carteles que decían: "Chalfont go home" y "Keep the Falklands British"[30].

Los esfuerzos de Chalfont para cambiar la opinión de los malvinenses fueron inútiles. En el camino de regreso a Londres, el funcionario escribió un sombrío reporte en el que llamaba la atención sobre la intransigencia de los malvinenses: "Si ahora nosotros retrocedemos en nuestra propuesta a los argentinos, creemos que el punto muerto al que llegaremos en nuestras negociaciones incrementará materialmente el riesgo de incidentes y de esta manera la amenaza para la seguridad de nuestra colonia"[31].

El 21 de octubre de 1973 Juan Domingo Perón logró acceder a su tercera presidencia luego de permanecer más de dos décadas en el exilio. Lejos del esplendor de sus anteriores gobiernos, el anciano líder enfrentaba una compleja crisis económica, profundizada por la feroz pugna entre las corrientes internas del Partido Justicialista.

Para el inicio del año 1974, la salud del líder del peronismo se deterioraba día a día. Los rumores sobre el inminente fin de la vida de Perón agravaron la crisis política al iniciarse la carrera por la sucesión dentro del partido de gobierno.

En la mañana del 8 de mayo de 1974 el canciller argentino Alberto Juan Vignes recibió en su despacho a James Hutton, embajador británico en Buenos Aires. Hutton le presentó un ofrecimiento del gobierno laborista del Reino Unido para resolver la centenaria disputa sobre los archipiélagos del Atlántico Sur. El gobierno inglés le proponía a la Argentina un fideicomiso a favor de los británicos sobre las Malvinas durante los siguientes veinticinco años, luego de los cuales Londres reconocería la soberanía argentina sobre las islas[32].

Veintidós años después de que Perón intentara comprar el reconocimiento británico a la soberanía argentina sobre Malvinas, el embajador de ese país venía a ofrecerle dócilmente la restitución gratuita de las islas.

En el documento entregado por el embajador británico al canciller argentino se condicionaba el posible acuerdo a que la Argentina garantizara por un lado una solución aceptable a la cuestión de los

---

[30] "Chalfont vuelve a casa" y "Mantengamos las Falklands británicas".
[31] "UK planned to give Falklands to Argentina", *BBC News*, 8 de enero de 1999.
[32] "En 1974 hubo otra propuesta para devolver las Islas Malvinas al país", diario *Hoy*, La Plata, provincia de Buenos Aires, 9 de enero de 1999.

pobladores de Malvinas tras el cambio de soberanía y, por el otro, un entorno favorable para la explotación futura por parte de las compañías del Reino Unido de los recursos petroleros e ictícolas en las islas.

Antes de que llegara el fin del día, el canciller Vignes se reunió con el presidente Perón para informarle sobre la propuesta entregada por el embajador inglés. Perón reaccionó con entusiasmo y encargó a Vignes que formara un grupo de negociadores de su confianza para elaborar la respuesta argentina.

"Hay que aceptar de inmediato. Procure preparar los instrumentos para aceptar esta propuesta. Una vez que pongamos el pie en las islas no nos vamos más"[33], fueron las palabras usadas por Perón.

Vignes expresó a Perón su preocupación por la reacción que podrían tener los sectores nacionalistas del Ejército ante una negociación que contemplara concesiones hacia los ingleses.

—Usted preocúpese de que esa propuesta avance. De los muchachos me encargo yo, les diré que ya tenemos una "pata" adentro y sin derramar sangre de argentinos —le habría expresado Perón a Vignes para calmarlo[34].

Pero pasaron las semanas y Perón dejó que el asunto languideciera. Vignes le insistió durante un mes al presidente sobre la necesidad de acercarles una respuesta a los británicos. Pero las urgencias políticas internas pospusieron en un tiempo crítico la respuesta oficial argentina que no debía haber tardado más de un par de semanas en haber llegado a la embajada del Reino Unido.

El 1º de julio de 1974 murió Juan Domingo Perón. Un mes antes, también había fallecido en Buenos Aires el embajador británico James Hutton.

Con la muerte de Perón asumió la presidencia la vicepresidenta María Estela Martínez de Perón. La viuda de Perón fue célebre tanto por su impericia para comprender los complejos asuntos que heredaba de su marido como por su sometimiento a los sectores de la ultraderecha peronista conducidos por el ministro de Bienestar Social, José López Rega.

---

[33] Los dichos de Perón fueron revelados en el discurso del ex embajador de la Argentina en el Reino Unido (1980-1982) Carlos Ortiz de Rozas, durante la presentación del libro *Argentina-Reino Unido: tratados bilaterales y otros documentos - 1823-2002*, Buenos Aires, el 10 de agosto de 2004.

[34] Según el periodista Luis Alberto Cousillas de la publicación *El Testigo* (1984) la frase habría sido: "No se haga mala sangre, si se concreta yo me encargo de reunir a los muchachos en la plaza y les explico que ya tenemos un pie en las islas y sin perder una sola vida. Además, quince años pasan pronto".

En septiembre de 1974 llegó a Buenos Aires el embajador del Reino Unido Dereck Ash para cubrir el cargo dejado vacante por la muerte de Hutton. Cuando el nuevo embajador presentó sus credenciales ante la presidenta Perón, estaba presente el canciller Vignes. Luego de las ceremonias de rigor, Ash interrogó a la viuda acerca de la propuesta sobre Malvinas presentada por su antecesor. Ante el asombro de Vignes y Ash, María Estela Martínez de Perón le replicó que ella tomaría sus propias decisiones y que ya tendría su respuesta. Dijo que "el general estaba de acuerdo, pero yo no soy mi marido"[35].

Dos semanas después de la presentación de credenciales del embajador británico Dereck Ash, durante una reunión del gabinete de Isabel Perón, el canciller Vignes informó al resto de los ministros sobre la propuesta británica para el fideicomiso. Pero su exposición con los detalles del ofrecimiento fue interrumpida por López Rega, quien en esos días manejaba a su antojo el gobierno de la viuda de Perón.

—Que los ingleses se dejen de joder, o entregan todo o no entregan nada —dijo el ministro en forma tajante, refiriéndose así a las compensaciones exigidas por los británicos a cambio del reconocimiento de la soberanía argentina sobre las islas.

Con los hombres de López Rega acosando a aquellos que se opusieran a los deseos del hombre fuerte del peronismo, Vignes no insistió en tratar el tema y desde entonces la propuesta británica no volvió a ser considerada en las reuniones de gabinete.

Desde que asumió, el embajador Ash le demandó cada semana a Vignes una respuesta oficial del gobierno argentino a la propuesta sobre Malvinas. Pero el canciller no tenía una contestación para darle, por lo que el tema lentamente fue decayendo al ritmo que declinaba el gobierno peronista.

Hubo un nuevo intento del Reino Unido para deshacerse de las Malvinas en 1980. En 1976 Lord Shackleton publicó su informe sobre la futura viabilidad económica de las islas. Su reporte fue terminante: la economía de Malvinas estaba condenada al fracaso por la caída del precio internacional de la lana, que constituía su principal producción, y el recurrente déficit generado por la creciente dependencia de las islas de los alimentos y combustibles provenientes de la Argentina.

Influido por los resultados del informe Shackleton, el Foreign Office presentó nuevamente en 1980 un plan de arrendamiento de las Malvinas a la Argentina. La idea era mantener la presencia británica

---

[35] "UK planned to give Falklands to Argentina", *BBC News*, 8 de enero de 1999.

por noventa y nueve años, tras los cuales la Argentina tomaría posesión plena del archipiélago. Entretanto, las banderas de ambos países ondearían juntas en los edificios públicos de Malvinas.

El canciller Nicholas Ridley mantuvo conversaciones secretas con el comodoro argentino Carlos Cavandoli en el hotel Du Lac, en la ciudad italiana de Venecia. El propósito de la reunión fue sondear las perspectivas de un posible acuerdo de arrendamiento[36]. La primera ministra Margaret Thatcher, afecta a controlar de cerca asuntos tan sensibles como la posible intención de ceder las Malvinas a la Argentina, nunca pudo haber ignorado que su canciller mantenía conversaciones con los militares.

Los malvinenses mantuvieron su desacuerdo con los planes del gobierno conservador de Thatcher cuando Nicholas Ridley llegó el 22 de noviembre de 1980 a las islas para presentar la propuesta.

A su regreso a Londres, Ridley concurrió al Parlamento a presentar su informe sobre las negociaciones por Malvinas. Fue recibido con silbidos y abucheos por los legisladores, incluso por los propios integrantes de la bancada conservadora. En los días previos, y gracias al lobby de la Falkland Islands Company, la prensa británica había atacado las gestiones del gobierno acusándolo de querer entregar las islas a un sangriento régimen militar como era el que gobernaba la Argentina en esos tiempos. Atrapado por la política de "respetar los deseos de los isleños", el gobierno de Gran Bretaña no siguió adelante con sus planes ante la seguridad de que una propuesta de arrendamiento de las islas naufragaría por la oposición de los malvinenses y los parlamentarios.

Dice el británico Sven Lorenz que en 1980 un inversor no identificado se comunicó con Ted Needham, presidente del Grupo Coalite, el mismo que controlaba a la Falkland Islands Company, para intentar comprar la compañía. Lorenz sostiene que detrás del misterioso inversor se encontraba el gobierno argentino[37].

Es así como en al menos seis oportunidades se perdió la posibilidad de evitar el capítulo más negro en la historia de las relaciones entre argentinos y británicos. ¿Qué hubiese pasado si Perón aceptaba oficialmente la propuesta británica en 1973 antes de morir, en lugar de usar las pocas energías que le restaban para dirimir la interna del Par-

---

[36] Richard Norton-Taylor y Rob Evans, "UK held secret talks to cede sovereignty", *The Guardian*, 28 de junio de 2005. El informe Rattenbach producido por el Ejército argentino tras la guerra contiene un apartado en donde se reconoce la reunión y la propuesta del gobierno británico para el arrendamiento.

[37] Sven Lorenz, "The Falkland Islands Report", Londres, 2004.

tido Justicialista? ¿Y si las presiones de los conservadores británicos en 1968 no hubieran funcionado, permitiendo el acuerdo entre la Argentina y el Reino Unido en las negociaciones para un fideicomiso? ¿Y si la situación política interna en Gran Bretaña en 1952 no hubiera obligado a los ingleses a rechazar la oferta de compra argentina? ¿Y si en 1980 el lobby de la empresa propietaria de las Falkland no hubiera dado resultado cuando Margaret Thatcher quiso deshacerse de las Malvinas? En cualquier caso se habría impedido una guerra y la muerte de casi un millar de personas.

Pasada la guerra, las Malvinas se transformaron en un territorio privilegiado dentro de los restos del imperio colonial británico. El revitalizado orgullo imperial británico hizo olvidar a la sociedad del Reino Unido todos los años en que sus gobiernos intentaron deshacerse de esas islas perdidas en el fondo del mapa. Después de todo, aquellas islas y la guerra para retomarlas fueron la última oportunidad que tuvieron los británicos de sentirse dueños de los mares que antes supieron dominar.

Capítulo 5

Vuelo inaugural a Malvinas

◆

Terminaba el mes de septiembre de 1966 y la situación política en la Argentina se tornaba cada vez más complicada. El gobierno civil del radical Arturo Illia había sido reemplazado el 28 de junio anterior, golpe de Estado mediante, por un régimen de facto encabezado por el general Juan Carlos Onganía. El nuevo presidente militar representaba a los sectores católicos más reaccionarios y fundamentalistas del Ejército argentino.

Onganía y los sectores económicos que lo apoyaban habían llegado al poder con un plan de gobierno que pretendía neutralizar la presencia del peronismo retrocediendo el reloj de la historia hasta 1930, época en que imperaba en la Argentina un modelo agroexportador asociado con los capitales europeos. Por su alineamiento con los poderosos intereses del campo, un poco en broma y un poco en serio, el periodista argentino Rogelio García Lupo decía que el nuevo presidente "no era general de caballería, sino un general de ganadería".

Sin embargo, el gobierno de Onganía tenía una contradicción por resolver; se definían como nacionalistas y querían reivindicar algunas de las viejas aspiraciones territoriales de la Argentina, pero esas pretensiones chocaban con los intereses de las potencias a las que pretendían acercarse para revitalizar el modelo agroexportador. En otras palabras, querían que les fueran devueltas las Malvinas pero sin afectar su relación con Londres.

Fue ese nacionalismo el que llevó a Onganía a instruir a su canciller, Nicanor Costa Méndez, para que exigiera a Gran Bretaña negociaciones inmediatas por la soberanía sobre las islas Malvinas durante la reunión anual de las Naciones Unidas de julio de 1966, es decir, tan sólo un mes después de desalojar al gobierno constitucional del presidente Illia.

Pero la convicción que mostraban al reclamar los territorios malvinenses era tan fuerte como la idea de reconstituir la alianza política y económica con el Reino Unido.

Ansioso por rescatar la relación con Gran Bretaña, el general Onganía pidió a los diplomáticos argentinos que organizaran una reunión privada con el duque Felipe de Edimburgo, marido de la reina de Inglaterra, que debía llegar a fines de septiembre de 1966 a Buenos Aires.

El marido de la reina arribaría a la Argentina para asistir al Campeonato Mundial de Hipismo. Como general de la Caballería, Onganía compartía con el duque un mismo interés por el mundo ecuestre y pensaba que ése sería el punto de partida para neutralizar el enojo del Foreign Office británico por el reclamo argentino en la ONU.

En la mañana del 28 de septiembre de 1966 Onganía llegó temprano a su despacho. El día anterior, el general había pedido a sus ayudantes que dispusieran la agenda presidencial de manera que pudiera dedicar la tarde a organizar el partido de polo en el que jugaría con el duque Felipe durante su estadía en Buenos Aires.

—Señor presidente, creo que tiene que ver esto... es urgente —apenas comenzaba la mañana y el edecán debe haber sabido que ese mensaje provocaría la furia de Onganía.

El papel que llevaba el ayudante le informaba al presidente que en las primeras horas del día un grupo armado había secuestrado un avión argentino y lo había desviado hacia Malvinas.

El primer secuestro aéreo de la historia venía a suceder justo cuando Onganía se aprestaba a recibir con toda la pompa al duque británico en su visita a Buenos Aires. Y, para mayor furia del general, los secuestradores habían aterrizado el avión en las Malvinas, territorio que el duque había pedido que no fuera mencionado públicamente mientras estuviera de visita en el país.

El partido de polo finalmente se jugó en la fecha prevista. Pero muchos funcionarios argentinos y británicos vieron distraídos el match mientras esperaban noticias sobre lo que estaba sucediendo en el Atlántico Sur.

Dardo Manuel Cabo nació en enero de 1941 en la localidad de Tres Arroyos, al sur de la provincia de Buenos Aires, en donde casi comienza la Patagonia. Era hijo de Armando Cabo, un destacado dirigente sindicalista de la CGT (Confederación General de los Trabajadores, la central sindical argentina), que en los años 40 fue uno de los confidentes y hombre de extrema confianza de Eva Perón.

Al igual que su padre, Dardo Cabo comenzó a militar dentro del peronismo desde temprana edad, integrándose como afiliado y luego como dirigente juvenil del sindicalismo justicialista.

En los sesenta, Dardo creó la agrupación nacionalista Movimiento Nueva Argentina y la integró dentro del partido peronista. En la década siguiente, Cabo viró su pensamiento hacia la izquierda y se acercó a Montoneros para luego convertirse en uno de los cuadros más activos de la organización guerrillera.

Era la noche del 27 de septiembre de 1966. Cuarenta y tres pasajeros esperaban para abordar el vuelo 648 de Aerolíneas Argentinas en el aeroparque de la ciudad de Buenos Aires. Los viajeros iban a tomar el cuatrimotor a hélice DC-4 que cubría la ruta hacia la ciudad de Río Gallegos en la Patagonia argentina.

Los pasajeros aguardaban el momento de subir al avión en el hall de la estación aérea con aparente normalidad. Había familias de las ciudades patagónicas que regresaban a sus hogares, algún turista y el contraalmirante José María Guzmán, el marino que ejercía la administración simbólica sobre Malvinas. El militar viajaba en primera clase con tres funcionarios como acompañantes. El resto del pasaje estaba compuesto por el propietario de un afamado diario de Buenos Aires y dieciséis veinteañeros que se sacaban fotos y se movían por el hall de la terminal aérea afectados por una gran excitación.

En la cabina del DC-4, Ernesto Fernández, el comandante del aeroplano, revisaba los instrumentos. Mientras tanto, el copiloto comentaba algo sobre una rubia llamada María Cristina con la que había pasado la noche y que viajaba en ese mismo vuelo.

El comandante Ernesto Fernández estaba extenuado. Además de su trabajo en la aerolínea, se dedicaba a vender repuestos de automotor mientras no volaba. La noche anterior se había acostado tarde esperando unas piezas que debía entregar a unos clientes. El comandante recuerda haberle dicho a su mujer:

—Mirá, estoy tan cansado, tan cansado, que en vez de ir a Río Gallegos vamos a ir a parar a islas Malvinas[38].

Minutos antes de la hora prevista para el despegue, el capitán Fernández fue al hall de embarque. Allí, los empleados le informaron que un joven había arribado sobre la hora y pedía que se lo dejara embarcar. El capitán vio el aspecto inocente y desesperado de aquel mu-

---

[38] Ernesto Fernández, *Un cóndor sobre Malvinas: el vuelo imposible*, Ernesto Fernández editor, Buenos Aires, 2004, pág. 16.

chacho que estaba lloriqueando porque iba a perder el vuelo y entonces aceptó que subiera a bordo.

Ese pasajero era Dardo Cabo, más conocido por sus compañeros por el alias de "Lito". Si el capitán Fernández hubiera revisado el equipaje del joven que llegó tarde, habría descubierto una pistola.

El vuelo 648 despegó de Buenos Aires treinta minutos después de la medianoche del 27 de septiembre de 1966. A las cinco de la mañana, cuando el avión se encontraba sobrevolando la provincia de Santa Cruz y a sólo tres horas de llegar a su destino, Dardo Cabo, acompañado por otros dos jóvenes, entró en la cabina. Cabo apoyó su pistola en el cuello del piloto y le preguntó:

—¿Usted vive en Belgrano, en la calle Maure, y tiene un nenito y una esposa bonita que está embarazada?

—Sí —dijo el comandante sin mirar hacia atrás.

—Haga lo que yo le digo y no les va a pasar nada, ponga rumbo 105. Nos vamos a Malvinas[39].

En un primer momento el comandante Fernández alegó que no contaba con suficiente combustible para llegar hasta Malvinas. Los secuestradores le contestaron que sabían que eso era mentira y le recordaron el arma que apuntaba a su cabeza. Viendo que su tripulación corría el riesgo de quedar a merced de los jóvenes armados, el piloto accedió a cambiar el rumbo.

En los asientos de primera clase María Cristina Verrier, la rubia que se había acostado con el copiloto, le dijo al militar a cargo de la gobernación argentina en Malvinas:

—Gobernador, ¿le gustaría ir a Malvinas?

—Claro que me gustaría —contestó el contraalmirante Guzmán con un guiño.

—Bueno, cuando vea que el avión dobla a la izquierda es porque nos dirigimos a las islas —dijo María Verrier señalando hacia su costado.

—María, usted es una artista muy bonita y muy ingeniosa, pero no me va a hacer creer eso... —replicó el militar todavía con una mueca en su cara.

Instantes más tarde el avión dio un pronunciado giro y la rubia miró a Guzmán sonriendo:

—¿Vio...?

Verrier le anunció al marino que a partir de ese momento era su prisionero y que no sería lastimado, al igual que el resto del pasaje, si no interfería con el objetivo del grupo de aterrizar el avión en Malvinas. Un arma que extrajo Cristina de su cartera le dio credibilidad a la amenaza.

[39] Ídem, pág. 33.

Mientras Cabo dominaba a los tripulantes en la cabina y Cristina anunciaba en primera clase las intenciones de desviar el vuelo, los otros integrantes del grupo que viajaban disimulados entre el resto de los pasajeros sacaron sus armas. Fue en ese momento cuando se identificaron como el comando Cóndor.

Algunos pasajeros seguían durmiendo y sólo se enteraron de que habían sido secuestrados horas más tarde, cuando abrieron los ojos y vieron a aquellos jóvenes apuntándoles con sus armas. Tras asegurarse de que no habría resistencia entre los pasajeros, los integrantes del grupo Cóndor cambiaron sus ropas por uniformes verde oliva similares a los usados por los militares argentinos.

Los secuestradores desalojaron a los pasajeros de primera clase y desmontaron las butacas de esa sección del avión. Luego abrieron unas puertillas en el piso que les permitieron acceder al compartimiento de carga, donde guardaban más armas escondidas en sus equipajes.

El grupo Cóndor estaba integrado por dieciocho jóvenes. El líder era Dardo Cabo, de 25 años, quien se dedicaba al periodismo en la revista peronista *Descamisados*. Su segundo era Alejandro Giovenco, de 21 años, cuyos gruesos lentes le habían valido el mote de "Chicato"[40]. La única mujer entre "los cóndores" y tercera al mando era María Cristina Verrier, dramaturga e hija de un ex integrante de la Corte Suprema de Justicia de la Argentina durante el gobierno de Arturo Frondizi, y sobrina de un ex ministro de Economía de la Revolución Libertadora que derrocó a Perón en 1955. El resto eran estudiantes, empleados y obreros peronistas cuya edad máxima no superaba los 28 años[41]. El denominador común entre aquellos jóvenes era una ferviente ideología nacionalista.

Dardo Cabo y su grupo parecían saberlo todo acerca de los seis tripulantes del avión y la carga que transportaba. Al observar que la joven rubia que viajaba en primera formaba parte del comando que había tomado el control de su nave, el comandante intuyó que su copiloto había colaborado con la planificación del secuestro.

Cuando las primeras luces del 28 de septiembre inundaron el interior del avión, los pasajeros del vuelo 648 de Aerolíneas Argentinas

[40] "Chicato" es un argentinismo que significa "corto de vista", N. del A.
[41] El grupo se completaba con Fernando Aguirre, Norberto Karasiewicz, Andrés Castillo, Luis Caprara, Víctor Chazarreta, Ricardo Ahe, Juan Bovo, Edelmiro Navarro, Ramón Sánchez, Pedro Tursi, Juan Rodríguez, Pedro Bernardini, Fernando Lisardo, Edgardo Salcedo y Aldo Ramírez.

escucharon un encendido discurso de Dardo Cabo anunciándoles que el avión iba a ser desviado a Malvinas. Mientras Dardo daba su discurso, uno de los pasajeros se levantó de su asiento y comenzó a sacar fotos. Era Héctor Ricardo García, director del diario *Crónica* de Buenos Aires[42].

Américo Rial y Emilio Abras, dos integrantes del movimiento liderado por Cabo, trabajaban en *Crónica* y habían invitado al director del diario a presenciar "una acción espectacular" que su grupo planeaba llevar adelante. En una reunión en la confitería El Ciervo de Buenos Aires, Cabo le propuso al periodista que tomara el vuelo 648 "preparado para una aventura que podría durar tres o cuatro días".

Aunque estaba previsto que Rial y Abras formaran parte del equipo de secuestradores, finalmente no embarcaron porque Dardo Cabo decidió que el grupo fuera integrado por dieciocho miembros en lugar de los treinta inicialmente planeados.

En el continente, los controladores de tráfico aéreo exploraban las frecuencias de radio tratando de ubicar alguna transmisión del vuelo 648. La nave había dejado de reportarse hacía un tiempo y se temía que hubiera sufrido un accidente.

En un momento de descuido del secuestrador que lo vigilaba, el operador de radio del DC-4 dejó abierto el micrófono de la cabina. Los operadores en tierra escucharon fragmentos de las conversaciones y comenzaron a sospechar que algo no estaba bien a bordo.

Un nuevo descuido de los que vigilaban la cabina permitió al operador enviar un mensaje telegráfico informando el secuestro y que se encontraban con rumbo a Malvinas. En cuestión de horas, se esparció la noticia de que un avión había sido apresado por un grupo aún no identificado y que se dirigía a las islas.

Aunque seguían bajo la amenaza de las armas, los tripulantes del DC-4 cruzaron algunas palabras con sus secuestradores. Así, pudieron conocer el risueño plan de los jóvenes nacionalistas: tomar la casa del gobernador malvinense e iniciar con su presencia en las islas una oleada de nacionalismo que recorriera la Argentina y obligara a las autoridades militares de Buenos Aires a enviar tropas a Malvinas y recuperar la soberanía argentina sobre el archipiélago.

En la cabina del DC-4, el piloto empezó a preocuparse; Dardo Cabo le había ordenado que tomara rumbo sudeste, pero fueron desviados por los fuertes vientos de la región. Por esa razón, si no viraban pronto hacia el este, jamás encontrarían el archipiélago.

---

[42] Héctor Ricardo García, *Cien veces me quisieron matar*, Planeta, Buenos Aires, 1997.

Los que estaban dentro del avión, secuestradores y secuestrados, sólo observaban un océano infinito debajo de ellos y grupos de nubes hasta donde alcanzaba la vista.

El capitán Fernández tenía escaso combustible para seguir buscando por mucho tiempo el archipiélago o para intentar un regreso al continente. Después de unas horas, las perspectivas de tener que descender en medio del océano helado inquietaban más a los tripulantes que las armas que les apuntaban.

El piloto ensayó una artimaña: cortó el combustible de uno de los motores y cuando Dardo Cabo preguntó qué estaba pasando le dijo que se estaban quedando sin fuel. El jefe del grupo Cóndor cayó en la trampa y le pidió que tratara de encontrar las islas. El comandante viró la nave hacia el este, donde suponía que podían encontrarse las Malvinas. Tras un rato de angustia, Fernández pudo divisar una lengua de tierra y un rato después un pequeño puerto que reconoció como Puerto Stanley.

A bordo del vuelo 648 el capitán Fernández preguntó a los secuestradores dónde debía tocar tierra. Cabo le ordenó que posara el avión en alguna costa cercana a Stanley. Fernández sabía que ninguna de las playas que estaban debajo serviría para aterrizar un avión de cuarenta toneladas, ya que las rocas y los guijarros destrozarían en segundos el tren de aterrizaje. El comandante les explicó a los jóvenes nacionalistas que lo que pedían podía significar el fin de la nave y muy probablemente de los que iban a bordo de ella. El nerviosismo y la improvisación de Dardo Cabo y sus compañeros convencieron al comandante Fernández de que, al menos hasta aterrizar, debía decidir qué hacer con su avión sin consultar a los secuestradores y sin importar las armas que le apuntaban.

En esos días, no había nada que se pareciera a un aeródromo en las islas, por lo que el comandante del DC-4 decidió aterrizar en la pista de ochocientos metros del hipódromo de Puerto Stanley, muy cerca de la casa del gobernador. Descubrió que había allí algunos obstáculos de madera y terraplenes, pero el piloto juzgó que no significarían un serio impedimento para tomar tierra.

El aterrizaje del DC-4 fue complicado. El piloto tuvo que esquivar los cables de alta tensión y las antenas que rodeaban el hipódromo, antes de lanzar su avión contra la improvisada pista de aterrizaje. Milagrosamente, la nave recorrió un breve trayecto antes de quedar con sus ruedas enterradas en la turba. A su paso, la aeronave dejó algunas cercas y alambrados arruinados.

A las 8:42, el DC-4 detuvo su marcha en tierra malvinense. Un centenar de pobladores locales se habían congregado en torno a la pista del hipódromo para asistir al inusitado espectáculo. Nunca se había observado un aeroplano de esas dimensiones en la ciudad.

Los secuestradores descendieron a tierra y, vestidos con sus uniformes verde oliva, plantaron siete banderas argentinas alrededor del avión. Luego entregaron panfletos en inglés a los malvinenses que rodeaban el aeroplano, en los que reclamaban la soberanía sobre las Malvinas y sobre Puerto Rivero, el nuevo nombre que le dieron a Puerto Stanley.

Cuando el jefe de la policía de Malvinas, Terry Peck, se acercó al avión para ver qué era lo que sucedía y si era necesaria ayuda, fue encañonado por integrantes del grupo Cóndor. Los jóvenes argentinos ordenaron al policía que se reuniese con los pasajeros secuestrados. Dice el comandante del avión en su libro *Un cóndor sobre Malvinas* que cuando el jefe de policía de las islas vio que había sido tomado prisionero por aquellos jóvenes, comenzó a reírse a carcajadas. Otros cinco malvinenses y un chileno se acercaron a la aeronave y corrieron la misma suerte que el jefe de policía.

Ante la presencia de los hombres armados y el secuestro de los pobladores, las autoridades inglesas mandaron a colocar vehículos en ambos extremos de la pista del hipódromo para evitar que el aeroplano retomara el vuelo; aunque por la profundidad en que se habían hundido las ruedas del avión al aterrizar era obvio que el DC-4 no iría a ningún lado en lo inmediato.

Medio centenar de pobladores de las Fuerzas de Autodefensa de las Islas Falkland (FIDF por sus siglas en inglés) montaron mientras tanto un cerco alrededor del avión. Frente a semejante bienvenida, los integrantes del grupo Cóndor renunciaron a su pretensión de tomar la residencia del gobernador y se atrincheraron en el interior del DC-4.

La acción del grupo pronto fue conocida en la Argentina: el malvinense Anthony Hardy usó su equipo de radioaficionado para divulgar la noticia hacia el continente minutos antes de las 10 de la mañana. Su emisión fue captada por radioaficionados de la Patagonia argentina y pronto fue retransmitida a los medios de Buenos Aires[43].

En su edición del 28 de septiembre, el diario *Crónica* de Buenos Aires publicó una extensa nota en la que informaba que:

"Reeditando la hazaña del gaucho Rivero (...) un puñado de jóvenes argentinos, tras una audaz operación de comando (la denominaron Cóndor) cumplida a bordo de un DC-4 de Aerolíneas Argentinas en viaje a Río Gallegos, hicieron desviar la máquina hacia Puerto Stanley (desde ahora Puerto Rivero), ocuparon la isla, emitieron un comu-

---

[43] Roberto Bardini, "El vuelo de los cóndores", Buenos Aires, 8 de octubre de 2004. Agencia Latinoamericana de Información y Análisis. En http://www.alia2.net/article2381.html.

nicado y dieron a conocer una proclama. La noticia causó sensación en todo el ámbito nacional y a nivel mundial"[44].

Las primeras negociaciones entre los secuestradores y las autoridades inglesas en Malvinas se iniciaron cuando Dardo Cabo y Cristina Verrier se hicieron acompañar hasta la casa del gobernador por el chileno que mantenían de rehén[45].

El tesorero de la gobernación que recibió a Dardo Cabo y Cristina Verrier les informó que Sir Cosmo Dugal Patrick Thomas Haskard, el gobernador inglés, estaba ausente de las islas. Sin la autoridad británica presente, los jóvenes del grupo Cóndor no tenían con quién negociar. Cabo y Verrier volvieron al avión y pidieron a los policías malvinenses que llamaran al holandés Rudolf Roel, un sacerdote jesuita que vivía en las islas y tenía parientes en las afueras de Buenos Aires.

Roel le indicó a Cabo que los oficiales británicos y los integrantes de las milicias malvinenses estaban dispuestos a usar las armas para impedir que los miembros del grupo Cóndor llegaran a la ciudad. Roel se convirtió en el traductor y mediador entre los isleños y el grupo Cóndor.

Dardo Cabo pensó que era necesario descomprimir la situación y ordenó que dejaran ir a los rehenes, con la excepción del policía Peck. Una vez en libertad, los tripulantes y pasajeros, entre los que había cinco niños, fueron alojados en casas particulares de las islas.

Por un momento, la policía malvinense dudó sobre si debía detener o no al periodista Héctor Ricardo García en lugar de alojarlo en una casa, ya que una azafata chilena del vuelo 648 lo acusó de ser parte del grupo de secuestradores.

Finalmente García fue alojado en la prisión de Stanley. En sus memorias, afirmó que los policías malvinenses primero le requisaron las fotos y su cámara y que tras golpearlo durante un rato lo lanzaron dentro de un calabozo de la estación de policía de Stanley.

La chilena que denunció al periodista argentino resultó ser una espía que trabajaba como auxiliar de Aerolíneas Argentinas para poder recopilar información sobre las bases aéreas que visitaba el avión cuando cubría sus rutas en la Patagonia. Pero la chilena no era la única que escondía su identidad; un par de horas después de iniciado el secuestro uno de los pasajeros del vuelo le reveló al capitán Fernández que era oficial de inteligencia del Ejército argentino y le mostró una pistola que portaba entre sus ropas. El comandante le rogó que no re-

---

[44] Lucas Martínez y Marcelo Rivas, "Noticias de un secuestro", publicado en el diario *El Periodista* de Tres Arroyos, provincia de Buenos Aires, en http://www.elperiodista3a.com.ar/nota3m10.htm.

[45] Hipólito Solari Irigoyen, *Malvinas; lo que no cuentan los ingleses*, El Ateneo, Buenos Aires, 1998.

velara su identidad, ni intentara enfrentar a los jóvenes nacionalistas, sugerencia que el militar de incógnito aceptó.

En la noche del 28, un automóvil marca Citroën en el que iban Jorge Money y Miguel Ángel Castrofini pasó lentamente frente al consulado británico en Buenos Aires. Los dos pertenecían al movimiento nacionalista de Dardo Cabo y estaban armados con una ametralladora. Además estaban eufóricos por la noticia del aterrizaje de sus compañeros en Malvinas.

En momentos en que el Citroën pasaba frente al consulado británico, en el interior del edificio se desarrollaba un agasajo en honor al duque de Edimburgo. Al banquete habían asistido las máximas figuras del gobierno de facto y de la diplomacia en Buenos Aires.

Los jóvenes nacionalistas dispararon una ráfaga de ametralladora contra las ventanas del tercer piso de la sede diplomática. Cinco balas dieron contra una de las ventanas, frente a la cual había estado parado el duque de Edimburgo diez minutos antes.

En nombre de su grupo, Dardo Cabo solicitó al padre Roel que celebrara una misa a bordo de la nave por la noche. Un mensaje llegó al avión en ese momento. Era un ultimátum de la gobernación que decía:

"Están totalmente cercados; si intentan salir del avión, los soldados y policías tienen órdenes de tirar. No respondemos por vuestras vidas. Es preferible que se rindan".

La reacción popular masiva que habían previsto los jóvenes del grupo Cóndor o el envío de tropas desde la Argentina nunca se produjo. Con los depósitos de agua agotados y sin lugar adonde ir, los jóvenes nacionalistas argentinos comenzaron a analizar la posibilidad de rendirse.

Esa noche, la cena del grupo de Dardo Cabo consistió en apenas unas galletas y algunas golosinas que encontraron en las alacenas del avión. Para peor, la temperatura en el exterior cayó y la calefacción de la aeronave no alcanzaba para calentar la cabina donde los jóvenes intentaban tomar un descanso.

El jefe de policía malvinense afirma que logró escapar de su cautiverio en el avión esa noche, metiéndose debajo de la sotana de Roel en un momento de distracción de los argentinos. Caminando coordinadamente, ambos lograron salir del avión[46].

[46] Graham Bound, *Falkland Islanders at War*, Leo Cooper Ed., Londres, 2002. En reportajes posteriores, los sobrevivientes del grupo Cóndor afirman que Terry Peck no escapó, sino que fue liberado junto al resto de los rehenes.

Un grupo de reflectores colocados por los malvinenses alrededor del avión lo iluminaron desde las primeras sombras de la prematura noche malvinense hasta la madrugada siguiente. Potentes parlantes colocados alrededor de la nave llenaron el aire con canciones tradicionales escocesas. A medida que avanzaron las horas y la temperatura se hizo más baja, comenzó a sonar una selección de temas de los Beatles.

Pasó el primer día del secuestro del vuelo 648 mientras los integrantes del comando Cóndor no parecían dispuestos a ceder en sus exigencias. Por la noche, Dardo Cabo usó la radio del avión para emitir un comunicado hacia la Argentina:

—Estamos atrincherados detrás del pabellón nacional. No hemos sufrido bajas. Aterrizamos bien. Luego de oficiarse una misa a bordo del avión, liberamos a todos los rehenes. Nos dicen que el gobierno argentino pide a las autoridades inglesas que nos entreguemos a los ingleses en tierra argentina. Estamos esperando una respuesta. No nos vamos a mover hasta saber cuál es.

A las nueve de la mañana del 29 de septiembre, los jóvenes del grupo Cóndor emitieron su último mensaje hacia la Argentina:

—Aquí comando operativo Cóndor. Buenos días, compatriotas. Seguimos atrincherados a la vera del avión, tras la bandera argentina. Puerto Rivero llamando.

Hacia el mediodía, los jóvenes se formaron frente a una de las banderas plantadas en torno al avión y entonaron el himno argentino. Pidieron al cura jesuita que llamara al piloto Fernández para formalizar su rendición. Uno a uno, los integrantes del comando Cóndor dieron sus armas al comandante de la nave. Las siete banderas plantadas alrededor del avión fueron escondidas entre las ropas de los jóvenes comandados por Cabo.

Tras la entrega de los secuestradores, algunos malvinenses se escandalizaron al saber que además de nutrida munición, entre las pertenencias de la única mujer del grupo Cóndor se había encontrado una gran cantidad de preservativos[47]. Entre los malvinenses, Cristina Verrier pasó a ser recordada como "la rubia explosiva" ("*blonde bombshell*"). Mientras estuvo cautiva, los soldados ingleses le jugaron una mala pasada: cambiaron las pastillas anticonceptivas que llevaba en su cartera por algunas píldoras inocuas de similar apariencia. Nueves meses después del fin de la operación Cóndor, Dardo Cabo y Cristina Verrier fueron padres de una niña concebida en el territorio isleño.

---

[47] Ídem.

Luego de entregarse, los secuestradores permanecieron detenidos en la iglesia católica de Puerto Stanley bajo la custodia del jesuita Roel. Cuando los marines británicos intentaron decomisar por la fuerza las banderas argentinas que permanecían en poder del grupo Cóndor, Cabo enfrentó a los soldados dispuesto a retenerlas pese a que uno de ellos le apuntaba directamente al cuerpo. Algunos compañeros de Cabo les hicieron saber a los marines que defenderían a su jefe si intentaban quitarle las banderas. Sólo la intervención apresurada del cura logró que no hubiera heridos o muertos entre los prisioneros argentinos.

El sábado 1º de noviembre al mediodía el buque argentino *Bahía Buen Suceso* embarcó a los dieciocho secuestradores junto con algunos integrantes de la tripulación del avión y los pasajeros.

El comandante Fernández permaneció en las islas hasta que, con ayuda de los pobladores locales, logró reparar el avión y hacerlo despegar rumbo al continente. Antes de dejar el suelo malvinense, tuvo que comprometerse por escrito a no dañar en su despegue unas antenas situadas en su probable ruta de salida. Los dispositivos eran parte de un sistema de seguimiento de satélites de un consorcio de países europeos.

Al desembarcar en Ushuaia el lunes siguiente a su partida desde Malvinas, los integrantes del grupo Cóndor fueron detenidos por la policía. El comandante y su tripulación tuvieron un destino similar ya que la Justicia sospechaba de su participación como cómplices del secuestro, pero luego de una breve investigación se los dejó libres. El comandante Fernández guardó durante mucho tiempo la información sobre la posible complicidad de su piloto con el grupo de Cabo.

El 22 de noviembre de 1966, los jóvenes del comando Cóndor enfrentaron un tribunal en la ciudad de Bahía Blanca. Fueron acusados de secuestro y portación de armas de guerra por el juez Miguel Ángel Lima. Dictada la sentencia en junio de 1967, Cabo, Giovenco y Verrier permanecieron tres años en prisión por tener antecedentes criminales y pertenecer a agrupaciones políticas insurgentes. El resto de los jóvenes nacionalistas recuperó la libertad tras nueve meses de prisión.

Pequeñas manifestaciones espontáneas fueron reportadas en algunas ciudades argentinas cuando se difundió la noticia del aterrizaje en Malvinas. En Rosario, los festejos terminaron con el ataque al consulado británico en esa ciudad. En los círculos nacionalistas locales, los jóvenes del grupo Cóndor fueron tratados como héroes y la baja condena que recibieron por el secuestro podría haberse explicado por la presión de algunos sectores militares sobre el sistema judicial para que fueran benévolos con ellos.

Para el gobierno de Onganía, el aterrizaje del DC-4 en Malvinas fue una oportunidad para resolver sus contradicciones lanzándose a la búsqueda de las disculpas del duque de Edimburgo. La incursión de los jóvenes del grupo Cóndor reveló en toda su dimensión el entusiasmo que despertaba entre muchos argentinos el reclamo por las Malvinas.

Como consecuencia del incidente de 1966, las autoridades inglesas en Malvinas dispusieron que a la alarma de los bomberos de Stanley se le agregara un nuevo tipo de llamada para alertar sobre el riesgo de invasión desde la Argentina. Además, se colocaron más obstáculos en la pista del hipódromo para prevenir futuros aterrizajes en ese lugar.

No se sabe si la alarma funcionó efectivamente un año después, el 27 de noviembre de 1967, cuando el avión del periodista Héctor Ricardo García (un pequeño Cessna 187 para cuatro pasajeros) aterrizó en un camino rural cercano a Puerto Stanley acompañado por el argentino descendiente de irlandeses Miguel Fitzgerald y el redactor del diario *Crónica* Juan Carlos Nava. Esta vez, García no acusó a los policías malvinenses de malos tratos o golpes, pero el material fotográfico que logró en su incursión también fue requisado.

Era la segunda vez que Miguel Fitzgerald aterrizaba en Malvinas. El 9 de septiembre de 1964 había tomado tierra en el hipódromo de Puerto Stanley con un pequeño monomotor Cessna. Tras entregar una proclama pro argentina a los habitantes de la ciudad que se acercaron, despegó hacia el continente antes de que las autoridades en las islas lo apresaran.

Alarmados por el uso dado a su hipódromo, los funcionarios ingleses ordenaron hacer montículos de tierra en la pista, que fueron los que ocasionaron que el DC-4 que aterrizó en 1966 se enterrara al intentar su aterrizaje.

A mediados del año 1966 las Malvinas recibieron otra visita argentina. Esta vez los malvinenses no se enteraron ya que en lugar de venir en un aeroplano, los argentinos llegaron furtivamente en un submarino[48].

La misión de desembarco clandestino en Malvinas comenzó en el momento en que los integrantes del submarino argentino *Santa Fe* —el mismo que luego sería hundido frente a las Georgias en 1982— finalizaron unas maniobras programadas en las costas patagónicas. A bordo del sumergible iba un equipo de comandos e infantes de Marina que habían realizado entrenamientos para desembarcos clandestinos.

---

[48] El hecho fue relatado al autor por el almirante retirado Juan José Lombardo, quien en 1966 se desempeñaba como segundo comandante del submarino *Santa Fe*.

Al finalizar los ejercicios en la Patagonia, el capitán Horacio González Llanos, comandante del *Santa Fe,* ordenó a la tripulación que pusiera rumbo al este en lugar de regresar a Mar del Plata tal como estaba previsto. Recién al llegar a las Malvinas en la mañana siguiente supieron que debían tomar tierra secretamente al norte de Puerto Stanley para inspeccionar la calidad de las playas en vistas de futuros desembarcos anfibios.

El desembarco clandestino en Malvinas fue un secreto durante muchos años. Ningún malvinense estuvo allí para presenciar la llegada de los marineros argentinos, y quienes fueron parte de esa operación guardaron reserva por décadas.

Dardo Cabo y María Cristina Verrier se casaron en la cárcel mientras cumplían la condena por el secuestro del vuelo 648. Cabo murió el 7 de enero de 1977 tras pasar cuatro años de cárcel por su participación en la organización Montoneros. Los militares que lo mantenían cautivo montaron un falso intento de fuga y lo ejecutaron con un disparo en la cabeza en las afueras de la ciudad de La Plata.

Otros cuatro integrantes del comando Cóndor fueron asesinados por los militares argentinos durante la represión de los años setenta. Los militantes del grupo de Cabo que dispararon contra la delegación británica mientras el duque Felipe era agasajado por los funcionarios de Onganía murieron luego a manos de comandos paramilitares.

La segunda mitad de los años sesenta fue el tiempo en que la llegada de los argentinos a Malvinas se dio en espectaculares circunstancias. En aquellos años, los malvinenses comenzaron a comprender hasta dónde llegaba el entusiasmo que despertaban esas tierras en la sociedad argentina.

Capítulo 6

Una sorpresa anunciada

◆

El teniente general Leopoldo Fortunato Galtieri y el almirante Jorge Isaac Anaya se conocían desde la juventud. Ambos habían sido cadetes del Liceo Militar San Martín, en las afueras de la ciudad de Buenos Aires. El destino los llevaría a compartir el mando en la tercera junta militar del Proceso de Reorganización Nacional que gobernó la Argentina entre diciembre de 1981 y junio de 1982.

Los años de conocimiento mutuo se tornaron en confianza mientras ambos escalaban posiciones en sus respectivas armas. La confidencia entre Galtieri y Anaya les permitió conversar en fechas tan tempranas como septiembre de 1981 sobre la posibilidad de llevar a cabo un desembarco en Malvinas una vez que ocuparan las jefaturas del Ejército y la Armada.

En realidad, fue Anaya quien inicialmente le sugirió a Galtieri llevar adelante la invasión, plan que había estado elaborando detalladamente mientras trabajaba como agregado naval en la embajada argentina en Londres a inicios de la década del 70. Afirman algunos autores que Anaya aceptó apoyar a Galtieri en su plan para derrocar al presidente de facto Roberto Viola si éste se comprometía a apoyarlo en su intención de desembarcar en Malvinas una vez que estuvieran en la cima del poder.

Cuando terminaba el año 1981, el desprestigio del gobierno militar argentino crecía a medida que comenzaban a conocerse las funestas consecuencias de años de brutal represión armada contra sus opositores políticos y los desastrosos resultados en la economía argentina provocados por años de decisiones erradas.

Tanto Anaya como Galtieri concordaban en la necesidad de tomar alguna medida que revirtiera el deterioro en la imagen de los militares. La bandera argentina ondeando nuevamente sobre Malvinas parecía la imagen perfecta para lograr que las futuras generaciones de

67

ciudadanos los recordaran como héroes nacionales y al gobierno militar como un régimen que había restaurado la integridad territorial del país. Pero lo que para Anaya era un fin para Galtieri era un medio.

Anaya, en su intimidad, aspiraba a ser el promotor de la operación militar que recuperara las Malvinas, algo que su admirado mentor, el almirante Isaac Rojas, había propuesto sin éxito a otros militares golpistas en 1955. Galtieri por su parte soñaba con convertirse en un caudillo popular al estilo de Perón. Apenas asumió como jefe de la Junta Militar, el general inició intensas negociaciones con partidos políticos de derecha para que lo apoyaran en una futura incursión en la política una vez que fuera restituida la democracia en la Argentina. Pero Galtieri sabía que, para ser candidato, previamente necesitaba dar un golpe de efecto ante la opinión pública de su país.

Es posible imaginarse a Galtieri a solas en las noches siguientes a tomar la decisión de desembarcar en las islas, soñando con las multitudes fanáticas vociferando su nombre mientras paladeaba sus acostumbrados vasos de whisky White Horse.

En septiembre de 1981, con Anaya y Galtieri en el poder, lo que en principio fue una conversación informal sobre Malvinas se transformó en una orden secreta a un grupo selecto de generales y almirantes para que planificaran un desembarco militar en las islas en el transcurso de 1982.

Por razones que probablemente tuvieran que ver con las rivalidades entre fuerzas, hasta el 5 de enero de 1982, pocos integrantes de la Fuerza Aérea supieron sobre los planes de guerra a excepción de algunos brigadieres de la máxima confianza de Galtieri y Anaya. Recién en esa fecha el jefe de la Fuerza Aérea fue informado sobre los planes de invasión.

Recién el 12 de enero de 1982 se formó un grupo de trabajo compuesto por miembros de las tres fuerzas para planificar la invasión, hecho que tuvo severas consecuencias al llegar el momento del conflicto por los numerosos problemas que no llegaron a resolverse en las operaciones conjuntas y las medidas de coordinación que debían programar las tres armas. El grupo interfuerzas fue integrado por el almirante Juan José Lombardo, el general Osvaldo García y el brigadier Sigfrido Plessl. Este equipo fijó la fecha para la operación de desembarco para el 15 de mayo siguiente, con una segunda opción para efectuar la toma entre agosto y septiembre de 1982.

Dick Baker era el secretario de Rex Hunt, gobernador británico en Malvinas al momento de desatarse el conflicto. Baker recibió la mayor parte de los rumores e indicios de una inminente invasión desde la Argentina.

Uno de los primeros fue el reportado por el matrimonio Stewart en la Navidad de 1981 al regresar de New Islands, en el extremo occidental del archipiélago. Al volver a Puerto Stanley, Ian y Helda Stewart fueron a informarle a Baker que habían oído en varias ocasiones inexplicables sonidos de aviones. Otros vecinos en diferentes puntos de las islas decían haberlos escuchado también, aunque ninguno de ellos logró ver los aviones o helicópteros que se suponía que rondaban las islas[49].

En febrero de 1982 comenzaron a observarse aeronaves desconocidas volando a gran altura sobre el cielo nocturno de la ciudad de Puerto Stanley. Algunos lanzaron bengalas sobre la capital de las islas, lo que varios interpretaron como señales para los miembros de la compañía aérea argentina LADE que vivían en la ciudad, sospechados por muchos malvinenses como espías encubiertos enviados por Buenos Aires para preparar la invasión.

Dick Baker entregó cada información que recibía al gobernador y éste las envió regularmente en forma de alertas a sus superiores en Londres.

A fines de 1981 la Armada Real organizó la visita de su flota a los rincones del mundo en donde hubiera colonias del Reino Unido. Se planificó una escala de la flota en Malvinas durante 1982 para hacerle saber a la Argentina que estaban al tanto de sus planes de invasión[50].

El vicealmirante Juan José Lombardo era en esos tiempos jefe de operaciones navales de la Armada argentina. Ese cargo lo hacía responsable de la planificación del desembarco y la defensa de las Malvinas una vez que fueran desalojadas las tropas británicas.

En los primeros días de enero de 1982, Lombardo fue convocado a una reunión por el jefe de la Armada. Anaya le pidió al vicealmirante que organizara, a la brevedad posible y en el mayor de los secretos, el desembarco militar en Malvinas. Por indicaciones de Anaya, Lombardo no podía mencionar la tarea que le habían encomendado a sus pares del Ejército y la Fuerza Aérea.

Hoy retirado, Lombardo recuerda que se puso de inmediato a organizar la compleja tarea mientras pedía formalmente una reunión con el general Galtieri para interiorizarse sobre la estrategia política de la Junta. Cuando la reunión finalmente se produjo tras algunos días

---

[49] Graham Bound, *Falkland Islanders at War*, Leo Cooper Ed., Londres, 2002. Diversos hechos de la misma naturaleza fueron relatados por habitantes de Malvinas al autor.

[50] Virginia Gamba, *El peón de la reina*, Sudamericana, Buenos Aires, 1984, pág. 90.

de espera, Lombardo preguntó a Galtieri sobre las previsiones que se debían tomar para el caso de que Inglaterra respondiera militarmente a la invasión.

Lombardo mueve las manos delante de su cara para imitar el gesto de Galtieri cuando le contestó:

—Usted ocúpese de lo que se le pidió, del resto nos ocupamos nosotros. Lombardo, no se preocupe, no va a pasar nada[51].

En octubre de 1981, un empleado de la administración pública malvinense volvió horrorizado de su visita médica a Buenos Aires. Según informó al secretario del gobernador apenas estuvo de regreso en las islas, mientras era atendido en el Hospital Británico porteño había escuchado en una conversación ajena que las islas serían invadidas en marzo[52].

Las señales de una probable acción militar en Malvinas no parecieron inquietar demasiado al gobierno de Margaret Thatcher. Tanto es así que recién el 3 de marzo de 1982 la primera ministra envió un telegrama a su embajador en Buenos Aires diciéndole que debía elaborar planes de emergencia ante el riesgo de un enfrentamiento militar.

—A pesar de mi intranquilidad, yo no esperaba nada parecido a una invasión a gran escala, extremo que la evaluación más reciente de las intenciones argentinas efectuada por nuestros servicios de información de hecho habían descartado —diría Thatcher años más tarde en sus memorias[53].

Al pasar las semanas, los preparativos fueron involucrando a un número cada vez mayor de militares. Pronto, los servicios de inteligencia chilenos comenzaron a acumular información sobre los movimientos de tropas en la Argentina.

Con alivio, los militares chilenos supieron en enero de 1981 que se preparaba una invasión a Malvinas. Durante semanas, el temor de que la movilización fuera el prolegómeno de un ataque a su país había desvelado al gobierno de Pinochet. En los días siguientes, el agregado militar del Reino Unido en Santiago de Chile recibió del gobierno local un informe secreto con la noticia del futuro desembarco argentino en las islas.

El reporte fue elaborado por Emilio Meneses, un oficial de la reserva naval chilena que trabajaba como analista de inteligencia en el

---

[51] Entrevista personal con el autor.

[52] Graham Bound, *Falkland Islanders at War*, Leo Cooper, Ed., Londres, 2002.

[53] Margaret Thatcher, *Los años de Downing Street*, Sudamericana, Buenos Aires, 1994.

Estado Mayor de la Defensa Nacional de Chile. En el reporte entregado a los británicos tres meses antes de la guerra, pronosticó que la invasión se produciría entre marzo y abril de 1982[54].

Norah es esposa de Adrian Monk, quien antes de la guerra fue uno de los más acérrimos opositores dentro del Consejo de las Malvinas a cualquier negociación entre el Reino Unido y la Argentina que involucrara la cuestión de la soberanía.

Norah fue invitada durante 1981 a una fiesta en Buenos Aires por su amiga Eleanor Salmon, una argentina descendiente de ingleses perteneciente a la clase alta porteña. Asistieron a esa fiesta prominentes integrantes de la dictadura militar que gobernaba el país en ese entonces.

Durante la reunión Eleanor comentó a Norah que pronto la Argentina invadiría las Malvinas. Incluso le dijo que podía darle una fecha aproximada de cuándo sucedería. La dueña de casa, que tenía fluidos contactos entre los militares argentinos, le ofreció a Norah su asistencia para interceder por ella cuando llegara el momento de la invasión[55]. Ni bien recibió la información al regreso de Norah a Malvinas, el secretario de Hunt informó de la novedad a su superior[56].

En los cuarteles militares argentinos, el súbito incremento en la actividad no pasó desapercibido. Los traslados de materiales por vía marítima, terrestre y aérea, el acopio de grandes cantidades de armas junto con el revocamiento de muchos permisos de salida y vacaciones de conscriptos y oficiales, pronto se transformaron en rumores sobre una inminente guerra con Chile.

Un piloto del servicio aéreo de las islas llamado Edward Anderson informó hacia fines de febrero de 1982 que en uno de sus vuelos había observado un buque desconocido estacionado en una remota bahía al sur del archipiélago. Los oficiales ingleses no habían recibido ninguna notificación sobre un barco navegando por esa zona.

Cuando el navío de la armada inglesa *Endurance* se aproximó al lugar, identificó al remolcador civil argentino *Lago Yehuin*. Aunque no se trataba de un buque militar, el barco pertenecía a la empresa ELMA, cuya máxima autoridad era un oficial de la Marina argentina.

Interrogado por radio desde el *Endurance*, el capitán del remolcador argentino dijo estar en ese sitio para reaprovisionarse de agua dulce. Tras escuchar la improbable explicación, el *Yehuin* fue obligado a dejar las aguas malvinenses[57].

---

[54] Nigel West, *The Secret War for the Falklands*, Little & Brown, Londres, 1997.
[55] Graham Bound, *Falkland Islanders at War*.
[56] Ídem.
[57] Ídem.

El periodista argentino Jesús Iglesias Rouco actuó siempre en sintonía con los servicios de inteligencia de la Armada argentina. Usualmente daba a conocer la posición de esa fuerza en temas políticos sensibles.

El 24 de enero de 1982, ese periodista publicó en el diario *La Prensa* de Buenos Aires un significativo artículo, en el que afirmaba que la Argentina planificaba llevar adelante acciones militares en las Malvinas si Gran Bretaña continuaba adoptando posiciones intransigentes en la discusión sobre la soberanía de las islas del Atlántico Sur.

El periodista escribía que "el gobierno argentino presentará próximamente al británico una serie de condiciones para proseguir las negociaciones sobre las Malvinas (…) si fracasa el próximo intento argentino de clarificar las negociaciones con Londres, este año Buenos Aires recuperará las islas por la fuerza. No puede excluir una instancia militar cuando de lo que se trata es de la soberanía"[58].

En la embajada del Reino Unido de Buenos Aires existían al menos dos miembros de la inteligencia británica cuya misión era alertar sobre riesgos y amenazas a su gobierno.

Tras la guerra, se supo que la mayor parte de los reportes enviados a Londres por sus oficiales de inteligencia en la Argentina se basaron en recortes de prensa y datos obtenidos en los frecuentes cócteles a los que asistían miembros de la embajada. También, que su servicio de inteligencia carecía de información proveniente de miembros clave de las Fuerzas Armadas y de agentes en las bases militares argentinas.

El artículo del periodista Iglesias Rouco y la información recibida desde Malvinas y Chile deberían haber sido suficiente para que al menos se reforzara la defensa de las islas. Sin embargo nada semejante pasó.

Stephan Love era el agregado militar de la embajada del Reino Unido en la Argentina. Llevaba tres décadas como integrante del servicio de inteligencia británico. En noviembre de 1981, envió un informe al Ministerio de Defensa en Londres en el que alertaba a sus superiores sobre la posibilidad de una invasión argentina a Malvinas. Sus temores fueron compartidos con el gobernador británico en Malvinas Rex Hunt durante una reunión que mantuvieron ambos durante un breve paso del funcionario malvinense por Buenos Aires.

---

[58] Artículo de Jesús Iglesias Rouco publicado por el diario *La Prensa* de Buenos Aires el 24 de enero de 1982, citado en Eduardo José Costa, *Guerra bajo la Cruz del Sur*.

El informe de Love fue recibido en Londres, aunque allí nunca se le dio la trascendencia esperada por el espía[59].

Los vuelos argentinos sobre territorio malvinense se hicieron menos disimulados a medida que se acercaba el 2 de abril de 1982. Varios habitantes de Malvinas indicaron al autor que en aquella fecha era improbable que pasara un día sin que divisaran algún avión desconocido sobrevolando las islas.

Durante la segunda quincena de enero, un avión Learjet argentino sobrevoló a baja altura la bahía de Puerto Stanley. Mavis Hunt, la mujer del gobernador, fue uno de los testigos del paso de la aeronave.

Cuando las autoridades inglesas pidieron explicaciones al comodoro Héctor Gilobert, representante de la Fuerza Aérea argentina en Puerto Stanley, desde Buenos Aires respondieron que el avión había tenido que realizar una "misión no planificada de calibramiento de la baliza del aeropuerto de Malvinas". La explicación que transmitió Gilobert aumentó la ansiedad de las autoridades coloniales.

La incertidumbre aumentó cuando un avión militar Hércules de la Fuerza Aérea argentina aterrizó imprevistamente en el aeropuerto de Malvinas el 6 de marzo de 1982. Su tripulación dijo haberse visto obligada a buscar refugio en las islas luego de haber sufrido una falla en su sistema de combustible. De acuerdo con el plan de vuelo del Hércules, el avión se dirigía a la Antártida a arrojar bolsas de correo sobre las bases argentinas.

Del avión desembarcaron una docena de oficiales que a los observadores locales no les pareció del tipo de militares a los que se les encargaría lanzar cartas sobre bases en la Antártida.

En los pubs de Malvinas las conversaciones giraron en torno a la posibilidad de que el aterrizaje del avión argentino fuera una treta para medir la capacidad de reacción de los británicos. Muchos comenzaron a temer que la próxima vez los argentinos llegaran con sus aviones de transporte para descargar cientos de soldados en la pista de Puerto Stanley.

La sospecha sobre los tripulantes del Hércules aumentó cuando se los vio caminar largas horas por los alrededores de la ciudad. Mientras tanto, los mecánicos del aeropuerto que revisaron el Hércules no pudieron encontrar falla alguna en el sistema de combustible.

El comodoro Gilobert organizó una excursión para los imprevistos visitantes hacia una colonia de pingüinos situada en una bahía al norte de la ciudad. En esa playa, tres semanas después, desembarcarían los vehículos anfibios argentinos el día en que fueron invadidas las islas.

---

[59] Joaquín Bocazzi, *Compilación Malvinas*, Editorial Gráfica Sur, Buenos Aires, 2004, pág. 14.

Días más tarde, cuando el Hércules ya había retornado al continente, un nuevo vuelo de un Learjet argentino fue avistado al sur de la capital isleña. De nuevo la casualidad hizo que sobrevolara las mismas playas donde desembarcarían desde un destructor los buzos tácticos argentinos que sitiaron la casa del gobernador Hunt el 2 de abril. De nuevo, Gilobert transmitió una explicación proveniente de Buenos Aires que aseguraba que se había tratado de un vuelo fuera de la planificación habitual[60].

El 23 de marzo de 1982 por la noche, la Junta Militar argentina realizó una reunión de alto nivel en la Casa de Gobierno de la que participaron los jefes de las tres fuerzas y un grupo reducido de asesores y ministros. Allí se aprobó dar inicio a la "Operación Azul", nombre clave con el que se designaba al desembarco en Malvinas, entre la noche del 1º y la madrugada del 2 de abril[61].

Finalmente, el 31 de marzo algunas compañías argentinas retiraron de sus cuentas en entidades bancarias inglesas depósitos por un total de 2.000 millones de dólares anticipando el congelamiento que se provocaría si estallaba una guerra entre ambos países[62].

Como un tanque en medio de una manifestación pacifista, los indicios sobre una invasión argentina a Malvinas no pudieron pasar desapercibidos.

Es difícil sostener que el Reino Unido no supo con antelación suficiente que la Argentina se disponía a recuperar las Malvinas por la fuerza. Las señales fueron tan claras y diversas que inducen a preguntarse por qué no hubo una respuesta anticipada que evitara la guerra.

Quizá los líderes de ambos países necesitaron la guerra, por razones que hasta el presente son objeto de controvertidas teorías. Lo único que es posible afirmar es que la invasión sorpresiva nunca existió, así como tampoco la vocación pacifista que los gobiernos de la Argentina y el Reino Unido se adjudicaron en aquella época.

[60] Graham Bound, *Falkland Islanders at War*.
[61] Eduardo José Costa, *Guerra bajo la Cruz del Sur*, Hyspamérica, Buenos Aires, 1988.
[62] Eduardo José Costa, *Guerra bajo la Cruz del Sur*.

Capítulo 7

Lagartos en la costa de Georgias

◆

H acia fines de 1981 el documentalista francés Serge Briez recorría
los mares del sur junto a Oliver Gouon y Michael Roger a bordo
de un velero de doce metros bautizado *Cinq Gars Pour*[63].

Briez y sus compañeros habían salido del puerto de Buenos Aires
el 9 de febrero para filmar un documental en la Antártida. Una violenta tormenta que casi hace naufragar al velero los sorprendió frente al
cabo de Hornos y los desvió hacia el este. Los tripulantes del *Cinq Gars
Pour* decidieron dirigirse a las Georgias para reparar la nave y reaprovisionarse de agua y víveres, ya que habían perdido la mayoría de sus
abastecimientos durante la tempestad.

En la noche del 19 de marzo de 1982, los marines británicos
apostados en Puerto Stanley competían para ganarse el favor de algunas de las isleñas. Como todos los viernes, los militares disfruta-
ban de su licencia del fin de semana bailando y bebiendo en los pubs
de la ciudad.

Cerca de la medianoche, comenzó a correr la voz entre ellos: el
comandante de la guarnición, el mayor de 22 años Gary Nott, les ordenaba volver de inmediato al cuartel de Moody Brook, en las afueras de Puerto Stanley. Algunas copas quedaron a medio tomar en las
barras de los bares malvinenses cuando los militares regresaron a toda
velocidad al cuartel.

Una vez reunidos en el campamento, Nott le ordenó a un grupo
de veintidós marines que embarcara en forma inmediata en el buque
Endurance. Debían partir esa misma noche hacia las Georgias con sus
armamentos completos y dispuestos para entrar en combate.

[63] La experiencia fue relatada al autor por Serge Briez.

75

El almirante argentino Juan José Lombardo había presentado en 1974 un plan altamente secreto al entonces presidente Perón. Como director de Política de la Armada argentina, propuso enviar un destacamento de comandos de la Marina a instalar una base permanente en alguna de las islas disputadas con Gran Bretaña. La operación recibió el nombre clave de "Alfa".

Perón y luego su viuda prestaron poca atención a su propuesta. Pero cuando los militares derrocaron al gobierno de Isabel Perón en 1976, la propuesta de Lombardo fue analizada nuevamente y aceptada por los miembros del régimen militar. La operación Alfa fue llevada adelante en diciembre de 1976 cuando un grupo de marinos argentinos desembarcó en Thule, una isla del archipiélago de las Sandwich del Sur, para montar una estación científica permanente.

La ausencia de una reacción firme de Gran Bretaña ante el desembarco entusiasmó a los planificadores navales, que comenzaron a pensar que el Reino Unido perdía interés por Malvinas y el resto de las islas del Atlántico Sur.

El empresario argentino Constantino Jorge Davidoff[64] trabajaba desde hacía años en un proyecto para desmantelar una procesadora ballenera abandonada en Puerto Leith, a 32 kilómetros al norte de Grytviken, y unos depósitos y muelles flotantes en los puertos de Husvik y Stromness, más al norte de Leith.

Davidoff se había enterado de la existencia de las instalaciones en 1976 a través de un contramaestre que las había observado en una ocasión en que navegó frente a las islas Georgias[65]. El chatarrero argentino viajó a Malvinas en 1978 y gracias a la intervención de la gobernación de las islas entró en contacto con la empresa escocesa Christian Salvesen Ltd. de Edimburgo, propietaria de las factorías en Georgias. El siguiente paso de Davidoff fue fundar en Buenos Aires la empresa Islas Georgias del Sur S.A., que se encargaría de desmontar los depósitos.

Anteriormente, Davidoff había intentado, sin éxito, convencer a los gobiernos de la Argentina y Uruguay para que le dejaran rescatar los cables telefónicos en desuso que unían a las capitales de ambos países.

En septiembre de 1979, Islas Georgias del Sur S.A. firmó un acuerdo con Salvesen Ltd. para hacerse cargo del desguace en Georgias a cambio de un pago de 115.000 libras en cuotas. Davidoff calculaba que por la venta de las 35.000 toneladas de chatarra que lograría en el desmantelamiento obtendría unos 10 millones de dólares.

---

[64] Datos proporcionados por Constantino Jorge Davidoff al autor.
[65] Rubén Moro, *La guerra inaudita*, Editorial Edivern, Buenos Aires, 1999.

El empresario argentino pasó años tratando de financiar su empresa y de conseguir los recursos logísticos para desplazarse a las recónditas islas. En un principio, Davidoff trató de rentar el buque *Endurance* de la Marina británica para llevar su equipo a las Georgias, pero el embajador inglés en Buenos Aires denegó su pedido.

El rechazo del embajador del Reino Unido llevó a Davidoff a consultarle a la Armada argentina por la renta de alguno de sus buques. Los marinos aceptaron alquilarle una nave auxiliar de su flota. La Marina seguía el proyecto de Davidoff con interés desde un principio y había destacado a un grupo de informantes para mantenerse al tanto de cada paso dado por el chatarrero.

También la diplomacia argentina quería que Davidoff concretara su empresa, ya que veían útil la presencia de una compañía con base en Buenos Aires trabajando en Georgias, pensando en poder capitalizar esa circunstancia en futuras negociaciones con Gran Bretaña. Quizá por esa razón, en agosto de 1981 Davidoff recibió un llamado de la Cancillería en el que le fue informado que ese ministerio estaba interesado en apoyarlo en su emprendimiento y que hablaría con la Marina argentina para que le fueran provistos todos los medios que necesitara para concretar su proyecto.

Como resultado de las gestiones del embajador Carlos Lucas Blanco, durante el viaje del rompehielos argentino *Almirante Irízar* hacia la Antártida, la nave hizo una escala en Georgias el 20 de diciembre de 1981 para que Davidoff visitara Puerto Leith y observara *in situ* las instalaciones a desmontar. El empresario no tuvo que pagar el pasaje por ser un "invitado" de la Armada. Con la perspectiva dada por el paso de los años, Davidoff no duda de que la Cancillería respondía a órdenes emanadas del comando naval argentino y no al revés, como le fuera informado en 1981.

. El empresario desembarcó en Georgias junto a algunos marinos argentinos para hacer un inventario y tomar algunas fotografías. Días más tarde, los científicos británicos que habitaban la única base poblada en Georgias fueron al lugar y descubrieron algunas inscripciones recientes entre los hierros enmohecidos que decían: "Las Malvinas son argentinas. 20 de diciembre de 1981". Los miembros del British Antarctic Survey reportaron al gobernador de Puerto Stanley el incidente y éste hizo llegar la información a sus superiores en Londres.

Cuando llegaron a Grytviken, el puerto principal de las islas Georgias, los marinos del *Cinq Gars Pour* encontraron a los treinta miembros del British Antarctic Survey. Los científicos no fueron un ejemplo de hospitalidad: no les prestaron asistencia para reparar su velero a los franceses, ni les proporcionaron los alimentos que precisaban en forma urgente.

—Les ofrecimos coñac pero nos dijeron que ellos no tomaban —recuerda Briez— y luego nos sugirieron que nos dirigiéramos a Leith en donde un grupo de argentinos tal vez pudieran darnos una mano. Quizás el aislamiento los haya afectado.

Apurados por el hambre, Briez y sus compañeros recorrieron las ruinas de una vieja factoría buscando algo con qué alimentarse. Encontraron algunas latas de papas y zanahorias en conserva cuyas etiquetas indicaban que habían dejado de ser comestibles décadas atrás.

Aún no está claro un extraño suceso ocurrido el 15 de febrero de 1981, cuando llegó a Georgias el buque *Caimán* de cuarenta toneladas tripulado por tres marineros italianos y con un pasajero argentino a bordo llamado Adrián Marchessi. El barco había sido detectado en Puerto Leith por los científicos ingleses y obligado a comparecer ante las autoridades en Grytviken.

El *Caimán*, de bandera panameña, había partido el 21 de enero anterior del puerto argentino de Mar del Plata. Marchessi se identificó como empleado de un banco argentino que financiaba la empresa de Davidoff y afirmó que su presencia en Georgias tenía por objetivo auditar la factibilidad del emprendimiento[66].

A los ingleses les resultó sumamente sospechoso el hallazgo de tres modernas radios de largo alcance a bordo del *Caimán* y la furtiva llegada del barco a Leith.

Consultado por la embajada inglesa en Buenos Aires, Davidoff negó conocer los motivos de la presencia de Marchessi en Georgias. Los ingleses expulsaron raudamente al *Caimán* y sus tripulantes de las islas. Davidoff supone que Marchessi era parte de algún grupo interesado en competir por el negocio.

El 11 de marzo un avión C-130 Hércules de la Fuerza Aérea argentina fue visto sobre las Georgias. Sobrevoló Bird Island y luego se dirigió a Calh Head, donde se alojaban algunos científicos británicos. Fue el tercer Hércules argentino detectado sobre las islas desde que había comenzado el año 1982.

[66] Equipo de *The Sunday Times*, *La guerra de Malvinas*, Vergara, Buenos Aires, 1983. Edición original: Times Newspapers. Londres, 1982.

Ese mismo día los cuarenta y un obreros argentinos contratados por Davidoff se dirigían a Georgias a bordo del barco *Bahía Buen Suceso*[67] de la Armada argentina. La orden de zarpar había sido imprevistamente dada días antes, coincidiendo con el fin de las negociaciones por el tema de soberanía que la Argentina y el Reino Unido habían mantenido hasta entonces en la ciudad de Nueva York. Davidoff tuvo que apresurarse para llegar a embarcar a tiempo a sus obreros y equipos. Antes de que partiera el equipo de Davidoff a Georgias, la embajada del Reino Unido en Buenos Aires le pidió que llevara algunos medicamentos y comestibles para los científicos británicos que vivían allí.

El empresario había querido comenzar a inicios del año su tarea, pero dependía de los permisos y del buque provistos por la Marina. El régimen militar que gobernaba la Argentina siempre pudo elegir a su antojo la fecha en que el grupo de Davidoff iría a las Georgias.

La partida del *Bahía Buen Suceso* sufrió un breve sobresalto cuando se recibió una falsa advertencia sobre la presencia de una bomba a bordo[68]. Nunca se tuvieron indicios fiables sobre los autores y el porqué de la amenaza.

Ni bien llegaron a las Georgias, Davidoff y sus hombres se dirigieron directamente a Puerto Leith en lugar de pasar por Grytviken, donde residían los integrantes de la estación científica británica, quienes representaban a la autoridad inglesa de las islas.

Esa omisión sirvió a los diplomáticos ingleses para afirmar que la expedición comercial de Davidoff se encontraba operando en situación ilegal. Algunos parlamentarios británicos comenzaron a hablar en esos días frente a los periodistas del Reino Unido de una "invasión argentina" a las Georgias.

El primer integrante de la expedición de Davidoff en pisar tierra de Georgias fue el obrero Ricardo Cacase. Antonio Patane, director de la obra, y el médico de la expedición, Rubén Pereira, izaron una bandera argentina en un poste de la factoría mientras los obreros comenzaron a cantar el himno[69].

Peter Hutchinson, uno de los científicos británicos que observaba la llegada de los argentinos desde un promontorio en las afueras de Leith, se acercó a los obreros de Davidoff para exigirles que arriaran la bandera y abandonaran las islas en forma inmediata. Un rato más tarde, los obreros bajaron la bandera mientras Hutchinson caminaba entre ellos lanzando amenazas.

---

[67] Si bien el buque era parte de la flota civil de Transportes Navales de la Armada, la empresa dependía de la Armada argentina.

[68] Jorge Muñoz, *Misión cumplida*, Editorial Epopeya, Buenos Aires, 2000.

[69] Martín Berger, *El rescate de las Malvinas*, Bruguera.

El jefe del British Antarctic Survey en Georgias, Steve Martin, reportó por radio a Puerto Stanley que habían presenciado cómo los obreros reivindicaban la soberanía argentina sobre las islas. El izamiento de la bandera fue reconocido por los obreros de Davidoff, aunque le restaron importancia por considerarlo un hecho sin premeditación política alguna.

Otro reporte radial desde la estación científica británica en Georgias a la gobernación en Stanley alertó sobre ruidos de disparos y tropas armadas disimuladas entre los obreros. En realidad, considerando la fecha en que fue reportado el incidente, no existe duda respecto de que los disparos que se denunciaron habían sido hechos días atrás por los tripulantes del yate francés *Isatus* mientras cazaban renos en el interior de las islas. El *Isatus* se fue de las islas Georgias el 17, días antes de la llegada de Davidoff y sus obreros.

El francés Briez intentó cazar algún reno para alimentarse, pero el rifle calibre 22 que tenía no fue suficiente para abatir a alguno de aquellos pesados animales.

Davidoff dice que sus hombres también salieron a procurarse carne de reno, pero afirma que de allí a imaginar que los obreros armados con rifles de caza hayan sido considerados un peligro militar existía un abismo de distancia[70].

—Cuando los científicos ingleses subieron a bordo del *Bahía Buen Suceso* para quejarse por el izamiento de la bandera —dice el empresario—, los invitamos a comer carne de reno. Los británicos no pueden haber pensado que habíamos cazado los renos con palos. No aceptaron quedarse a cenar esa noche. Siempre supimos que nos observaban todo el tiempo.

El sonido de los disparos reportado por los científicos ingleses en Georgias fue utilizado por la diplomacia inglesa para elevar la cuota de ansiedad en la opinión pública británica en torno a la presencia de los argentinos en las islas. De forma sugestiva, cada reporte proveniente de Georgias llegaba casi de inmediato a la prensa en el Reino Unido, aun cuando muchos de los informes circulaban en la red reservada para los diplomáticos de ese país.

Los trajes térmicos que llevaban algunos obreros argentinos habían sido conseguidos en almacenes de rezagos militares, lo cual podría haber sugerido a un observador distante que se trataba de tropas.

---

[70] El hecho fue reconstruido a partir de los diarios de la base británica en Georgias capturados por las tropas argentinas y descripto por Virginia Gamba en el libro *El peón de la reina* ya citado. También fue aseverado por el capitán del *Bahía Buen Suceso* en Jorge Muñoz, *Misión cumplida.*

Al recibir las informaciones provenientes de Georgias, el gobernador inglés Rex Hunt ordenó a los obreros de Davidoff que se presentaran en Grytviken con sus pasaportes, lo cual no fue obedecido por los argentinos por considerarlo un trámite innecesario y arbitrario. Ambos países habían pactado que no se utilizarían pasaportes para entrar o salir de las islas en disputa y que solamente se usarían las "tarjetas blancas", una identificación provisoria sin valor en terceros países. El uso de pasaportes significaría, en el lenguaje diplomático, que los argentinos estaban reconociendo el territorio como extranjero y esto resultaba inadmisible en el marco de las negociaciones que la Argentina y Gran Bretaña llevaban adelante por la soberanía de las islas.

Otro buque de la Armada argentina, el transporte militar *Bahía Paraíso*, partió hacia las Georgias el 15 de marzo mientras la crisis entre la Argentina y el Reino Unido se volvía más compleja. Desde enero del '82, el buque transportaba un equipo de comandos de la Armada encabezados por el teniente Alfredo Astiz.

Astiz, alias "el Ángel Rubio", era uno de los más fanáticos subordinados de la Marina argentina. Durante los primeros años de la dictadura, había tenido un conspicuo papel en las operaciones de inteligencia de la Armada contra las organizaciones de derechos humanos que denunciaban la feroz represión ilegal llevada adelante por las Fuerzas Armadas.

Ocultándose bajo el seudónimo de Gustavo Niño, Astiz se infiltró en un grupo de madres que había comenzado a reunirse los jueves frente a la Casa de Gobierno de Buenos Aires para reclamar información sobre sus hijos desaparecidos. Estas madres, que desafiaban el estado de sitio caminando alrededor de la pirámide ubicada en el centro de la Plaza de Mayo, serían luego conocidas como Madres de Plaza de Mayo.

Como consecuencia de las tareas de infiltración de Astiz, algunas de las madres pasaron a figurar también en las listas de desaparecidos. Una de ellas fue Azucena Villaflor, la primera presidenta de Madres de Plaza de Mayo, quien antes de desaparecer se había encariñado con ese muchacho rubio que afirmaba tener un hermano secuestrado en Mar del Plata y desafiaba la represión acompañándolas en las rondas que cada jueves organizaban frente a la sede del gobierno argentino.

Desde Europa se reclamaba la deportación de Astiz para interrogarlo por la desaparición de las monjas francesas Alice Domon y Léonie Duquet. Las religiosas fueron vistas por última vez en diciembre de 1977 a la salida de una iglesia, cuando Astiz las delató frente a un grupo de represores.

El 20 de marzo a las 8:30 de la mañana, mientras los obreros argentinos desembarcaban en las Georgias, el buque inglés *Endurance* dejaba Puerto Stanley con la orden de desalojar a los obreros de Davidoff. Partía con la autorización de hacer uso de la fuerza si era necesario aunque, por supuesto, bajo precisas instrucciones de consultar con Londres previamente.

Al llegar a Puerto Leith el 22 de marzo, los marinos del *Cinq Gars Pour* vieron a los trabajadores de Davidoff formados en el muelle y saludándolos con las manos a modo de bienvenida.

Los argentinos les ofrecieron a los franceses comida caliente y ayuda para reparar el velero. Serge Briez recuerda que, ante la tensión reinante en la zona y la inminente llegada de los soldados británicos, el buque *Bahía Buen Suceso* dejó la isla el 21 de marzo. A bordo se fueron Davidoff y dos ingenieros que ya habían completado su tarea. En Puerto Leith quedaron treinta y ocho obreros con la misión de completar el desguace de la factoría.

A su llegada a Buenos Aires, Davidoff solicitó al gobierno argentino que enviara asistencia militar para proteger a sus empleados de la expedición punitiva que viajaba hacia Georgias a bordo del *Endurance*.

La eficacia de Astiz durante la represión había sido premiada en mayo de 1981 por la Armada argentina con su nombramiento como comandante del grupo encargado de llevar adelante la operación "Alfa". El grupo entrenó durante meses en algún lugar de la localidad de San Fernando[71], al norte de la ciudad de Buenos Aires. Allí, el delta del Paraná ofrece condiciones perfectas para ejercitar asaltos anfibios e incursiones clandestinas en las costas.

El grupo de dieciséis hombres comandado por Astiz, denominado "Los Lagartos", tenía por misión realizar un desembarco en un sitio remoto de la isla San Pedro, la mayor de las Georgias, en una operación similar a la llevada a cabo en 1976 en la isla de Thule.

Sin embargo, la presencia de armas de combate y equipos de desembarco entre los comandos vuelve débil aquella hipótesis, elevando las sospechas sobre el papel que podría haber tenido la Armada en el incidente ocurrido en las Georgias y su influencia en el rumbo posterior que tomaron los acontecimientos.

[71] Diario *Tiempo Militar*, 4 de junio de 2002.

Astiz y sus hombres sólo pueden haber subido a bordo del *Bahía Paraíso* el 15 o 16 de marzo, días antes de que Davidoff protagonizara el incidente con las autoridades británicas. Antes de eso, el buque estaba viajando hacia la Antártida argentina y posteriormente no volvió a tocar otro puerto que no fuera Leith.

Semejante anticipación se transforma en sugestiva cuando se piensa que la Armada argentina pudo contar con un grupo de comandos altamente entrenados a bordo del *Bahía Paraíso* y que, casualmente, los tuviera disponibles relativamente cerca de la zona de conflicto.

Cuando Davidoff recibió el visto bueno británico para iniciar el desguace de las factorías, el grupo ya había sido activado. Con una gran dosis de clarividencia, se utilizaría el incidente en Georgias como detonante para que Los Lagartos desembarcaran en Puerto Leith dando inicio a la operación Alfa.

Resultaría extraño que parte de la Armada no estuviera comprometida en desencadenar la crisis o en una maniobra para forzar un incidente en Malvinas que hiciera inevitable la invasión argentina a esos territorios.

Davidoff niega haber tenido conocimiento sobre militares entre sus empleados, aunque también afirma que, en caso de haber querido detectarlos, no habría sabido cómo hacerlo.

El 24 de marzo de 1981 por la noche, Serge Briez se encontraba observando hacia la bahía Stromness desde la cubierta de su velero, que estaba amarrado en el muelle de Leith. El francés contemplaba las luces de un barco desconocido que estaba fuera de la bahía y el frenético movimiento de luces que se adivinaba sobre su cubierta. Pensó que se trataba de algún navío ruso, aunque no podía estar seguro ya que, según confiesa, esa noche habían estado bebiendo unos tragos con los obreros argentinos.

Tras un rato de intentar develar la incógnita sobre el buque desconocido, Briez bajó a su camarote a descansar.

El francés estaba durmiendo cuando, en algún momento entre las once y la una de la mañana, sintió un golpe en el costado del velero. Los marinos del *Cinq Gars Pour* pensaron que se trataba de una ballena.

Briez y sus amigos estaban subiendo a cubierta cuando fueron interceptados por tres hombres armados con ametralladoras y con la cara ennegrecida con betún. Los comandos irrumpieron en la cubierta del *Cinq Gars Pour* preguntando en un precario inglés por la presencia de radios a bordo. Briez contestó como pudo que contaban con una bajo cubierta, y uno de los incursores le advirtió que la mantuviera apagada en los días siguientes. En instantes, los militares saltaron por un costado del velero y desaparecieron en la oscuridad de la noche.

El cineasta francés se asomó por una de las bandas del velero justo a tiempo para observar un bote Zodiak (un tipo de bote de goma utilizado frecuentemente por los comandos) alejándose en dirección a la playa de Puerto Leith.

Tras reponerse del susto, los tres navegantes del *Cinq Gars Pour* fueron a sus camarotes preguntándose quiénes habían sido aquellos militares y de dónde habían salido. Por precaución, los franceses decidieron quedarse bajo cubierta. Hicieron algunas bromas sobre la cantidad de alcohol que habían bebido en tierra antes de volver a sus literas para reponerse del susto.

En la mañana del 25 de marzo, con la resaca de una noche de copas encima, tomaron el muelle en dirección a donde estaban los obreros argentinos para saber si también ellos habían visto a los comandos. Cuando llegaron a la playa, los obreros les contaron que un grupo de la Marina argentina había desembarcado la noche anterior y que se habían hecho cargo del puerto.

Notaron la presencia de nuevas caras entre los trabajadores. Eran los comandos que habían irrumpido en su bote horas antes: una veintena de hombres vestidos con mamelucos y ropas civiles se habían mezclado entre los obreros de Davidoff.

Entre los recién llegados se destacaba un hombre rubio que impartía órdenes y era consultado por los otros. Briez, suponiendo correctamente que se trataba del jefe, fue a preguntarle qué estaba sucediendo. El jefe de los comandos, al escuchar que se dirigía a él con un inconfundible acento galo, le preguntó en francés:

—¿No me reconoce? —aún hoy Briez recuerda su sorpresa ante la pregunta del marino.

—No.

—Soy el teniente Alfredo Astiz, de la Marina argentina.

Sin darle tiempo a recuperarse del asombro, Astiz le dijo a Briez que eran libres de quedarse o irse de las Georgias, pero que bajo ninguna circunstancia debía hacer uso de la radio o tomar fotos de los militares. El francés no le hizo caso a la segunda advertencia.

—Nos escondimos en una casa del puerto y sacamos más de cien fotos de los militares argentinos y de las operaciones de desembarco de equipos y armas. Mientras yo tomaba fotos, uno de mis compañeros filmaba con la cámara que llevamos para hacer el documental en la Antártida —confiesa el cineasta.

En total, los marinos del *Cinq Gars Pour* lograron un centenar de fotos y dos horas de filmación del grupo comando de Astiz en Georgias, que constituyen una prueba única del primer desembarco argentino de la guerra.

Por la tarde de su primer día en Georgias, Astiz organizó una ceremonia de izamiento de la bandera argentina. Briez le dijo al teniente argentino que podía tomarle algunas fotos para registrar el momento histórico y enviarle más tarde reproducciones.

—Luego le dije que habían salido sobreexpuestas y nunca le di ninguna copia —dice riéndose el francés.

Por la noche hubo una cena en la cual los obreros de Davidoff, los comandos argentinos y los franceses compartieron largas horas de conversación, en la que Los Lagartos contaron que habían estado aguardando la orden de poner proa hacia las Georgias mientras estaban estacionados frente a la base argentina de las islas Orcadas a bordo del buque *Bahía Paraíso*. Briez escuchó de Astiz elogios hacia la Marina británica. El teniente argentino explicó además que, tras un momento de enojo, los ingleses no harían nada frente al desembarco y que con el tiempo aceptarían la presencia argentina en Georgias.

—Tenía una actitud muy agresiva, hablaba de haber nacido para la guerra —recuerda Briez de su conversación con Astiz, y también que durante la charla definió a la prensa como su mayor adversario—. No me gustan los periodistas. ¿Usted no será periodista? —le preguntó el marino a Briez en un correctísimo francés que heló la sangre del fotógrafo.

La incursión militar argentina en Georgias fue conocida en Londres de inmediato gracias a los científicos ingleses que habían montado el puesto de observación en un cerro cercano a Leith.

Ésa fue la señal que el almirantazgo británico necesitaba para poner en marcha su flota de guerra hacia el archipiélago. Por esa razón, algunos buques ingleses zarparon hacia el Atlántico Sur días antes del 2 de abril.

En Grytviken, el *Endurance* esperaba la orden para actuar. La tensión entre la Argentina y Gran Bretaña alcanzaba límites inauditos. La presencia de tropas argentinas en la isla hacía más probable que una intervención de los marines ingleses en Leith desembocara en un incidente armado de imprevisibles consecuencias.

Para prevenir una profundización de la crisis, el Foreign Office pidió que las tropas británicas se mantuvieran apartadas del lugar donde se encontraban los soldados de Astiz.

El día 26 Keith Mills, el jefe del equipo de marines británico que había llegado a bordo del *Endurance* a Grytviken, logró ver con sus propios ojos desde un peñasco en las afueras de Leith a los militares argentinos.

El *Endurance* realizó algunos patrullajes frente a Leith, pero se abstuvo de tomar medidas más enérgicas contra los argentinos por órdenes expresas de Londres. En esos días, la diplomacia todavía intentaba evitar que se utilizara el idioma de las balas para resolver la crisis.

El 27 de marzo, el canciller argentino Nicanor Costa Méndez dijo a la prensa en Buenos Aires que el buque *Bahía Paraíso* había partido hacia las Georgias[72] para proteger la integridad de los obreros argentinos de Davidoff. En realidad, ese buque y Los Lagartos ya se encontraban desde hacía tres días en ese lugar.

Alertado sobre la inminencia de una invasión a gran escala en Malvinas, el gobierno de Gran Bretaña ordenó el 31 de marzo al mayor Mills que preparara la defensa de Grytviken temiendo que los militares argentinos en Leith se movilizaran en esa dirección para tomar el control del puerto.

Briez asegura que el 3 de abril los comandos de Astiz partieron rumbo a Grytviken para participar de los enfrentamientos que finalizaron con la toma argentina del principal puerto de la isla. Los registros oficiales argentinos no indican que haya habido combates en Georgias en los que Los Lagartos hayan tomado parte, y solamente mencionan a los comandos de Astiz al relatar la rendición de la guarnición argentina el siguiente 25 de abril. Oficialmente, Astiz entró en Grytviken para hacerse cargo de la guarnición militar de las islas recién el 4 de abril.

El *Cinq Gars Pour* volvió a Buenos Aires tres semanas después de su llegada a las Georgias. Al llegar al puerto, una embarcación militar interceptó al velero y lo hizo entrar en una base de la Armada. Tres hombres de civil permanecieron custodiando la nave mientras una delegación de uniformados interrogaba a los tres franceses. Luego les dijeron que debían mantener el secreto sobre lo que habían visto y oído en Georgias.

Finalmente, Briez y sus compañeros pudieron acercarle una nota a un almirante argentino que conocían de su anterior paso por Buenos Aires y gracias a las gestiones del oficial argentino, tras cuarenta días de estar retenidos, pudieron dejar el puerto. Volvieron a Francia y desde entonces el barco permanece amarrado en un puerto de ese país.

Constantino Davidoff jura que nunca fue agente de la Armada y que la empresa en las Georgias lo llevó a la ruina. Cita el "Informe Frank"[73], que en su apartado 228 asevera que Davidoff no causó el incidente que desencadenó la guerra.

[72] *La Razón*, Buenos Aires, 27 de marzo de 1982.
[73] Se trata del informe de una comisión del Parlamento británico presidida por Lord Frank en enero de 1983, en donde se realiza un balance de la guerra.

Tras la guerra, a la casa de Davidoff llegó un telegrama colacionado de la Armada en el que le reclamaban 20 millones de pesos por el alquiler del *Bahía Buen Suceso*. Davidoff pagó la factura para dejar atrás cualquier reclamo de los marinos argentinos.

Aún hoy intenta llevar adelante una demanda por 140 millones de dólares contra los británicos por el negocio fallido en Georgias. Mientras tanto sigue trabajando en el negocio chatarrero en Buenos Aires. Entre los abogados que lo asistieron en el reclamo se encuentran el ex presidente argentino Fernando de la Rúa, el ex vicecanciller Juan Carlos Olima y el que fuera presidente de la Corte Suprema, Enrique Petracchi.

Quienes crean que el desembarco argentino que inició el conflicto ocurrió el 2 de abril de 1982 están equivocados. Fue en realidad el 24 de marzo; apenas comenzaban a proyectarse las primeras luces del día, cuando un grupo de comandos de la Marina al mando de Alfredo Astiz desembarcó en las Georgias.

Quiso la casualidad que el comienzo de la guerra se produjera en el sexto aniversario del golpe militar que dio inicio a la dictadura más feroz que gobernó a la Argentina en su historia. Casi podría decirse que la fecha fue pensada para relanzar un régimen que se caía a pedazos por su propia brutalidad e incompetencia.

Capítulo 8

El pacifista canadiense que quiso matar a muchos argentinos

◆

Bill Curtis era un canadiense perturbado por la posibilidad de una guerra nuclear. Al igual que muchos de los que en esos años vivían con el temor a un holocausto atómico, a Curtis le espantaba la idea de morir junto con su familia cuando comenzara el intercambio de misiles atómicos entre la OTAN y el Pacto de Varsovia.

Su trabajo como controlador aéreo en la ciudad de Vancouver le daba a Curtis cierta tranquilidad económica; pero la sombra de la guerra le impedía disfrutar de aquello que lograba materialmente.

A fines de la década del 70, Curtis decidió hacer algo con sus temores[74]. Con su familia buscaban un lugar recóndito donde nunca fueran alcanzados por la guerra. En el mapa apareció un alejado archipiélago de habla inglesa en el extremo del Atlántico Sur. No se sabe si en el mapa se las nombraba como Malvinas o Falklands. En todo caso, allá, al borde del círculo antártico, era difícil que llegaran las nubes radiactivas y los misiles nucleares cuando arribara el día del armagedón atómico.

—Este lugar está tan alejado que es posible que cuando comience la tercera guerra mundial pasen meses antes de que nos enteremos —quizás haya dicho a su familia Curtis cuando les mostró el sitio de su próximo hogar.

Los malvinenses dicen que Bill encajó enseguida en la sociedad de las islas. El canadiense todavía no había logrado completar su casa

---

[74] Una parte de los datos para realizar este artículo fueron extraídos del libro ya citado de Graham Bound, *Falkland Islanders at War*; el resto pertenece a informaciones recogidas por el autor en las Malvinas (junio de 2004) y de fuentes citadas por separado.

en Puerto Argentino cuando comenzaron a escucharse los rumores de guerra. Fue en esos días que el pacifista venido de Vancouver se encontró repentinamente planeando un modo de resistir la llegada de los argentinos.

Durante el 1º de abril de 1982, Curtis se acercó a Mike Norman, el jefe de los marines británicos, para comentarle un plan en el que había estado pensando por si las islas eran invadidas. Si esa idea funcionaba, podrían acabar con muchos argentinos de un solo golpe.

Curtis le dijo a Norman que si se alteraba en veinte grados la calibración de la radio baliza del aeropuerto de Stanley, los aviones argentinos terminarían estrellados en el Atlántico. La baliza a la que se refería el ex controlador aéreo era un artefacto que servía para que los pilotos supieran exactamente dónde debían tomar tierra con sus aviones.

El capitán Norman creyó que valía la pena intentar lo que proponía el canadiense y ordenó a un contingente de tres soldados que lo llevaran al aeropuerto en un vehículo Land Rover de la guarnición.

Curtis pensó que su experiencia como controlador aéreo le alcanzaría para alterar la baliza tal como había propuesto. Sin embargo, cuando se encontró ante la maraña de cables y circuitos del artefacto comprendió que la mejor forma de dificultar el aterrizaje de los aviones argentinos sería con un trabajo menos sutil, y destrozó con un martillo los componentes electrónicos de la baliza y, por las dudas, cortó con un hacha el cable de energía que la alimentaba.

Pero los argentinos habían previsto la destrucción de la baliza y en las horas posteriores al desembarco colocaron una nueva y líneas de fuego para que aterrizaran los aviones con soldados.

La propaganda del régimen de Galtieri organizó con la ayuda de la iglesia anglicana en Buenos Aires una publicitada visita de un grupo de argentinos descendientes de ingleses a Puerto Argentino. Con inmenso optimismo, querían convencer a los isleños de apoyar o, al menos, aceptar la presencia argentina en Malvinas.

En una reunión organizada en las oficinas de Correos de Puerto Argentino en la noche del 14 de abril, una veintena de angloargentinos se encontró frente a frente con un centenar de pobladores de Malvinas. Aquella velada, pensada para ser una conversación amable, pronto se convirtió en el lugar oportuno para que los malvinenses desataran su enojo por la presencia argentina.

Esa noche el canadiense Bill Curtis pidió la palabra para decir con furia:

—Mi familia y yo dejamos Canadá porque no estábamos de acuerdo con la forma en que se estaba militarizando nuestro país. Vinimos a Malvinas y encontramos un lugar donde estar en paz. Ahora ustedes lo echaron a perder[75].

En la mañana del 25 de abril un grupo de policías militares argentinos arrestó a Bill Curtis. La detención ocurrió durante una gran razzia en la que también fueron detenidos otro medio centenar de pobladores locales. Los militares argentinos querían interrogarlos sobre diversos actos de sabotaje y desobediencia civil ocurridos en la ciudad desde el 2 de abril. Ese mismo día, la guarnición argentina en Georgias del Sur se había rendido a los ingleses y un frenético ánimo de represalia recorría las calles de Puerto Argentino. Entre los habitantes detenidos había personas que el servicio de inteligencia argentino quería deportar de las islas por considerarlas demasiado hostiles hacia las tropas venidas del continente o por sospechar que colaboraban con los ingleses.

Los prisioneros fueron reunidos en el jardín delantero del cuartel de policía de las islas. Allí, permanecieron rodeados por soldados argentinos mientras esperaban ser introducidos uno a uno en una pieza de la estación policial donde se efectuaban los interrogatorios. Bárbara, la mujer de Bill Curtis, se había enterado de la detención de su marido por una vecina que vio al canadiense rodeado de fusiles argentinos al pasar frente al cuartel.

En el momento en que Curtis iba a ser interrogado llegó el oficial argentino Barry Hussey para pedir su liberación. Alertado por la mujer de Curtis, Hussey había ido de urgencia a interceder en su favor.

El canadiense gozaba de cierto grado de protección por tratarse de un ciudadano de una nación no beligerante[76]. Minutos después de la llegada de Hussey, Curtis caminaba de regreso a su casa. Ya no sería molestado nuevamente en lo que restaba de la guerra.

Hasta hoy Curtis jura que mientras estaba en el jardín del cuartel de policía pudo ver a mercenarios extranjeros vestidos con uniformes argentinos. Aun más, asevera que su acento los delataba como norteamericanos y alemanes. Incluso hoy, el mito sobre mercenarios peleando del lado argentino durante la guerra sigue circulando entre los malvinenses.

---

[75] Extraído de Graham Bound, *Falkland Islanders at War*.

[76] La embajada canadiense en Buenos Aires solicitó en los primeros días de abril de 1982 que Curtis y su familia fueran evacuados de Malvinas. Pero el canadiense se negó a abandonar las islas, por lo que la embajada pidió a las autoridades argentinas que prestaran especial colaboración para que éste no fuera afectado por las operaciones militares.

Cuando la Guerra Fría terminó, Curtis no quiso volver a Canadá. Aunque no haya sido su propósito cuando emigró a Malvinas, el pacifista se convirtió en un veterano de la guerra.

Pero el conflicto del '82 insistió en perseguir a Bill Curtis y su familia, incluso veinte años después que las armas fueron silenciadas. El 9 de enero de 2002, Jamie Curtis, nieto del canadiense, estaba de paseo junto a sus padres en Monte Williams, en las afueras de Puerto Argentino. Ese día, Jamie, de sólo 11 años, encontró una bala de mortero sin estallar. El proyectil era uno de los más de 20.000 artefactos explosivos que aún siguen diseminados en las islas. Jamie fue a contarle a su abuelo que había encontrado una bala. Bill Curtis puso sobre aviso a los hombres del escuadrón antibombas de Puerto Argentino, que fueron al lugar y desactivaron el proyectil.

A veces, cuando se les pregunta a los malvinenses sobre lo que dejó el conflicto, simplemente dicen: "Pregúntenle a Bill Curtis", como si la historia del pacifista canadiense resumiera todo lo que pasó y sigue pasando en Malvinas.

Capítulo 9

Resistencia kelper

◆

L a Falkland Islands Defense Force (FIDF) es la milicia organizada por los británicos para auxiliar a sus tropas en la defensa de las Malvinas.

Para ser parte de las FIDF hay que cumplir tres requisitos: vivir en las islas, ser apto para portar armas y, el más importante, no ser argentino. Incluso desde muchos años antes de la guerra del '82, la milicia se aferró a la suposición de que su máximo y más probable rival serían las fuerzas argentinas.

El cuerpo fue formado en 1854 por el gobernador británico George Rennie para proteger a las islas de posibles incursiones de potencias extranjeras. En aquellos días, el temor del gobernador Rennie no era una posible invasión proveniente de la Argentina, sino un ataque de alguna potencia europea interesada en arrebatarle las estratégicas islas que dominaban el Atlántico sudoccidental.

Conocidas primero como Falkland Islands Volunteers, las milicias malvinenses adoptaron en 1919 su actual denominación. Durante la Primera Guerra Mundial, los voluntarios malvinenses jugaron un rol secundario en la batalla de Malvinas de 1914, al actuar como observadores y vigías informándoles a los marinos ingleses sobre los movimientos de la flota alemana comandada por el almirante Von Spee. En la siguiente guerra mundial, treinta y seis malvinenses de las FIDF partieron a Inglaterra para pelear contra los nazis. Excepto diez que murieron en combate, todos volvieron a las Malvinas al fin de la guerra.

Hasta ese entonces, los integrantes de las milicias apenas eran un montón de habitantes armados con escopetas de caza y algunas armas de mano. No recibían entrenamiento y sólo se los convocaba para tareas policiales de menor importancia. Un pelotón de marines llegó en 1952 para reforzar la defensa de las islas ante un eventual desembarco argentino. El destacamento británico en Malvinas recibió el nombre de Royal Marine Naval Party 8901.

A mediados de la década del 60, cuando la Argentina hizo más fuerte su presión diplomática para reclamar la restitución de las islas, el gobierno británico decidió darle un carácter más militar a las FIDF proveyéndolas de entrenamiento y armas. La primera acción de combate de las milicias malvinenses ocurrió en 1966, cuando el grupo Cóndor, de jóvenes nacionalistas argentinos, secuestró un avión comercial y lo desvió hacia Malvinas.

El arribo inesperado de otras naves argentinas al territorio malvinense durante la década del 60 hizo que en febrero de 1967 las FIDF recibieran la orden de mantenerse en alerta permanente ante el riesgo de nuevas incursiones. En la misma época, los integrantes de las FIDF fueron provistos de uniformes similares a los usados por los marines británicos y los milicianos más experimentados recibieron los mismos fusiles FAL usados por los marines del Reino Unido. Sin embargo, gran parte de las FIDF seguían armadas con viejos fusiles Lee Enfield usados por el Ejército británico durante la Primera Guerra Mundial.

En la mañana del 1º de abril de 1982, cuando las señales de una invasión proveniente del continente eran abrumadoras, el gobernador Hunt ordenó al consejero Phillip Summers, comandante de las FIDF, que sus hombres se desplegaran listos para entrar en combate. El llamado a las armas pronto recorrió las radios de las islas. De los ciento veinte hombres que componían las milicias, sólo veintitrés acudieron a reportarse ante Summers.

Bajo las órdenes del mayor Michael Norman, comandante de las tropas británicas en Malvinas, los veintitrés milicianos de las FIDF tomaron posiciones en los puntos estratégicos de Puerto Stanley. Se les encargó la defensa de la oficina de correos, la estación de radio y la planta eléctrica que abastecía a la ciudad. Algunos grupos formaron patrullas que recorrieron los alrededores de la capital y las calles, alertas ante el primer indicio de la presencia de soldados argentinos. Fue una patrulla de malvinenses la que detectó a un submarino al sur de la ciudad y luego al destructor *Santísima Trinidad* del que desembarcarían los comandos argentinos.

Sin embargo, el jefe de los marines dudaba de la capacidad de las FIDF para estar a la altura del combate que se avecinaba. El mayor Norman temía además que en el fragor del combate los malvinenses dispararan contra cualquier persona que llevara un uniforme, aun cuando se tratara de marines británicos.

La inteligencia británica había establecido que las primeras tropas argentinas llegarían a Puerto Stanley a las seis de la mañana del 2 de abril. Una hora antes, por temor a que los isleños fueran un estorbo a su estrategia de defensa, el mayor Norman les ordenó a las patrullas de las FIDF que regresaran al centro de la ciudad y que no dispararan hasta que se les ordenara.

A las seis de la mañana se escucharon los primeros disparos. Una sección de comandos de la Marina argentina tomó por asalto las barracas de los marines en Moody Brook. Cuando se escucharon las detonaciones, los miembros de las FIDF se aferraron a sus fusiles pero no se animaron a acudir donde se escuchaban los disparos. Una sección de marines intentó frenar el avance de la columna argentina que venía de Moody Brook, pero un segundo grupo de comandos apareció por sus espaldas a metros de la residencia del gobernador.

Los marines se replegaron al interior de la gobernación mientras disparaban contra los buzos tácticos argentinos. Tras un breve combate, los soldados británicos comprendieron que habían perdido esa batalla.

Cuando el gobernador británico Rex Hunt aceptó la rendición, los marines entregaron sus armas. La esperada resistencia de la guarnición de Malvinas y las FIDF no pasó más allá de algunos disparos aislados contra los soldados argentinos, seguidos del escape hacia las zonas más seguras. Los milicianos fueron poco más que un elemento decorativo en la caída de la ciudad y su presencia no significó ninguna diferencia en el resultado final de los combates.

Ese día solamente murió el capitán Pedro Giachino, un comando argentino que cayó en la puerta de la gobernación cuando intentaba entrar a la residencia.

Pero en las leyendas que circulan entre los isleños hablan de docenas de soldados argentinos muertos en la jornada en que se rindió la guarnición de marines de Puerto Stanley.

Cuentan los malvinenses que una sección de marines se había apostado en el camino que conduce desde el aeródromo a Puerto Stanley. Formaban parte de este grupo el teniente William Trollope y cinco marines. El grupo Trollope, armado con un lanzacohetes Carl Gustav y lanzacohetes descartables LAW, recibió por radio la orden de frenar el avance de seis tanques anfibios argentinos que habían desembarcado en una playa situada al norte del aeropuerto. Cada uno de los vehículos anfibios podía transportar veinticinco soldados en su interior y tres hombres como tripulación.

El grupo de Trollope se apostó en el camino que une el aeropuerto con la ciudad, en un sitio donde comienza la zona urbanizada conocida como White City. Los soldados lanzaron un cohete contra el vehículo que estaba al frente de la columna pegándole de lleno en la parte frontal. El soldado Gibbs lanzó varios LAW contra el mismo anfibio alcanzándolo con uno de ellos en el costado derecho.

En el reporte posterior redactado por Trollope al regresar al Reino Unido, el teniente afirmó que después de ser alcanzado, el vehículo argentino simplemente se detuvo y ninguno de sus tripulantes devolvió el fuego. El informe dice que nadie salió del tanque que, según aclaraba el teniente, debía llevar dentro al menos a dos docenas de soldados. Trollope finaliza explicando que tuvo que replegarse junto a su grupo por los disparos que recibían de los otros anfibios y que desde ese momento no pudo ver qué sucedió con los ocupantes del vehículo argentino dañado.

La literatura de las islas sigue sosteniendo que al menos veinticinco argentinos murieron a bordo del anfibio atacado y no hay pruebas suficientes que reviertan la decisión de muchos isleños de seguir creyendo en la leyenda.

Otra historia que circula entre los malvinenses dice que los marines que defendieron la casa del gobernador el 2 de abril causaron más bajas entre los atacantes que las que registran las crónicas oficiales de la Argentina y el Reino Unido.

Tras ser repatriados a Inglaterra, algunos integrantes de la guarnición inglesa de Malvinas afirmaron haber abatido fuera de la casa del gobernador a por lo menos cuatro soldados argentinos, además del teniente Giachino, el único muerto en aquel día que reconoce la propia historia oficial de Gran Bretaña.

En el reporte firmado por los cabos Pares y Gill, los oficiales británicos afirman haber matado a cuatro buzos tácticos argentinos con sus fusiles de francotirador. Gill dice que mató a un soldado a quinientos metros de distancia y que luego acabó con un segundo enemigo que le disparaba desde detrás de una roca. El cabo Pares, que hasta ese entonces era el cocinero de la guarnición de Moody Brook, asevera que alcanzó a un operador de radio y que minutos después acabó con un soldado que le disparaba con una ametralladora. Los reportes de Pares y Gill no fueron apoyados por el relato de otros soldados de la guarnición malvinense.

Los corresponsales del medio británico *The Sunday Times* aumentan las pérdidas entre las tropas argentinas al decir que el 2 de abril sufrieron treinta y dos: diecisiete muertos y quince heridos[77].

El gobierno argentino nunca hizo mención siquiera a muertos o heridos entre los soldados que viajaban a bordo de los vehículos anfibios. Aunque la Armada admitió que uno de sus tanques fue alcanza-

---

[77] Equipo de *The Sunday Times*, *La guerra de Malvinas*, pág. 30.

do por cohetes disparados por soldados británicos, sostiene que los cohetes dañaron levemente el tanque sin causar mayores consecuencias a los que estaban dentro de él. Respecto de que hubiera habido más muertos que el capitán Giachino entre los buzos tácticos, los marinos argentinos simplemente desafían a repasar el destino de cada uno de los comandos que participaron en el desembarco del 2 de abril para saber dónde se encuentran los muertos que reclaman los malvinenses y los marines de la guarnición de Malvinas. Al igual que sucedería luego, cuando la prensa argentina daba fantásticas cifras de derribos de aviones británicos y hundía desde sus artículos a la mitad de la flota enemiga, los malvinenses prefieren pensar que los marines británicos causaron al menos treinta muertos más a las tropas atacantes.

Huérfanos de héroes en aquella jornada en la que tendrían que haber debutado como combatientes, los miembros de las FIDF prefieren creer las historias sobre decenas de argentinos caídos en los breves combates del 2 de abril.

Sucede que minutos después de la rendición de la guarnición británica, los integrantes de las FIDF corrieron a sus casas a quitarse los uniformes y esconder sus armas. No tenía ningún sentido que intentaran desafiar a los cientos de soldados argentinos que llegaban a la ciudad apoyados por vehículos blindados y buques de guerra apostados en la bahía.

El comandante de las milicias fue colocado bajo arresto antes de ordenársele que preparara sus valijas para ser expulsado de las islas junto a los marines y funcionarios de la administración colonial del Reino Unido.

Una decena de integrantes de las FIDF fueron arrestados por las tropas argentinas. Algunos fueron deportados a Inglaterra y el resto fue confinado en la guarnición militar argentina de Bahía Zorro, en donde permanecieron hasta el fin de la guerra.

Tras el 2 de abril, los malvinenses de las FIDF no se quedaron quietos. Pequeños actos de desobediencia a las autoridades argentinas fueron el inicio de una resistencia cada vez más activa.

Las radios de alta frecuencia usadas por los malvinenses para comunicarse a falta de teléfonos en el interior de las islas fueron una de las armas que usaron los británicos para ganar la guerra. Hasta el día de la capitulación argentina, muchos malvinenses se arriesgaron a establecer contacto con la Task Force para brindarle datos sobre las defensas argentinas.

Menéndez reconoció después de la guerra que nunca ordenó la incautación masiva de las radios debido a que esa medida hubiera dejado incomunicadas completamente a las comunidades del interior malvinense, en donde vivían muchos ancianos y niños que dependían de la red radiofónica para pedir auxilio en caso de emergencia. Solamente se secuestraron algunos transmisores en Puerto Argentino, pero en número insuficiente para afectar la capacidad de los isleños de comunicarse con los militares británicos.

Recuerda el comodoro Carlos Bloomer Reeve, quien formó parte del gobierno de Menéndez en Malvinas:

—Nosotros no podíamos controlar. Por falta de tiempo no había forma de controlar a toda la población, que eran habitualmente novecientas personas. Después del 2 de abril habían quedado en verdad en la zona unas setecientas personas. Yo hacía muchos años que me había ido de ahí y vi caras nuevas, pero no sabía si esas caras nuevas habían venido hacía mucho tiempo o si era algún infiltrado británico. Y también estábamos al tanto de que salían señales de radio, aunque todas las radios habían sido confiscadas, pero eso no lo podíamos evitar.

La primera en comunicarse desde Malvinas con un barco militar británico fue Eileen Vidal, una pobladora de Puerto Argentino que había sido operadora del sistema de radio de las islas. Vidal transmitió un mensaje el mismo 2 de abril a los tripulantes del buque británico *Endurance* alertándolos sobre las tropas presentes en la ciudad y el riesgo que corrían si intentaban acercarse.

Desde entonces, el prefijo "Victor Papa Eight" —que en código de los radioaficionados identifica a los que operan desde Malvinas y Georgias— fue usado por decenas de isleños para presentarse en su búsqueda constante por comunicarse con las autoridades británicas. Cuentan los isleños que el primero en establecer contacto con el Reino Unido fue Reginald Silvey, un británico llegado a Malvinas en 1969[78].

Otro de los que ayudó mediante la radio a la Task Force fue Bob North. Desde su casa en la parte alta de Puerto Argentino, el malvinense tenía una impecable vista hacia el aeropuerto. Por medio de su radio, se comunicó regularmente con el cuartel de policía en Brindlington en las afueras de Londres y la información que les transmitió sobre el movimiento en el aeropuerto y las armas colocadas en torno a éste fue enviada al Ministerio de Defensa británico para ser analizada.

Una camioneta con equipo para identificar la fuente de las transmisiones radiales no autorizadas fue llevada por los argentinos a las islas. Sin embargo, a lo largo de la contienda, las comunicaciones entre la flota británica y los isleños no fueron afectadas por las contramedidas argentinas.

[78] Graham Bound, *Falkland Islanders at War*, págs. 122-123.

Cuenta el ex conscripto Marcos Jiménez que cerca de su posición había una casa con una pareja de amables ancianos que de tanto en tanto les servían comidas calientes o los alojaban en su hogar cuando el frío era más severo. En aquella casa vieron una radio como la que tenían muchos isleños.

Fue a través de esa radio, dice Jiménez, que se transmitía a los operadores ingleses el resultado de los bombardeos sobre las posiciones argentinas. Si los disparos británicos erraban al principio, luego mostraban una admirable eficacia.

Tras la rendición Jiménez supo que desde la casa de los ancianos se habían detectado transmisiones clandestinas después de iniciados los bombardeos. Lo que el veterano aún no sabe es por qué nunca se fue a anular la radio que les decía a los buques ingleses cómo machacar mejor sus trincheras.

Desde el 26 de abril comenzaron a operar patrullas de comandos británicos en las islas. Muchas de las misiones que realizaron fueron en el descampado. Pero otras, que tenían por objetivo evaluar la capacidad militar de los argentinos, contaron con la colaboración de los pobladores de las estancias del interior malvinense y de Puerto Argentino que aceptaron refugiar y proveer de provisiones a los soldados británicos durante la guerra.

Fue el caso de Sam y Hay Miller, habitantes de una alejada estancia de isla Kepell. A pocos días de iniciarse los combates, un grupo de cuatro comandos del Special Boat Services británico tocó a su puerta y permaneció en su casa por unas horas antes de partir a cumplir una misión en el cercano aeródromo argentino de Calderón en Pebble Islands.

A través del diario *La Gaceta Argentina*, un intento del gobierno de Menéndez por crear un periódico local, se informó que el servicio de inteligencia argentino investigaba la presencia de extraños personajes entre la población de las islas y que muy probablemente se tratara de tropas especiales británicas infiltradas.

Sin embargo, controlar la presencia de extraños se había vuelto un problema mayor para los militares argentinos. Por un lado, muchos malvinenses habían escapado al interior de las islas después del 2 de abril, lo cual hacía más difícil detectar quiénes eran pobladores y quiénes infiltrados. Por otro, el pedido hecho para realizar un censo entre los pobladores de Malvinas por el jefe de la policía militar argentina, el mayor Patricio Dowling, no prosperó por el temor de Menéndez a que la medida aumentara el rechazo de los isleños hacia la administración argentina.

La única medida que tomó Menéndez fue ordenar que todos los civiles varones de entre 16 y 65 años llevaran en todo momento las identificaciones personales entregadas por los argentinos. Pero esas cédulas eran poco más que cartones blancos escritos con máquinas de escribir factibles de ser falsificados por un principiante y no tuvieron mucho efecto.

Uno de los lugares sospechados de ser un centro de reunión entre los pobladores locales y los infiltrados ingleses era el West Store, el mayor almacén de las islas situado en la avenida costanera que bordea Puerto Argentino. Eileen Vidal se cruzó con uno de los comandos vestidos a la usanza del lugar cuando salía del West Store. También Reginald Silvey dice haberse cruzado con el mismo hombre en plena calle de Puerto Argentino e incluso haberse quedado conversando con él durante unos minutos[79].

Cuando los británicos desembarcaron en San Carlos, fueron recibidos por un grupo de isleños que llegaron desde las estancias del interior con sus Land Rovers y tractores para ayudarlos en el traslado de tropas y pertrechos. Al principio la colaboración fue tímida, pero en la medida en que las tropas británicas avanzaban rumbo a Puerto Argentino, se volvió más activa y masiva.

Escasos de helicópteros y camiones para llevar a sus tropas, los militares del Reino Unido aceptaron gustosos la ayuda del convoy de vehículos manejados por malvinenses. Además, los isleños les proveyeron información sobre los caminos más favorables, los lugares en donde se encontraban las guarniciones argentinas y las fuentes de agua potable.

La colaboración se convirtió en lucha cuando se acercó el fin de la guerra. Algunos pobladores como el ex jefe de policía Terry Peck tomaron las armas y pelearon contra las tropas argentinas. Otros prefirieron disparar cobijados por la confusión que generaban los bombardeos británicos en las trincheras argentinas. Julio Más, un rosarino que prestó servicios en Bahía Fox, recuerda:

—Cuando terminaban los bombardeos, además de los heridos por las esquirlas, encontramos a algunos soldados heridos con balas calibre veintidós. Fueron los kelpers, seguro. Pero nunca se investigó quiénes nos disparaban.

El 14 de junio de 1982, cuando las tropas argentinas se rindieron ante los británicos, muchos de los integrantes del FIDF salieron a festejar vestidos con uniformes de combate y con banderas inglesas revoloteando sobre sus cabezas. En el desfile organizado unos días después por las tropas del Reino Unido para celebrar su triunfo, marcharon en Puerto Argentino los miembros de las FIDF detrás de los regimientos venidos de la metrópoli.

[79] Graham Bound, *Falkland Islanders at War*, pág. 201.

El gobierno del Reino Unido les otorgó medallas a muchos de los pobladores que habían colaborado con el esfuerzo británico por derrotar a los argentinos. Entre ellos estaban algunos de los integrantes de las FIDF que habían observado asustados y sin atreverse a intervenir la invasión del 2 de abril.

Solamente dos malvinenses tomaron las armas y las usaron como las FIDF les habían enseñado. Eran Terry Peck y Vernon Steen.

Después de la guerra, el gobierno londinense decidió dispensar grandes concesiones a los ciudadanos de las Malvinas por su lealtad a la Corona. Entre otras medidas aumentaron el presupuesto de las FIDF y los proveyeron de modernos equipos y entrenamiento militar más intenso.

En la actualidad forman parte de las FIDF un centenar de malvinenses que son entrenados regularmente en tácticas de combate, en el manejo de los equipos militares y la defensa de los puntos vitales de las islas. Cada 14 de junio, una veintena de hombres y mujeres de las FIDF desfilan como parte de los rituales que se celebran en Malvinas para recordar la derrota argentina en 1982.

Aunque los cien integrantes de las FIDF se muestran más confiados a la hora de enfrentar un futuro desembarco argentino, esperan no tener que usar los modernos fusiles austríacos que llevan para evitar que la bandera argentina vuelva a ondear sobre Malvinas.

La fantasía puede llevarlos a imaginar que si esto sucediera en el futuro, esta vez podría hacerse realidad esa historia de decenas de argentinos muertos al intentar tomar Puerto Argentino.

Más de veinte años después del fin de la guerra, en un bar de Puerto Argentino, un malvinense de las FIDF ya pasado de copas dijo:

—Tenemos armas para seguir defendiendo nuestra autonomía. Nadie va a decidir por nosotros a quién le pertenecen estas tierras.

¿Serán las FIDF capaces de levantarse en armas si finalmente el Reino Unido decide reconocer los derechos argentinos sobre Malvinas? Cuando escuchó esa pregunta, el miliciano contestó que sí, y se sabe que los borrachos casi siempre dicen la verdad.

Capítulo 10

La guerra privada entre Dowling
y los malvinenses

◆

Patricio Dowling, mayor de inteligencia del Ejército argentino, recibió la noticia que había esperado durante toda su vida: en unas semanas iban a desembarcar en Malvinas. Más grande fue su alegría cuando sus superiores le dijeron que una vez tomadas las islas tendría la tarea de acabar con cualquier forma de resistencia contra las tropas argentinas. La eficacia mostrada por el mayor Dowling en años anteriores le valió la designación como comandante del destacamento 181 de la Policía Militar en Malvinas. Poco después, los jefes del Servicio de Información del Ejército le entregaron datos detallados sobre los pobladores de las islas y los administradores de la Corona británica que residían en ellas.

La nueva misión resumía las dos pasiones en la vida de Dowling. Por un lado podría enfrentar a los británicos, aquella nación que había hecho que generaciones atrás su familia tuviera que abandonar Irlanda empujada por la violencia y el hambre generada por siglos de ocupación. Por el otro, su ferviente nacionalismo rebosaba ante la posibilidad de ser protagonista de la recuperación argentina de las islas Malvinas.

Los generales argentinos habían puesto toda su confianza en ese eficiente oficial descendiente de irlandeses que podía hablar inglés a la perfección y mostraba enorme entusiasmo por estar ya en las islas para comenzar a cumplir la tarea que le fuera confiada.

Dowling llegó a Malvinas el 2 de abril. En su equipaje traía algo más que abrigo. Del buque que lo transportó a Puerto Argentino fueron bajadas unas voluminosas cajas que en su interior guardaban car-

103

petas y expedientes con información detallada sobre los isleños. Prolijamente recopiladas durante años, las fichas de muchos de los mil ochocientos malvinenses y extranjeros que residían en las islas fueron llevadas a la central de inteligencia montada por Dowling en el antiguo cuartel de policía.

Desde el mismo día en que llegaron, Dowling y sus hombres comenzaron a vigilar a los pobladores en busca de aquellos que pudieran querer colaborar con los ingleses o sabotear la presencia argentina en las islas.

El ex gobernador británico Rex Hunt siempre recordaría a Dowling por un incidente ocurrido en la tarde del 2 de abril, mientras era llevado al aeropuerto para ser expulsado de las islas. Hunt viajó a bordo de un taxi que le servía de transporte oficial. El auto llevaba un banderín del Reino Unido en uno de sus guardabarros para estar a la altura del uniforme de gala que vestía Hunt. El mayor Dowling enfureció al ver el banderín y lo arrancó. Luego revisó meticulosamente el equipaje del ex gobernador y el de sus ayudantes para confiscar todas las banderas británicas que llevaban en las valijas.

A poco de llegar a Malvinas, el mayor Dowling fue al hotel Upland Goose. En ese entonces el establecimiento era regenteado por Desmond King, un británico que durante la Segunda Guerra Mundial había prestado servicio en una base de la Royal Air Force en la isla de Malta. Dowling le pidió a King que le preparara la mitad del hotel para alojarse junto a sus oficiales. King intentó oponerse diciendo que no contaba con habitaciones disponibles. De acuerdo con las anécdotas que circulan entre los malvinenses, Dowling le respondió que si no le daba la mitad de los cuartos, entonces tendría que ocuparlos todos. Finalmente el británico optó por preparar los cuartos pedidos por el mayor[80].

Desde el día de su llegada, Dowling comenzó a deportar a algunos de los habitantes de Malvinas. Se trataba de los funcionarios de la administración colonial y un puñado de pobladores locales cuya lealtad hacia la Corona era tan evidente como su intención de resistir en los días siguientes la presencia de la nueva administración militar argentina.

Dicen las crónicas de las islas que el mayor se paseaba por la ciudad con la mirada escondida detrás de unas gafas espejadas que pare-

---

[80] Fuente: entrevistas realizadas por el autor y datos publicados en Graham Bound, *Falkland Islanders at War*, pág. 81.

cía llevar siempre puestas y armado con uno de los fusiles capturados a las tropas británicas el 2 de abril.

Phillip Rozee es uno de los que recuerdan el paso de Dowling por Malvinas. Rozee era empleado de obras públicas en las islas. Fue arrestado por los hombres de Dowling y llevado ante el jefe de la Policía Militar para ser interrogado. Allí fue acusado de espionaje e informado por el propio Dowling de que pronto sería fusilado. La amenaza nunca llegó a materializarse y Rozee abandonó las islas en uno de los primeros vuelos que tuvo a mano[81].

Los *alter ego* de Patricio Dowling eran el comodoro Carlos Bloomer Reeve y el capitán Barry Melbourne Hussey.

Carlos Bloomer Reeve era un aviador nacido en una familia de origen escocés. Trabajó como representante de la empresa argentina LADE en Malvinas entre 1975 y 1976. Él y su familia habían logrado hacer gran cantidad de amigos entre los malvinenses. El día en que el general Mario Benjamín Menéndez asumió como gobernador militar, Reeve fue designado secretario de la gobernación para servir de enlace con la población civil, dados sus contactos entre los ciudadanos de las islas y su fluido manejo del idioma inglés. Gran parte de la plana mayor de Menéndez poseía múltiples habilidades, pero entre ellas no figuraba por lo general el manejo del idioma que hablaban los isleños.

El comodoro Reeve, luego de su estancia en Malvinas, estaba convencido de que era posible recuperar las islas sin necesidad de una guerra y que era preciso sostener la estrategia diplomática hasta lograr que Inglaterra aceptara restituir la soberanía de los archipiélagos a la Argentina.

El segundo de Bloomer Reeve era Barry Melbourne Hussey, un marino argentino descendiente de ingleses que también habla el idioma a la perfección. Apenas llegó a Malvinas, Hussey percibió que los isleños estaban sumamente contrariados con la presencia argentina y que si no lograban establecer una buena comunicación entre los militares y los malvinenses, la población local se convertiría en una fuente de problemas para la gobernación.

Para Hussey el problema residía en la mutua hostilidad entre algunos militares argentinos y los pobladores locales, junto con la recíproca desconfianza que sentían. Muchos de los oficiales argentinos sostenían que aquellos isleños serían siempre fieles súbditos de la Corona y que más serviría la imposición que intentar estimular su confianza hacia los argentinos.

---

[81] La anécdota de Rozee es reflejada en Equipo de *The Sunday Times, La guerra de Malvinas*, pág. 134.

Citaban como ejemplo a los malvinenses de las FIDF que habían tomado parte de los combates del 2 de abril y la falta de castigo a los que volvieron a sus casas tras enfrentar a los soldados argentinos.

Es por ello que muchos oficiales argentinos dejaban de lado la diplomacia y toleraban con algún dejo de revancha ciertos incidentes en los que los conscriptos bajo su mando avanzaban sobre la intimidad de los isleños para procurarse abrigo o alimentos.

Quizá con aquellas actitudes esperaban que los malvinenses eligieran finalmente abandonar sus tierras y dejaran así de representar un factor de conflicto. Por otra parte temían —y el tiempo les dio la razón a sus temores— que aquella lealtad hacia la Corona británica fuera usada por los militares ingleses para lograr información sobre las tropas argentinas, para infiltrar sus comandos entre los pobladores y sabotear las instalaciones defensivas.

Hussey creía que al menos valía la pena intentar acercarse a los isleños para persuadirlos de colaborar o, en el peor de los casos, de que no tomaran parte del enfrentamiento que se avecinaba.

Desde los primeros días de la guerra, los helicópteros argentinos fueron motivo de disputa entre los comandantes de los grupos acantonados en las islas. Siempre resultaban insuficientes para movilizar las cargas y las tropas o para transportar a los soldados desde una posición hasta otra. A Dowling eso no le preocupaba. Él contaba con un helicóptero Puma para usarlo a discreción. Del mismo modo que en el continente, cuando los grupos de tareas pedían que se les liberaran zonas enteras y los vehículos que fueran necesarios para secuestrar a un opositor, Dowling contaba con la autorización de sus superiores para reclamar cuanto necesitara para llevar adelante su trabajo.

Tras los combates del 2 de abril, seis marines británicos escaparon de la captura recluyéndose en el interior de las islas. El 5 de abril los prófugos decidieron rendirse y llamaron por radio a los militares argentinos para informarles que estaban dispuestos a entregarse en la estancia propiedad de Neil Watson al norte de Puerto Argentino.

Dowling fue al lugar con una nutrida tropa de soldados y luego de confirmar la rendición maniató con sogas a los seis prisioneros. Días después los marines británicos eran desembarcados en la ciudad uruguaya de Montevideo, desde donde partieron al Reino Unido. Triunfal, Dowling reportó a sus superiores que había logrado que desapareciera toda oposición militar en Malvinas.

La incursión de Dowling a la estancia de los Watson es recordada de manera diferente por los isleños. El jefe de la policía argentina sabía que Neil Watson era sargento de las FIDF. Esto lo hacía figurar como un miembro leal a las tropas británicas en los dossiers de Dowling. La aparición de los marines ingleses en su estancia hizo que el jefe de la policía argentina sospechara que los Watson pudieran estar ocultando a otros soldados británicos.

De acuerdo con el relato que circula entre los malvinenses, una vez que los marines se habían entregado y viajaban rumbo a Puerto Argentino, Dowling regresó a la casa de los Watson. El mayor y sus tropas habrían derribado la puerta de entrada e ingresado apuntando con sus armas a los que estaban dentro de la vivienda. Dicen los relatos que circulan en las tabernas de las islas que Dowling gritó pidiendo que todos pusieran las manos en alto. Lisa, una de las pequeñas hijas de los Watson, se habría quedado, desobediente, sobre uno de los sillones del living con su pulgar metido en la boca. Por supuesto que esa imagen de la inocencia absoluta atacada por el malvado psicópata sólo puede ser completada con el colérico Dowling apuntando a la niña con su fusil.

Es difícil saber si realmente ocurrieron los hechos tal como los cuentan los malvinenses. Lo cierto es que Dowling estuvo el 5 de abril en la estancia de los Watson y en los días siguientes recorrió con su helicóptero Puma una tras otras las casas en el campo para requisarlas y buscar fugitivos e infiltrados.

El 12 de abril llegaron a Puerto Argentino dos periodistas uruguayos a cubrir el desarrollo del conflicto para la agencia BAI Press. Eran en realidad agentes enviados desde Buenos Aires para infiltrarse entre la población y recopilar datos sobre los integrantes de las milicias malvinenses o de isleños dispuestos a boicotear la actividad militar argentina. Sus nombres eran Aldo Motta y Héctor Luis Campos y figuraban como empleados civiles del Servicio de Inteligencia del Ejército argentino. Motta regresó al continente cuatro días más tarde por una afección gástrica, pero Campos alcanzó a realizar la tarea identificando a la mayor parte de los miembros de la milicia malvinense[82].

[82] Joaquín Bocazzi, *Compilación Malvinas*, Editorial Gráfica Sur, Buenos Aires, 2004, pág. 64.

Una vez expulsados los empleados británicos del gobierno colonial, les tocó el turno a los miembros del consejo de las islas. William Luxton era uno de los más célebres entre los pobladores malvinenses por su recalcitrante postura antiargentina.

Luxton y su esposa habían llegado a Puerto Argentino a bordo de un pequeño avión Cessna el día anterior al desembarco argentino. Cuando fue a ver a Dowling para pedirle permiso para viajar en su avioneta hacia la estancia que poseía en Chartres, en la isla Gran Malvina, recibió la orden de permanecer en su casa de Puerto Argentino hasta que le fuera permitido dejar la ciudad.

Pese al pedido de Dowling, la familia Luxton cargó su Land Rover con provisiones y partió presurosa hacia su casa en Chartres. Tras viajar muchas horas a campo traviesa y convencer a los empleados del puerto de San Carlos de que los cruzaran al otro lado del estrecho en la balsa que operaba desde ese muelle, el consejero y su familia arribaron a su estancia.

Dowling se puso particularmente furioso cuando fue a buscar a Luxton a su casa para deportarlo a Gran Bretaña y descubrió que había huido.

El jefe de la policía abordó su helicóptero junto a un grupo de soldados y dio la orden de partir en persecución del consejero y su familia. Los hombres de Dowling visitaron primero algunas localidades del interior en donde interrogaron a quienes habían ayudado a escapar a los Luxton. Un empleado del puerto de San Carlos dice haber sido tirado violentamente boca abajo en el barro mientras era indagado por los policías militares sobre el destino de la familia fugitiva. El poblador Allan Miller habría intentado interceder a favor del detenido y por ello habría recibido un culatazo en el estómago propinado por el propio Dowling. Finalmente los policías militares hallaron a los Luxton en su casa de Chartres.

Años más tarde William Luxton declaró que Dowling descendió desde un helicóptero frente a su casa junto a veinte soldados. El policía militar y sus hombres tomaron posiciones en torno a la vivienda mientras Dowling ordenaba en perfecto inglés a los ocupantes de la casa que se entregaran. Tras hacerlos prisioneros, les ordenó al consejero y a su familia que tomaran una muda de ropa y se prepararan para ser llevados a Puerto Argentino. Luxton afirma que cuando volaban a apenas diez metros de las olas sobre el canal de San Carlos, Dowling abrió la puerta lateral del aparato dejándolos casi al borde de caer al mar helado. Hasta hoy Luxton cree que ese gesto fue una intimidación y que, cuando se enteró de que los militares argentinos tiraban a algunos de sus prisioneros al río de la Plata desde aviones, comprendió cuál era el mensaje que había intentado transmitirle Dowling ese día.

El consejero y su familia fueron obligados a abordar un avión militar y dejar las Malvinas. Cuando llegó al aeropuerto de Gatwick en Inglaterra, el malvinense se reunió con analistas de inteligencia británicos y detalló las defensas aéreas que había observado mientras abordaba el avión en Puerto Argentino. La inteligencia argentina no tuvo la perspicacia de tapar las ventanas de las aeronaves que transportaban a los deportados hacia el continente.

En el Reino Unido, William Luxton brindó numerosas entrevistas a los medios europeos relatando su traumática experiencia. La jugada de Dowling, lejos de servir a los intentos de la diplomacia argentina por mostrarse como un régimen que actuaba amigablemente con los isleños, contribuyó enormemente a deteriorar la imagen internacional del gobierno de Galtieri[83].

Alertado por los pobladores locales sobre los incidentes provocados por Dowling en sus requisas, el capitán Hussey acompañó al mayor en algunos de sus procedimientos de búsqueda de opositores. Al llegar a Puerto Argentino, el marino presentó severas quejas contra el modo de actuar de su colega del Ejército. En los reportes que hizo a Reeve, Hussey relató los violentos procedimientos que realizaba y el terror que estas acciones estaban sembrando entre los pobladores locales.

El comodoro transmitió a su vez la queja a Menéndez quien, tras acumular los reclamos sobre Dowling, finalmente decidió pedirle que moderara sus modales frente a los isleños. Lejos de intimidarse por el gobernador, Dowling reclamó que decretara la incautación de todas las radios en poder de los malvinenses.

El gobernador Menéndez intentó desde un principio que los pobladores aceptaran la presencia argentina, o que al menos no hicieran nada que dificultara su tarea de gobierno. Fue por ello que no autorizó los pedidos de algunos oficiales argentinos para que se requisaran las radios de los habitantes de las islas. Desde hacía décadas, como quedó dicho, los pobladores del interior se mantenían comunicados entre sí mediante una red de aparatos de onda corta.

A través de Barry Melbourne Hussey y Carlos Bloomer Reeve los residentes pidieron a Menéndez que no les fueran decomisadas las radios. Muchos de los habitantes de Puerto Argentino habían huido al

---

[83] Graham Bound, *Falkland Islanders at War*, pág. 85.

interior de las islas y sus transmisores eran el único modo que tenían para mantenerse en contacto. Es cierto que muchas de las radios podían ser usadas —y lo fueron— para transmitir información sobre las posiciones argentinas a las fuerzas británicas. Pero Menéndez consideró que la requisa de las radios afectaba más a sus ensayos por acercarse a los pobladores que a sus intentos por establecer un sistema defensivo eficaz.

Los intentos de Menéndez por no confrontar con los isleños lo llevaron a ordenar que los empleados de los servicios públicos de la ciudad fueran mantenidos en sus puestos. Fue así que muchos malvinenses comenzaron a sabotear las instalaciones vitales de la ciudad. Cuando las instalaciones de agua comenzaron a estallar misteriosamente y los cortes de luz se hicieron cada vez más frecuentes por extraños accidentes, el gobernador militar decidió que sus soldados vigilaran a los empleados malvinenses que trabajaban en los puestos públicos más sensibles.

El veterinario Steve Whitley fue un poco más allá en sus sabotajes. Armado de unas tijeras, pasó la mayor parte de la guerra cortando los cables que los militares argentinos habían tendido a lo largo de Puerto Argentino para comunicar a las diferentes posiciones defensivas entre sí.

Los malvinenses recuerdan todavía las "tijeras mágicas" de Whitley y las jornadas en que el veterinario salía a cortar cables mientras era acompañado por el maestro Phillip Middleton, quien se ocupaba de vigilar mientras su compañero causaba estragos en las comunicaciones argentinas. El dúo también se dedicaba a tomar fotos de las posiciones argentinas que luego fueron usadas por los británicos para identificar la capacidad de fuego de los defensores.

Cada sabotaje ponía más colérico a Dowling. Pero lo que más lo enfurecía era la actitud de los funcionarios de la gobernación, que no hacían otra cosa que contrariar sus pedidos.

A mediados de abril Dowling pidió una reunión con el gobernador Menéndez y los máximos funcionarios de la administración militar. Quería solicitarles la urgente realización de un censo de los habitantes de las islas. El jefe de la Policía Militar temía que hubiera comandos británicos infiltrados entre ellos y que la falta de datos de Menéndez sobre la población dificultara su detección.

El gobernador escuchó el pedido de Dowling y luego se despidió con la promesa de darle una pronta respuesta. Los miembros del gobierno de Menéndez desaconsejaron llevar adelante el censo por las consecuencias nefastas que podría tener entre la población la orden de registrarse en masa ante los soldados argentinos. Finalmente, aunque Menéndez ordenó el 18 de abril que el empadronamiento fuera realizado, en la práctica nunca se llegó a concretar pese a los reclamos reiterados de Dowling. Sólo estableció que los malvinenses varones debían salir de sus casas con las identificaciones provistas por los argentinos.

Las repetidas quejas que presentaban los malvinenses contra Dowling eran llevadas casi a diario a Menéndez por Bloomer Reeve y Melbourne Hussey que cada día escuchaban de los isleños nuevas historias sobre incidentes iniciados por el jefe de la policía. El pedido de moderación de Menéndez a Dowling aparentemente no había sido escuchado por el mayor.

En una reunión en la que participaron el gobernador, Dowling y Bloomer Reeve a fines de abril, el comodoro le ordenó al jefe de la Policía que dejara de hostigar a los malvinenses. En respuesta Dowling intentó convencerlo de que muchos de los pobladores locales estaban colaborando con el enemigo y que su tarea era precisamente acabar con la resistencia.

Cuando quedaron a solas, Bloomer Reeve le pidió a Menéndez que enviara a Dowling de vuelta al continente. El gobernador finalmente asintió al pedido del comodoro. Tres días más tarde Dowling dejaba el territorio de Malvinas relevado de su cargo como jefe de policía.

Patricio Dowling murió hace unos años en la Argentina. Su hijo, que también lleva el mismo nombre, asegura que todo lo que dicen los malvinenses sobre su padre son mentiras. Aunque se niega a entrar en detalles sobre lo que sí sucedió durante la guerra, pide que ya no se hable sobre su padre por respeto a que él ya no está para defenderse de las acusaciones.

En los listados de la CONADEP en los que se registran los miembros de los grupos de tareas responsables de la muerte de miles de ciudadanos durante la dictadura, figura un mayor Dowling que trabajaba bajo el seudónimo de "Davila" en el célebre campo de concentración "El Vesubio", pero faltan datos para corroborar si se trata de Patricio Dowling.

Después de la guerra, el apellido Dowling quedó entre los malvinenses como sinónimo de los abusos argentinos durante el conflicto bélico. Este nacionalista que se quiso tomar una revancha en nombre de su sangre irlandesa quedó en la historia de las islas como un amargo recuerdo de la guerra para los malvinenses.

En la actualidad, desaparecido Dowling, es muy difícil corroborar lo que se dice acerca de él en Malvinas. Quizá la historia más terrible sea la relatada en el libro del malvinense Graham Bound *Falkland Islanders at War*.

Bound cuenta que la malvinense Allison King, hermana del propietario del hotel Upland Goose, había ocultado a los oficiales que sabía hablar castellano. Una tarde, mientras servía un plato en la mesa de Dowling, Allison habría escuchado al mayor explicando a sus oficiales la forma de terminar con la resistencia de los kelpers:

—Quizás haya que matarlos a todos[84].

---

[84] Graham Bound, *Falkland Islanders at War*, pág. 82.

Capítulo 11

Guerra fría en los Andes

◆

E l Globe Tavern, el bar más popular de Puerto Argentino, está cubierto de recuerdos de la guerra de 1982. Placas conmemorativas, fotos, armas y un cielo raso enfundado en banderas de las unidades militares inglesas que colaboraron en la derrota argentina, acompañan a quienes acuden allí a tomar un trago. Además de la Union Jack, en el Globe Tavern pueden verse insignias de la Royal Air Force, de la Marina inglesa y de unidades terrestres de Inglaterra, Gales y Escocia.

Sin embargo, una de esas banderas pareciera estar fuera de lugar. Justo encima de la caja registradora, se ve la bandera nacional de Chile. Cuando se le pregunta a Julie Clarke, la propietaria del bar, sobre la razón por la cual colocó esa bandera, dice simplemente:

—Fueron de los que más nos ayudaron durante la guerra.

Un cliente que está recostado en la barra del bar apoya lo que dice Julie moviendo la cabeza hacia abajo mientras levanta su vaso con whisky. El desconocido tiene razones para estar de acuerdo; forma parte de la comunidad de más de un centenar de chilenos que actualmente viven en Malvinas.

El 3 de marzo de 1982, en las altas esferas del gobierno de Chile se difundió un informe secreto elaborado en los últimos días de 1981 en el que se confirmaban los planes argentinos para tomar Malvinas. Desde 1978, cuando ambos países estuvieron a punto de entrar en guerra, el gobierno de Augusto Pinochet mantenía una estricta vigilancia sobre los movimientos militares argentinos. En ese informe, Emilio Meneses, un marino que trabajaba como analista en inteligencia en el Estado Mayor de la Defensa Nacional de Chile, advertía a sus superiores que los aprestos en la Argentina sólo podrían indicar acciones bélicas en Malvinas entre ese mes y el siguiente. El gobierno de Pinochet lo entregó a los británicos[85].

El embajador del Reino Unido en Chile, John Heath, desplegó sus artes de negociador ante el gobierno de Pinochet desde el momento en que Londres supo que se produciría un desembarco argentino en Malvinas.

En los días finales de 1981 Heath transmitió a las autoridades chilenas una propuesta de la primera ministra británica Margaret Thatcher. Les dijo que Gran Bretaña estaba dispuesta a respaldar internacionalmente a Chile frente a las denuncias por los abusos a los derechos humanos cometidos por el régimen de Pinochet si su país se aliaba con el Reino Unido en el conflicto que se avecinaba en Malvinas.

Además, Heath prometió que el Reino Unido les entregaría armas para equipar a sus fuerzas armadas o se las vendería a precios menores que los de mercado. Los arsenales de Santiago estaban desactualizados desde que el presidente norteamericano James Carter cortara toda venta de armamentos al gobierno chileno por sus violaciones a los derechos humanos.

El 4 de abril arribó a Santiago de Chile el oficial de la inteligencia británica Sidney Edwards, un especialista en operaciones especiales. Edwards llegaba con credenciales de asistente del agregado militar en Santiago, pero su labor real era encargarse de coordinar la ayuda chilena a Gran Bretaña.

El oficial británico traía como presentación una carta de Sir David Great, jefe del Estado Mayor de la Real Fuerza Aérea británica, para entregarla a Fernando Matthei, jefe de la Fuerza Aérea de Chile. Edwards fue recibido por el jefe de los aviadores chilenos, a quien le solicitó asistencia más concreta para la batalla que se libraría en Malvinas. Matthei era conocido por los ingleses, con quienes había tratado entre diciembre de 1971 y enero de 1974 cuando era agregado aéreo de la embajada de Chile en el Reino Unido.

El comandante chileno le explicó a Edwards que si bien Chile acostumbraba espiar a los argentinos, carecían de los medios técnicos para proveerles el tipo de información que precisaban para la guerra que se avecinaba para enfrentar a la Argentina.

Tras consultar con Londres, Edwards acordó traer desde Inglaterra aparatos de vigilancia modernos y hombres para que los operaran y que, cuando la guerra terminara, Chile se quedaría con la mayoría de los equipos que los británicos usaran para espiar a la Argentina.

[85] "¿Deuda histórica?", archivo del diario *Qué Pasa* de Chile. Artículo sin fecha.

Matthei guardó su respuesta hasta consultar la propuesta inglesa con Augusto Pinochet. La contestación no tardó en venir; al día siguiente Pinochet aceptó colaborar con el Reino Unido bajo la condición de que las operaciones se manejaran con la mayor de las reservas.

Para probar si la alianza que habían alcanzado con Chile tenía bases concretas, Gran Bretaña pidió a Pinochet que movilizara sus fuerzas para hacerle creer a la Junta argentina que Chile también podía involucrarse en el conflicto y que en el futuro podría encontrarse con una guerra a dos frentes.

El temor de Chile era enfrentar una guerra con la Argentina una vez acabado el conflicto en Malvinas[86], y más aún si del conflicto que se gestaba en el Atlántico Sur surgía una Argentina vencedora. Es así que, en honor al pragmatismo y a cierto sentido de la supervivencia —Chile se encontraba en aquel entonces en franca desventaja militar frente a la Argentina—, el general Pinochet decidió colaborar hasta donde pudiera para la derrota de sus vecinos.

El almirante Juan José Lombardo, planificador militar de la Armada en el '82, confirmó que el peor escenario que enfrentaban los estrategas en Buenos Aires era una guerra simultánea contra Gran Bretaña y Chile, por lo que en ningún momento pensaron en provocar al gobierno de Santiago. Es decir que, a pesar de los temores de Chile, la Argentina en ningún momento quiso entrar en guerra con ese país. Ésa era al menos la opinión predominante entre los generales que asesoraban a la junta militar encabezada por Galtieri.

Sin embargo, en Chile se habían interpretado los discursos pronunciados desde la llegada al poder del general Galtieri con profunda preocupación. El presidente de facto provenía del sector más nacionalista del Ejército argentino y en varias ocasiones había hecho declaraciones públicas abiertamente belicistas en contra de Chile.

En la euforia que despertó el desembarco del 2 de abril dentro de los generales argentinos, los analistas chilenos leyeron una amenaza contra su país cuando Galtieri dijo ante la multitud reunida en la plaza central de Buenos Aires: "Hemos recuperado las islas australes que integran por legítimo derecho el patrimonio nacional".[87]

Los militares chilenos creyeron que la mención a "las islas australes" indicaba que la Argentina incluía en sus intenciones bélicas futuras a los islotes Picton, Lennon y Nueva, en la zona del canal de

---

[86] Armando Alonso Piñeiro, *Historia de la guerra de Malvinas*, Planeta, Buenos Aires, 1992.

[87] Discurso pronunciado el 2 de abril de 1982 ante una multitud reunida frente a la Casa de Gobierno de Buenos Aires.

Beagle. Esa controversia ya había estado a punto de lanzar a la Argentina a la guerra con Chile en 1978, conflicto que fue evitado a último momento por una gestión del enviado del papa Juan Pablo II, el cardenal Antonio Samoré.

La primera señal concreta de la alianza entre Gran Bretaña y Chile vino días después del desembarco argentino en Malvinas. Los espías argentinos informaron el 16 de abril que el petrolero militar *Tidepool*, recientemente vendido por Gran Bretaña a la Armada de Chile, se dirigía desde el puerto de Valparaíso a Panamá con sus bodegas de combustible cargadas al tope.

Los reportes indicaban que el barco iba a reunirse con la Task Force británica que se dirigía a las Malvinas. El plan de navegación del *Tidepool* revelaba que cruzaría desde el océano Pacífico al Atlántico a través del canal de Panamá y que su paso había sido autorizado por los EE.UU., que entonces controlaban el istmo[88]. Más tarde se supo que el almirante José Toribio Merino, jefe de la Marina chilena, había accedido a devolver el *Tidepool* a sus antiguos dueños para que participara en la guerra por órdenes directas del general Augusto Pinochet.

Un caso similar se dio con el crucero británico *Norfolk*, que ya había sido comprado por la Marina de Chile y debía ser traspasado oficialmente a sus nuevos propietarios el 6 de abril de 1982. El buque de guerra ya llevaba a bordo una tripulación de chilenos entrenados por los marinos ingleses. Días después del desembarco argentino en Malvinas, el comandante británico del *Norfolk* recibió la orden de desembarcar la dotación chilena en el puerto más cercano y dirigirse hacia el Atlántico Sur, listo para entrar en combate.

El 20 de abril, los observadores argentinos en Chile informaron que toda la Marina de guerra chilena había dejado sus bases con rumbo al sur. El almirante Germán Guesalaga, jefe de la flota, había ordenado a sus capitanes que navegaran en absoluto silencio de radio y en estado de máxima alerta alegando que "habiendo un conflicto en la puerta, nosotros tenemos que tomar precauciones"[89]. Esta maniobra de la Armada chilena obligó a los argentinos a estar alertas sobre un posible segundo frente de batalla y no enviar a Malvinas algunos de sus barcos para reforzar las defensas de Puerto Argentino.

Extraoficialmente, los marinos argentinos sugieren que una flota de torpederas y corbetas que debían operar desde puertos malvinen-

---

[88] Nigel West, *La guerra secreta de Malvinas*, Sudamericana, Buenos Aires, 1997.

[89] Rogelio García Lupo, *Democracia secreta y rendición incondicional*, Legasa, Madrid-Buenos Aires, 1983.

ses fueron dejados en puertos del continente en previsión de un posible combate contra Chile. La presencia de esas naves en Malvinas hubiera significado una posible amenaza para los buques británicos que durante la guerra bombardearon impunemente las posiciones argentinas.

El agregado naval argentino en Santiago de Chile pidió informalmente a las autoridades explicaciones por la decisión de movilizar la flota chilena hacia el sur. La respuesta oficial vino de boca del embajador chileno en Buenos Aires, Sergio Onofre Jarpa, quien dijo ante los medios argentinos que "la Argentina tenía las espaldas bien guardadas"[90].

Los oficiales de la Fuerza Aérea de Chile cedieron a los británicos toda la información que poseían sobre el despliegue bélico de la Argentina y el material de Sigint (inteligencia electrónica) que su base en Punta Arenas recogía desde su ubicación a pocas decenas de kilómetros de la base argentina de Río Gallegos.

Desde 1973, en la base chilena de Punta Arenas trabajaba además un equipo norteamericano que operaba una estación de rastreo satelital que también poseía la capacidad para escudriñar las comunicaciones argentinas. Usualmente, el equipo estadounidense colaboraba con los militares locales en el intercambio de datos de inteligencia que recopilaba.

La información acopiada por los técnicos chilenos en Punta Arenas era entregada en bruto para que los especialistas británicos la analizaran en las oficinas del Reino Unido, o eran enviadas por un enlace satelital a la flota británica en el Atlántico. A mediados de abril llegó a Punta Arenas un radar fabricado por la empresa británica Marconi. Estaba diseñado para vigilar desde la localidad de Balmaceda, cercana a la frontera con la Argentina, todos los vuelos que despegaran a 300 kilómetros de distancia, incluyendo los aviones que partían hacia Malvinas desde la base argentina en Comodoro Rivadavia.

El radar británico complementó a uno similar francés que los aviadores chilenos habían instalado durante la crisis de 1978 en un cerro de las afueras de Punta Arenas en previsión de una posible guerra con la Argentina.

De ese modo, los ingleses sabían con antelación suficiente cuándo despegaban los aviones de combate argentinos y cómo colocar sus aviones y buques en el lugar y el momento favorables para derribarlos.

El 22 de abril, un nuevo movimiento del gobierno de Santiago de Chile inquietó a los estrategas argentinos.

---

[90] Ídem.

117

Veinte mil soldados del Ejército de Chile —su reserva estratégica, que sólo había sido movilizada en momentos de mayor tensión fronteriza con la Argentina— fueron enviados a las guarniciones lindantes con las provincias argentinas de Río Negro y Neuquén, en el centro de la frontera común[91].

El riesgo que representaban esas unidades chilenas obligó al Ejército argentino a movilizar a la Brigada 7 de Montaña de Mendoza y la Brigada 7 de Neuquén hacia la frontera con Chile. Las dos unidades argentinas mejor preparadas para combatir en un terreno frío y rocoso de Malvinas[92] fueron dejadas en el continente y se las debió reemplazar con unidades provenientes de la región mesopotámica, cuyo ambiente subtropical nada tenía que ver con el clima de las islas. Para mayor seguridad, los generales argentinos decidieron que la 4ª Brigada Aerotransportada de la provincia de Córdoba, inicialmente pensada para hacer frente a los paracaidistas británicos, fuese colocada por un tiempo en reserva en previsión de un posible conflicto con Chile.

A días del desembarco en Malvinas, Fernando Matthei convocó al agregado aéreo argentino en Chile y le pidió que transmitiera un mensaje a su jefe en Buenos Aires:

—Primero, que nunca en mi vida pensé que podían ser tan idiotas. Teniendo todas las posibilidades en mi cabeza, ésta fue la única que no ingresé en mi computadora mental. Segundo, que ante esta situación le garantizo que la FACH (Fuerza Aérea de Chile) nunca atacará por la espalda a la Argentina. Tiene mi palabra de honor de que Chile no atacará, bajo circunstancia alguna. Tercero, que cuando hay un incendio en la casa del vecino, el hombre prudente agarra la manguera y vierte agua en su propio techo. Por eso, en este momento haré todo lo posible por reforzar la Fuerza Aérea de Chile y su defensa, porque no hacerlo sería un acto irresponsable de mi parte[93].

Pese a la promesa del jefe de la Fuerza Aérea, los mejores aviones de combate chilenos fueron desplegados en la base de Punta Arenas, maniobra que obligó a los aviadores argentinos a distraer algunos de sus aviones para que permanecieran en alerta por un posible ataque desde Chile.

[91] Luis Garasino, "Cómo fue el apoyo chileno", *Clarín*, Buenos Aires, 23 de octubre de 1998.

[92] Estas unidades habían sido previstas originalmente para reforzar la guarnición de Malvinas. Confirmado al autor por el general Mario B. Menéndez.

[93] Entrevistas realizadas a Fernando Matthei por la historiadora y doctora en Historia de la Universidad Complutense de Madrid Patricia Arancibia Clavel en julio de 1999. Opiniones publicadas en el diario *La Tercera* de Santiago de Chile el 24 de marzo de 2002.

Aún no se habían iniciado los combates en Malvinas cuando dos aviones británicos Canberra PR-9 especializados en fotografía aérea volaron desde su base en Wyton, en el Reino Unido, hasta Chile. La pintura de las insignias de la Fuerza Aérea de Chile en sus alas aún no había terminado de secarse cuando dejaron el Reino Unido.

Quizá por el apuro con que fueron trasladados, los Canberra llevaban el camuflaje usado por los aviones de la OTAN en Europa, en lugar de los colores utilizados por los aviones chilenos.

Los Canberra estaban provistos de avanzados equipos de fotografía aérea colocados a un costado de su fuselaje en posición oblicua, de manera que podían fotografiar algunas zonas de la Argentina sin abandonar el espacio aéreo chileno. Aunque al momento de iniciarse la campaña de Malvinas los aviones pertenecían al grupo 18 de Reconocimiento Fotográfico de la RAF, al terminar la guerra los Canberra permanecieron en Chile. Los británicos dijeron que los aviones habían sido vendidos a ese país antes de la guerra.

Años más tarde pudo establecerse que durante el conflicto los Canberra fueron tripulados por pilotos británicos. Para evitar preguntas incómodas, los británicos que operaban desde bases chilenas vestían ropas similares al personal de la Fuerza Aérea de aquel país.

En los días en que se combatía en Malvinas, en las bases chilenas los oficiales recibieron órdenes de no divulgar la presencia de aviones británicos y de no entrar en contacto con el personal inglés que era identificado universalmente con el nombre de "García" o "Rodríguez". Los oficiales superiores fueron instruidos para no ofenderse si alguno de estos curiosos personajes no cumplía con los saludos de rigor.

La hija de uno de los técnicos chilenos de la base naval de Punta Arenas durante la guerra todavía recuerda el relato de su padre sobre los pilotos y especialistas ingleses que vivieron allí hasta julio del '82, así como las estrictas medidas de seguridad que se tomaron en la base durante el conflicto.

Por ejemplo, los vuelos comerciales que utilizaban el aeropuerto de Punta Arenas debían cerrar las persianas de la cabina de pasajeros antes de aterrizar y no se permitió el ingreso de periodistas a la pista de la terminal aérea hasta semanas después de terminado el conflicto en Malvinas. Los ventanales del aeropuerto de Punta Arenas —usado para fines militares y civiles— fueron completamente cubiertos para que los pasajeros civiles no pudieran ver qué tipo de aviones operaba en las pistas.

Junto a los Canberra, desde la primera semana de abril de 1982 operaron dos aviones C-130 Hércules británicos con distintivos chilenos que habían llegado a Chile haciendo escalas en la Isla de Pascua y

Tahití. El interior de los aviones estaba atiborrado con equipos de guerra electrónica muy sensibles que permitieron interceptar y grabar las señales electrónicas emitidas por los militares argentinos.

En el apuro, los encargados de cambiar las insignias británicas por las inscripciones de la Fuerza Aérea chilena habían cometido un error torpe: en la cola del avión Hércules se leía "Fuerza Aera de Chile".

Otro avión, un Nimrod especializado en vigilancia electrónica, llegó en la primera semana de abril para reforzar la cobertura de los Hércules.

Se permitió la presencia de un observador militar chileno a bordo de los aviones espías ingleses para monitorear cómo eran utilizados los equipos en sus misiones de espionaje.

El escuadrón 51 de la RAF era considerado la elite entre los equipos de guerra electrónica del Reino Unido. Ese escuadrón volaba aviones Nimrod especialmente equipados para captar, identificar y decodificar las transmisiones del enemigo desde 40.000 pies de altura.

Por tratarse de uno de los aviones espías más caros y sofisticados que poseían los ingleses en esos días, no se los incluyó entre el material que se dejó en Chile al acabar el conflicto. La presencia de estas naves quedó corroborada indirectamente cuando sus tripulantes fueron condecorados en 1982 con la "Mención Honorífica al Combate" por la RAF británica.

Doce cazabombarderos británicos Hawker Hunter fueron entregados a la Fuerza Aérea chilena como resultado de los acuerdos secretos entre Londres y Santiago. El 6 de abril de 1982 la inteligencia argentina detectó el envío de ocho Hunter desde Inglaterra a Chile. Los aviones fueron transportados en el interior de aviones Boeing 747 de la empresa civil Flying Tigers Airlines que partieron de la base de Brawdy en el Reino Unido y realizaron una escala intermedia en San Juan de Puerto Rico. Otros cuatro Hunter fueron transportados en noviembre del mismo año a través de la misma ruta[94].

Los aviones Hunter pasaron a formar parte de la 9ª unidad aérea chilena, que había sido disuelta en 1981 por la escasez de equipos originada en el embargo de armas a Chile. Uno de los pilotos británicos enviados para entrenar a los pilotos chilenos, el teniente Richard Thomas, murió escasos meses después de la guerra en el sur de Chile al estrellarse el aparato que piloteaba[95].

[94] Joaquín Bocazzi, *Compilación Malvinas*.
[95] Ídem.

Un tercer grupo de aviones, tres bombarderos a reacción Canberra MK 9 pertenecientes a la unidad Nº 19 asentada en la base británica de St. Athan, fueron entregados a Chile el 15 de octubre de 1982. Se integraron al grupo Nº 2 de la Fuerza Aérea de Chile con base en Los Cerrillos.

El crucero argentino *General Belgrano* regresaba a su puerto la noche del 1º de mayo. Tras fracasar un intento de ataque a la Task Force británica, navegaba rumbo a su base en el continente.

La inteligencia chilena había seguido desde semanas antes el movimiento del buque por medio de la intercepción de sus emisiones de radio. Habría sido gracias a esa información que el *Conqueror* supo dónde encontrar al *Belgrano* en medio de un mar que abarcaba una superficie superior al millón de kilómetros cuadrados.

El mensaje del Comando Naval de Chile de Punta Arenas al agregado naval británico en Santiago el día anterior al ataque efectuado por el submarino nuclear británico decía:

"Información A1. Una unidad pesada, dos unidades livianas entre 13:00 y 14:00 Zulu, latitud 54° S, longitud 65° 40 Oeste. Curso evasivo con rumbo 335°, velocidad 18 nudos[96]". El cable está fechado el día anterior al hundimiento del *Belgrano*.

Sin la ayuda chilena, opinan aún muchos autores argentinos, sólo un fortuito encuentro entre ambas naves hubiera ocasionado el hundimiento y la pérdida de 323 tripulantes del *Belgrano*.

La ruptura de la neutralidad chilena quedó de manifiesto con la caída de un helicóptero británico Sea King en Punta Arenas el 19 de mayo de 1982. La junta argentina interpretó correctamente que estaba ante la disyuntiva de blanquear su malestar por la colaboración del régimen de Pinochet con sus enemigos y avanzar un paso más hacia el enfrentamiento militar con Chile o hacer como si nada hubiera pasado. Optó por la segunda alternativa, ante la evidencia de que los progresos británicos en Malvinas hacían de un nuevo frente de combate en la frontera con Chile la peor opción estratégica.

Al día siguiente de la caída del Sea King en Punta Arenas, un radiograma del comando militar argentino ordenó reforzar la vigilancia de los pasos fronterizos en vistas de nuevas incursiones provenientes de Chile.

---

[96] Fox Robert, *Eyewitness Falkland*, págs. 326-327. Citado por Rubén Moro en *La guerra inaudita*.

Durante la guerra, el entonces conscripto argentino Roberto Rubén Rada combatió en Monte Kent. Rada peleó hasta que se quedó solo. Cuando se dio cuenta de que la batalla estaba terminada, tomó la chaqueta de un oficial muerto y se la puso para combatir el frío que reinaba en las alturas de Kent. Minutos más tarde, fue capturado por los británicos.

Aquella chaqueta confundió a los soldados ingleses; creyeron que Rada era un oficial argentino y lo enviaron a un reducto situado tras las líneas de combate para ser interrogado.

Entre golpes y amenazas, una persona le exigía a Rada en perfecto castellano que dijera dónde se encontraban los lanzadores de misiles Exocet que habían averiado seriamente al destructor *Glamorgan* el día anterior.

Quien le preguntaba era una persona vestida de negro. Rada notó que sus rasgos criollos desentonaban con el tipo sajón que predominaba entre los británicos.

—Vino uno que estaba vestido de negro, un flaco alto, me acuerdo. Y yo digo: éste es mendocino, por cómo habla. Después me enteré de que era chileno. No estaban armados. Estaban todos vestidos de negro. Yo vi a uno. Y no estoy loco. Lo vi. Y hablaba como un mendocino, yo decía: "¿Éste es argentino?". Y me dijeron que era chileno.

Cuando los ingleses se convencieron de que Rada no sabía nada de los Exocet lo condujeron hacia un campo de prisioneros con numerosos hematomas en todo su cuerpo. Hasta el día de hoy Rada jura que un chileno lo interrogó en Malvinas.

Con los ingleses nuevamente instalados en las islas, el pago recibido por Chile por su colaboración con la victoria británica fue grande y en algún momento hasta pareció desmedido.

A través de FAMAE (Fábricas y Maestranzas del Ejército, propiedad del Ejército chileno), el gobierno de Pinochet firmó en 1984 un acuerdo de cooperación por 66 millones de dólares con la empresa británica Royal Ordenance para desarrollar el "Rayo", un sistema de lanzamiento de cohetes con un alcance de cuarenta kilómetros.

La Fuerza Aérea y su empresa ENAER (Empresa Nacional de Aeronáutica) formaron a instancias de Pinochet un consorcio con la British Aerospace, el fabricante de los aviones Harrier y los misiles Sea Dart usados contra los aviones argentinos.

También hubo ventas de unidades navales de Gran Bretaña a la Armada de Chile a precios inferiores a los del mercado. La Armada chilena recibió del Reino Unido entre 1984 y 1986 los cuatro cruceros pesados tipo County que habían combatido en la Task Force británica en Malvinas[97]. Entre ellos estaba el *Glamorgan*, que tuvo que ser prácticamente reconstruido tras ser golpeado por un Exocet argentino en los días finales de la guerra. Dos fragatas clase Leander (la *Achilles* y la *Ariadne*) fueron también entregadas a Chile. El petrolero *Tidepool*, aquel que volvió a la flota británica los primeros días de la guerra, fue devuelto en agosto de 1982 a Chile. En 2003 llegó la fragata británica *Sheffield* al puerto de Valparaíso para incorporarse en la flota chilena bajo el nuevo nombre de *Almirante Williams*. El buque había recibido en 1984 la denominación del navío hundido durante la guerra de Malvinas por los aviones argentinos. Otras dos fragatas similares a la *Sheffield* serán entregadas a Chile en años venideros.

Como si la provisión de armas a Chile no fuera suficiente para agradecer la alianza durante la guerra, tras el conflicto Gran Bretaña le cedió la base antártica de Adelaide Islands, en una zona reclamada por la Argentina.

El 14 de junio de 1982, las tropas terrestres y navales chilenas volvieron a la normalidad cuando se produjo la rendición de la guarnición argentina en Malvinas. La cooperación entre Gran Bretaña y Chile durante la guerra quedó guardada en los archivos secretos. Si bien las sociedades argentina y chilena "sabían" de la alianza entre Londres y Santiago de Chile durante el conflicto, no existían pruebas públicas para sustentar las sospechas.

Pero el 2 de noviembre de 1999 el dictador Pinochet fue detenido en Inglaterra por orden del juez español Baltasar Garzón. El magistrado investigaba el asesinato de españoles durante la dictadura en Chile. Pinochet había llegado a Gran Bretaña invitado por las fábricas de armamento del Reino Unido.

El 9 de octubre, la baronesa Margaret Thatcher pidió la palabra durante la conferencia anual del Partido Conservador británico. En su encendido discurso de defensa del ex dictador chileno ante sus camaradas conservadores, reveló:

—Chile entregó oportunas alertas de inminentes ataques aéreos argentinos que permitieron a la flota británica tomar acciones defensivas. El valor de esa ayuda en información de inteligencia se probó cuando faltó. Un día, cerca ya del final del conflicto, el radar chileno de largo alcance debió ser desconectado debido a problemas de mantenimiento. Ese mismo día —el 8 de junio de 1983, una fecha guardada

---

[97] Se trata de los buques *Norfolk* (1982), *Antrim* (1984), *Glamorgan* (1986) y *Fife* (1987).

en mi corazón— aviones argentinos destruyeron nuestros buques *Sir Galahad* y *Sir Tristan*. Eran barcos de desembarco que trasladaban muchos hombres y los ataques dejaron entre ellos muchas bajas. En total unos 250 miembros de las fuerzas armadas británicas perdieron la vida durante esa guerra. Sin el general Pinochet, las víctimas hubiesen sido muchas más[98].

Thatcher fue luego a visitar a Pinochet a la residencia donde permanecía detenido y se dejó fotografiar tomándole la mano al ya anciano líder chileno.

El blanqueo de la cooperación durante la guerra trajo consigo una enérgica reacción de las autoridades argentinas y un tardío pedido de disculpas de parte del presidente chileno Eduardo Frei, asegurando que la ayuda a los británicos durante la guerra del '82 había sido obra de los militares entonces en el gobierno y no de la sociedad chilena.

Con el regreso de la democracia a Chile, Augusto Pinochet se retiró del Ejército y asumió como senador vitalicio en su país.

Desde el retiro, el ex hombre fuerte de Chile siguió gestionando negocios vinculados a las armas entre las fuerzas armadas chilenas y los consorcios británicos. Claro que estas gestiones no fueron realizadas en forma gratuita, sino que inauguraron una etapa de redituables ganancias personales para el ex dictador y su familia.

Las investigaciones posteriores de la Justicia chilena permitieron ubicar depósitos secretos del ex dictador en el extranjero por más de 25 millones de dólares.

Según el periodista argentino Rogelio García Lupo, en el momento de su detención en el Reino Unido, Pinochet reclamaba sus comisiones por haber facilitado la adquisición de naves de guerra británicas por parte de la Marina chilena. La misma fuente señala que el total de lo reclamado por Pinochet ascendía a 4,43 millones de dólares. Esa suma resultaba de deducir el 1% del total de las compras navales de Chile gestionadas por Pinochet mientras estuvo al frente del Ejecutivo chileno.

A fines de agosto de 2005 Fernando Matthei, el ex jefe de la Fuerza Aérea chilena durante la guerra, dijo:

—Hice todo lo que tenía que hacer para defender a Chile. A mí me pagaban para eso. La amistad con los argentinos era problema de otros. Yo hice todo lo posible para que la Argentina perdiera la guerra de las Malvinas.

---

[98] Entrevistas realizadas a Fernando Matthei por Patricia Arancibia Clavel ya citadas.

Durante y después de la guerra Margaret Thatcher y sus partidarios afirmaron que la recuperación de Malvinas había sido también la lucha entre la democracia y un régimen que imponía el terror a sus ciudadanos. Incluso hasta el presente, algunos historiadores británicos sostienen que la caída de la dictadura argentina un año después de la derrota en Malvinas fue un aporte del Reino Unido a favor del pueblo argentino. Sin embargo, pese a su discurso democrático, el gobierno en Gran Bretaña no dudó en aliarse con el régimen del dictador chileno Augusto Pinochet, gobierno que fue tan brutal con su pueblo como la Junta que gobernó a la Argentina entre 1976 y 1983.

Como resultado de la cooperación chilena con Gran Bretaña se dio una situación curiosa. Muchos buques de la Armada chilena comprados a Inglaterra son veteranos de la guerra del '82. La Armada actual de Santiago es una copia a escala pequeña de la Task Force británica que combatió en Malvinas.

La Argentina repuso solamente una pequeña parte del material que perdió en Malvinas, de manera que si se diera un hipotética guerra entre Chile y la Argentina veinticinco años después de 1982, volvería a enfrentarse un reparto similar de barcos y buques con escarapelas diferentes en uno de los bandos.

Gran Bretaña exportó a Chile sus cicatrices de guerra. Al igual que la ominosa herencia dejada por el gobierno de Pinochet en Chile, sólo el tiempo podrá borrar las huellas de una guerra fría que durante setenta y cuatro días estremeció el sur de los Andes y aún sigue pendiendo sobre las sociedades de ambos países, como la bandera chilena se inclina sobre quienes toman un trago en el Globe Tavern de Puerto Argentino.

Capítulo 12

El Ave Fénix y el átomo, o cómo evitar que se frene una guerra

◆

E l bombardeo japonés a la base de Pearl Harbor el 4 de diciembre de 1941 marcó el ingreso de los EE.UU. en la Segunda Guerra Mundial. El lanzamiento de las bombas nucleares sobre Hiroshima y Nagasaki por parte de un bombardero norteamericano B-29 fue, cuatro años más tarde, el que dio por terminado el conflicto bélico. La guerra de Malvinas se encargó de unir a ambos, a Pearl Harbor y a la era atómica, en un mismo y trágico acontecimiento.

En las viejas crónicas argentinas se relata la llegada al país del crucero estadounidense *USS Phoenix* en 1938. El *Phoenix* era un crucero de la clase Brooklyn botado el 13 de marzo de ese mismo año, que llegó a Buenos Aires durante una gira de exhibición por diferentes puertos del continente. Pasaría más de una década antes de que volviera al mismo puerto enarbolando la bandera argentina en su mástil mayor.

En las primeras horas del 4 de diciembre de 1941 cientos de aviones japoneses se lanzaron sobre la flota norteamericana estacionada en la base de Pearl Harbor, en la isla Hawai. Entre los buques que explotaban y el humo de los incendios, un crucero se escurría de los ataques. Era el *USS Phoenix* que, navegando a toda máquina, evitaba las bombas y los torpedos japoneses.

Al finalizar el día, entre el caos y la destrucción que dominaban la base, el *Phoenix* resaltaba ileso entre las cenizas del puerto. Su nombre se inspiraba en una ciudad norteamericana, pero también en un ave de la mitología griega que simboliza el renacimiento perpetuo.

Desde el fin de la Segunda Guerra Mundial las marinas de las grandes potencias fueron seducidas por la era atómica. Pasaron pocos años antes de que flotillas enteras de submarinos propulsados por energía nuclear y armados con misiles atómicos dominaran el escenario estratégico de la Guerra Fría. Fue este cambio de escenario el que dejó a los viejos buques acorazados como el *Phoenix* en la obsolescencia.

Pero para las marinas del Tercer Mundo, dejadas de lado en la carrera nuclear por limitaciones económicas y tecnológicas, los cruceros armados con hileras de grandes cañones todavía eran una pieza preciada para armar sus escuadras.

El crucero *Phoenix* estaba en la lista de buques que la Armada estadounidense había puesto a la venta tras la Gran Guerra. Permaneció anclado desde julio de 1946 en el puerto de Filadelfia hasta que en octubre de 1951 fue sacado de la reserva para ser enviado a la Argentina. El gobierno del general Perón pagó por el ya veterano crucero una cifra cercana a los cuatro millones de dólares. En su viaje hacia su nuevo hogar el crucero lució su nuevo nombre: *17 de Octubre*. El nombre, que recordaba la movilización popular que llevó hasta la cima de la política argentina al general Perón, era consecuencia de la insistencia del régimen que gobernaba la Argentina por imponer la liturgia justicialista en cuanto objeto mueble o inmueble tuviese disponible. Un segundo crucero gemelo del *Phoenix* fue vendido también a la Argentina por una cifra similar: el *USS Boise*, que pasó a llamarse *9 de Julio* cuando un buque con el mismo nombre fue dado de baja por la Marina argentina.

Luego vino la revolución de 1955 que derrocó a Perón. *El 17 de Octubre* se volvió contra su antiguo jefe y pasó a las filas del levantamiento militar que derrocó al gobierno justicialista. Durante la rebelión, apuntó sus quince cañones de 152 milímetros hacia la Casa de Gobierno donde Perón meditaba sus posibilidades de resistir el derrocamiento, mientras a bordo del crucero se reunía la plana mayor de los marinos sublevados para esperar la respuesta al ultimátum enviado al presidente. Fue también en la cámara principal del crucero donde los enviados de Perón firmaron un documento para aceptar la derrota.

Perón fue desterrado y el nuevo gobierno militar se apuró a borrar todo rastro de la presencia del régimen peronista. El crucero recibió el nuevo nombre de *General Manuel Belgrano* el 22 de septiembre de 1956.

En 1968 el buque fue sometido a extensos trabajos de modernización. Sus cañones, aunque poderosos, estaban quedando obsoletos frente al desarrollo de nuevas tecnologías misilísticas. Fue en ese año que se le agregaron al crucero lanzadores de misiles antiaéreos Sea Cat fabricados en Gran Bretaña. También se le montaron misiles antibuque Exocet que transformaron al viejo buque en una formidable nave de combate para la época.

Cuando comenzó la guerra de Malvinas, el *General Belgrano* fue enviado al Atlántico Sur para encabezar la Fuerza de Tareas 79.3. El crucero iba escoltado por dos viejos destructores, el *Bouchard* y el *Piedrabuena*, ambos fabricados por los norteamericanos durante la Segunda Guerra Mundial. Junto a ellos iba el anticuado petrolero *Puerto Rosales*, cuyo motor no dejaba de producir ruidos que hacían fácil la detección por parte de los submarinos británicos. Hacia el norte, acompañado por las unidades más modernas de la Armada argentina, navegaba el portaaviones *25 de Mayo*.

El convoy encabezado por el crucero *Belgrano* dejó el puerto de Ushuaia el 24 de abril de 1982, según informó el cónsul chileno en esa ciudad al embajador del Reino Unido en Santiago de Chile[99]. El comando naval británico dispuso entonces que el submarino nuclear *Conqueror* se dirigiera a la zona para encontrar y seguir a la flotilla argentina.

Darío Volonté había ingresado a los 15 años a la Armada argentina. Egresado con las más altas calificaciones, a comienzos de 1982 se preparaba para comenzar un viaje alrededor del mundo en la fragata *Libertad*, un gigantesco velero de tres mástiles de la Marina argentina.

Recuerda Volonté:

—Llegué a hacer un viaje a Uruguay, creo que fue a Montevideo. Luego volvimos a Buenos Aires. Y ahí fue donde se vino la hecatombe. Creo que fue un lunes, después de un franco de sábado y domingo. Estábamos en el apostadero naval en Buenos Aires y nos dijeron que necesitaban oficiales que operaran máquinas. Nos pusieron en el tren que va a Bahía Blanca y así es como fui a parar al crucero *Belgrano*.

En la tarde del 29 de abril el capitán de navío Héctor Bonzo, comandante del *Belgrano*, recibió la orden de dirigirse hacia un punto situado al sur de las Malvinas. Mientras el *Belgrano* y sus escoltas navegaban desde el sur, el portaaviones *25 de Mayo* intentaría acercarse

---

[99] Rubén Moro, *La guerra inaudita*, Pleamar, Buenos Aires, 1985, pág. 155.

desde el norte para tomar al enemigo entre dos frentes y obligarlo a retirarse de las aguas malvinenses.

La idea era solamente amedrentar a los británicos ya que sabían que no podían empeñarse en un combate aeronaval sin exponerse a perder muchos buques en la lucha contra las modernas unidades del Reino Unido.

El 29 de abril, mientras el *Belgrano* se dirigía hacia Malvinas, los operadores del crucero interceptaron la transmisión de una radio extranjera que anunciaba el hundimiento del buque. Aunque desmentida luego por la misma emisora, lo que para muchos fue un presagio para otros sigue siendo evidencia que desde Londres ya se había decidido el destino final del crucero argentino[100].

A bordo del submarino nuclear *Conqueror*, los marinos recibieron la orden del capitán Christopher Wreford Brown para alistarse para el combate. A través de un sistema de comunicación codificada habían llegado desde Londres instrucciones para atacar al convoy argentino que encabezaba el *Belgrano*. La directiva contenía las coordenadas donde debían encontrar a su presa. Aunque el submarino llevaba sofisticados sistemas de detección, en un mar tan extenso como la propia Europa, los tripulantes del *Conqueror* dependían de esa información para dar con el crucero argentino que debían hundir.

Las comunicaciones del *Belgrano* y sus escoltas fueron monitoreadas desde Chile y es posible que esas intercepciones hayan resultado vitales para llevar al *Conqueror* al sitio exacto donde se encontraba el crucero argentino.

Con el bombardeo británico al aeródromo de Puerto Argentino el 1º de mayo, se inició la batalla de Malvinas. Al recibir la noticia del ataque británico, los oficiales del *Belgrano* supieron que se encontraban en una guerra real.

El submarino detectó a las unidades enemigas el 1º de mayo y se dispuso a atacarlas con sus torpedos. Pero, dado que habían salido ha-

---

[100] Héctor Bonzo, *1093 tripulantes*, Sudamericana, Buenos Aires, 1992, pág. 106.

cia Malvinas con demasiado apuro, nunca se habían podido solucionar los problemas en su sistema de puntería. El capitán ordenó que se lanzaran los torpedos como fuera posible. Los proyectiles salieron de los tubos y se perdieron en el océano cuando los cables que los guiaban se cortaron. Alertados por sus sonares, los buques que debían ser las presas se transformaron en perseguidores. Después del ataque fallido, el submarino argentino *San Luis* se posó en el fondo mientras las fragatas británicas *Yarmouth* y *Brilliant*, ayudadas por tres helicópteros Sea King, intentaban destruirlo con cargas de profundidad y torpedos. Tras veinticuatro horas de terror, el submarino *San Luis* fue dejado en paz por las bombas británicas y escapó de la zona.

A las 19 horas del 1º de mayo la Fuerza de Tareas 79.3 recibió la orden de retirarse hacia el continente. El petrolero *Rosales* dejó al grupo para buscar la protección en un puerto argentino. La transmisión con la orden de replegarse fue dada sin usar claves secretas para que fuera escuchada por los norteamericanos, los chilenos y los británicos[101]. Fue una forma elegante de avisarles que no tenían intenciones de atacar.

El crucero *Belgrano* puso proa al continente. El comandante Bonzo ordenó navegar en línea recta y a dieciséis nudos de velocidad. Dado que se retiraban, no mandó a que la nave viajara a toda velocidad y en zigzag como indicaban los manuales que debían hacer si sospechaban el riesgo de un ataque submarino. Dentro del *Belgrano*, gran parte de la tripulación fue enviada a tomar un descanso para recuperarse de la tensión de las últimas horas. La guerra, al menos por el momento, se había terminado para el crucero.

Desde hacía al menos 24 horas el *Conqueror* venía siguiendo al *Belgrano* y sus escoltas. A las 16:30 del 1º de mayo, el comandante del submarino observó al buque argentino a través de su periscopio. Notó que había cambiado de rumbo y se dirigía al continente y así lo informó el capitán Wreford Brown a su superior en Londres.

La primera órden para hundir al *Belgrano* llegó al *Conqueror* el 2 de mayo a las 4:10, proveniente del camarote de Sandy Woodward, comandante de la Task Force británica. Cuando el capitán del submarino pidió al jefe de la Fuerza de Submarinos en el Reino Unido que le confirmara la orden, éste la anuló con el argumento de que Woodward

---

[101] El comodoro Rubén Moro afirma en su libro *La guerra inaudita* (pág. 158) que la orden fue dada de manera tal que sirviera de aviso a las fuerzas enemigas sobre las intenciones de retirar las naves de la zona de combate.

no podía tomar decisiones de esa naturaleza ya que los sumergibles nucleares no estaban bajo su comando.

A las 9:40 el comandante de la Fuerza de Submarinos británicos recibió desde el *Conqueror* la información de que el *Belgrano* y sus escoltas se estaban retirando. Pero, de acuerdo con la historia oficial de ese país, el marino nunca les hizo saber sobre el nuevo rumbo del *Belgrano* a los integrantes del gabinete de guerra en Londres y éstos siguieron pensando que el crucero se dirigía a atacar a la flota de Woodward.

A las 10:00 el gabinete de guerra ordenó al Comando Naval que procediera a hundir al crucero *Belgrano*. El permiso para atacar llegó al *Conqueror* a las 13:30 del 2 de mayo. Para asegurarse de interpretar correctamente la orden llegada desde Londres, el capitán Wreford Brown hizo que se repitieran dos veces las instrucciones antes de lanzar sus torpedos contra la enorme nave y sus 1.093 tripulantes.

Confirmada la intención del gobierno de Thatcher de torpedear al *Belgrano* fuera de la zona de exclusión y aun cuando ya no se dirigiera hacia la zona de combate, los armeros del *Conqueror* dudaron por un rato acerca del método que usarían para atacar al crucero argentino. Tenían a bordo los nuevos torpedos Marconi Tigerfish capaces de acertar en el blanco con gran precisión. Pero los Tigerfish habían sido diseñados para atacar a los livianos buques modernos y su carga explosiva quizá no fuera suficiente para causar daños en el casco acorazado del *Belgrano*. Además, esta clase de torpedos no era considerada confiable por muchos capitanes de submarinos ingleses luego de que uno de ellos, lanzado durante unas pruebas en Malta en 1967, diera un giro completo sobre su rumbo hasta casi impactar en la nave que lo había lanzado.

El capitán del *Conqueror* decidió que utilizaran los viejos torpedos Mark 8, proyectiles diseñados durante la Segunda Guerra Mundial que aunque eran más imprecisos llevaban suficientes explosivos dentro como para dañar severamente al casco blindado del *Belgrano*.

En las primeras horas del 2 de mayo, el presidente de Perú, Fernando Belaúnde Terry, planteó a la Argentina y el Reino Unido un plan para resolver la crisis. La propuesta contemplaba el retiro de las fuerzas de ambos países y la entrega de las Malvinas a un gobierno provisorio integrado por representantes de Estados Unidos, Alemania, Brasil y Perú, que administraría las islas interinamente hasta que ambas partes llegaran a un acuerdo definitivo sobre la soberanía de las Malvinas.

A las 15:57 tres torpedos salieron del *Conqueror*. El primero entró en la mitad del *Belgrano* y destrozó cuatro cubiertas. En algunas de ellas, los marineros dormían en sus literas. La explosión afectó la sala de generadores por lo que el buque quedó a oscuras y quienes estaban en su interior debieron apelar a su memoria para encontrar las escaleras y escotillas que los llevarían hacia los botes salvavidas. Fue allí donde murieron la mayor parte de los tripulantes, atrapados en las cubiertas mientras los incendios y las inundaciones cortaban las rutas de escape.

El segundo torpedo pegó en la zona de proa rasgando la cubierta con un hoyo de 25 metros de altura. La explosión provocó que la parte delantera del crucero se desprendiera y aceleró el hundimiento del *Belgrano*.

En declaraciones posteriores los marinos del *Conqueror* dijeron que su intención no había sido hundir al *Belgrano*, sino dañarlo de tal manera que ya no significara una amenaza contra los buques de su país. Pero fueron la fortuna de los británicos y la mala suerte de los argentinos las que quisieron que los dos torpedos afectaran tan gravemente al *Belgrano*. Dos torpedos, en circunstancias normales, no eran suficientes para provocar tanto daño en un buque tan grande y acorazado como ése.

El tercer torpedo impactó probablemente en el destructor *Bouchard*, que ante el riesgo de ser hundido se alejó a toda máquina mientras lanzaba cargas de profundidad para cubrir su retirada. Sin sonares adecuados ni medios modernos para detectar al *Conqueror*, las bombas del *Bouchard* nunca pusieron en serio riesgo al submarino atómico británico.

Marcelo Pérez era cabo maquinista en el *Belgrano*. Al momento del primer impacto, estaba en la sala contigua a la explosión. Recuerda el instante en que el torpedo británico destrozó el costado del crucero de un modo particular:

—Me acuerdo de que vivía en un edificio cuando era pibe y jugaba cuando el ascensor estaba por parar. Saltaba y me quedaba como en el aire. Bueno, eso mismo pasó cuando pegó el primer torpedo... levantó al crucero y quedamos todos en el aire.

El tenor Darío Volonté también estaba en una de las salas situadas en la misma cubierta donde se produjo la primera explosión. Su obsesión desde que subió al *Belgrano* fue saber cómo escapar si la nave era atacada. Ese desvelo fue quizás el que lo haya salvado de morir el día del ataque:

—Yo tenía una manía, típica de un virginiano obsesivo. En todos los simulacros de abandono subía y bajaba con los ojos cerrados todas las cubiertas hasta llegar arriba. Porque siempre pensaba que iban a tirar y si pegaban en los generadores, como pasó luego, el barco iba a quedar a oscuras. Entonces, en todos los simulacros iba con los ojos cerrados. Pero a veces espiaba un poquito para no romperme la cabeza porque ya me había pegado tres o cuatro golpes... Tampoco tenía ganas de andar rompiéndome la cabeza, porque capaz que no iba a pasar nada...

En minutos, las cubiertas inferiores se llenaron de llamas y de heridos atrapados por los raudales de agua que entraban por los costados del crucero herido. Unos doscientos cincuenta marineros murieron al quedar prisioneros en las salas que se inundaban o fueron muertos por el humo tóxico que despedían los fuegos generados por la explosión del primer torpedo.

Dentro del *Conqueror* los oficiales que operaban el sonar confirmaron que el buque argentino había sido alcanzado por dos torpedos. Una aclamación recorrió las cubiertas del submarino nuclear. La explosión de las primeras bombas de profundidad lanzadas por los destructores argentinos, aunque lejanas, obligó a los ingleses a iniciar las maniobras de evasión para alejarse de la zona donde se hundía el *Belgrano*.

Dentro del buque atacado los marineros trataban de llegar a la cubierta superior, donde se encontraban las balsas salvavidas. Recuerda Marcelo Pérez:

—Era nada más la necesidad de salir, queríamos salir a toda costa y no veíamos cómo lograrlo. En realidad, en ese momento no pensás nada. Cuando llegué a la puerta que daba a la última cubierta la encontramos cerrada. Ahí nos dio miedo, yo creo que en ese momento tomé conciencia y dije "me muero". Me quedé por un rato tratando de abrir la puerta hasta que desde afuera reventaron a "fierrazos" los candados que las trababan.

Volonté buscó también llegar a los botes salvavidas mientras sus sentidos le mostraban el espectáculo más dantesco que le tocó presenciar en toda su vida.

—Lo que más queda como recuerdo —dice Volonté mientras mira con los ojos bien abiertos hacia una esquina, como si viera frente a él nuevamente lo que relata— no es solamente lo que se ve, sino lo que se escucha y el olor, ¿no? O sea, el olor de la carne que se quema, el sonido de la gente que no puede escapar, de la gente que se está ahogando, y la visión de mucha gente hecha pedazos mientras vos estás saliendo... Pero en el momento uno se quiere salvar y trata de salvar a la gente que tiene ahí a mano, a los que sea posible salvar... Gente que estaba herida o a la que le faltaba alguna parte del cuerpo, que estaba ahogada o muy quemada...

A las 16:25 el capitán Bonzo ordenó abandonar la nave. Sin electricidad para poner en marcha las bombas de desagote y con el buque inclinándose peligrosamente hacia uno de sus costados, comprendió que ya no había nada que hacer para salvar al *Belgrano*. El ataque había dejado a la nave sin su sistema de altoparlantes, por lo que la orden de abordar las balsas corrió de boca en boca.

Para ese momento, la mayor parte de los marineros esperaba en la cubierta que fueran bajados los botes salvavidas al océano. Debajo de ellos, los incendios y el agua mataban a los que quedaban rezagados y a los heridos que no podían recorrer los pasillos y escaleras que conducían a la superficie.

A medida que pasaban los minutos, el crucero se acostaba sobre uno de sus costados como si quisiera mitigar el dolor que le producía la herida hecha por los torpedos. La inclinación hizo más difícil la tarea de abordar las balsas, que se bamboleaban entre las olas cada vez más lejos de la cubierta del buque.

A los marinos del *Belgrano* que habían logrado llegar a la cubierta desde donde se lanzaban las balsas al mar, todavía les esperaba el desafío de escapar del barco que se iba a pique. Volonté recuerda vívidamente los momentos en que esperaba para subir a uno de los botes salvavidas.

—Había una tormenta de la gran siete y justo me tocó una parte donde el barco estaba escorado para un costado. En ese momento la temperatura era de unos 20 grados bajo cero. Era mucho el frío. Yo no tuve tiempo de agarrar nada, porque si hubiera agarrado un gabán, por lo menos hubiera tenido con qué protegerme... Me acuerdo de que salí vestido con el pantalón y una camiseta. Y con eso aguanté hasta que nos rescataron. Había que ponerse al borde del barco y vos veías el oleaje y la balsa hacía esto —Volonté pone las manos frente a su cara y las mueve dibujando semicírculos que van desde un hombro al otro—. Y no es que la balsa la tenés ahí al lado para lanzarte adentro. Tenés que embocar y la balsa se está moviendo —dice el ex marino mientras vuelve a imitar el movimiento de las balsas— y vos estás acá para tirarte. Porque en esas latitudes, si te caías al agua, sonabas. La mayoría de los que se cayeron al agua murieron de frío o porque se les paraba el corazón. Si te caías con ropas de algodón al agua no contabas más el cuento. Yo por suerte caí adentro de la balsa, le pegué... Se tiraron, me acuerdo, dos o tres delante de mí. Había un rosarino, que se llama Cabanillas, que vive ahora en Ushuaia. Trabaja en el departamento de bromatología, creo. Y me acuerdo bien, estaba llorando al lado mío. Un tipo grandote, fuerte, un tipo buenísimo. Me dijo: "¡Qué cagada, Negro!". Se puso al costado y se puso a llorar, como que aflojó un poco la tensión. Y yo lo miré y dije: "Y bue', pero por lo menos todavía la contamos. Estamos acá arriba...".

A las 17 el *Belgrano* se fue al fondo del mar. Los tripulantes cantaron el himno nacional argentino para acompañar al crucero que, con un gran soplido de despedida provocado por el aire que escapaba de su interior, se hundió poco más de una hora después de haber sido torpedeado.

Cuando la tripulación de los anticuados destructores argentinos que acompañaban al crucero atacado se dio cuenta de que no podría cazar al submarino nuclear y que éste no estaba dispuesto a seguir la pelea, se dedicó a buscar a los náufragos. Habían pasado más de veinte horas desde el ataque.

Juan Carlos Robledo estaba a bordo del *Piedrabuena* cuando se produjo el ataque. Recuerda la razón por la cual no corrieron a auxiliar a los marineros del *Belgrano*:

—Nos alejamos de la zona donde estaban las balsas. No sabemos por qué, dicen que habían detectado el submarino debajo de las balsas, como que nos estaba esperando... Volvimos al otro día y empezamos el rescate a la noche.

El capitán Eduardo Costa, ex integrante de la Armada argentina, afirma que el destructor *Bouchard* avisó del ataque minutos después de que el *Belgrano* fuera alcanzado por los torpedos. Pero el destructor argentino sólo habría informado que había sido atacado, omitiendo decir que la nave insignia se hundía y que sus tripulantes estaban perdidos en el océano. El mismo autor afirma que el Comando Naval de Buenos Aires sólo se enteró de la pérdida del crucero cuando el teniente Castro Madero envió el 3 de mayo a las 17 un mensaje de auxilio desde una de las balsas. La versión de Costa explica por qué comenzaron tan tarde las operaciones de rescate.

A bordo de las balsas se amontonaban los sobrevivientes. Ateridos por el frío, algunos quemados o heridos, los marineros del *Belgrano* enfrentaron al embravecido océano. A las 18:30, apenas una hora y media después del hundimiento, se abatió sobre ellos una de las tormentas tan comunes en esas latitudes.

Las olas eran tan grandes que a veces enviaban las frágiles balsas debajo del agua. Tras unos segundos sumergidas, las embarcaciones volvían con un salto a la superficie. Allí volvían a encontrarse con formidables paredes de agua que sometían a los sobrevivientes a una danza enervante.

Marcelo Pérez recuerda el momento en que se inició la tormenta:

—Las balsas trepaban las crestas de las olas y caían, caían cinco, seis metros. Caían y te lastimaban la espalda. Era como estar dentro de un huevo, es como cuando de chico veía los embriones de los peces en la costa. Dentro de uno de ésos estaba.

Volonté vivió la misma tormenta desde otra de las balsas que intentaban mantenerse a flote, tarea que se hacía más difícil por los veinticinco sobrevivientes que había dentro de esa embarcación diseñada para diez personas.

—Siempre digo que las olas eran como las que se ven en una película en la que trabaja George Clooney, que se llama *La tormenta perfecta*. Eran olas de veinte, veinticinco metros, como edificios de agua que se te vienen encima, y la balsa sobreviviendo arriba de eso. Hubo momentos en que una de esas olas nos tapó y quedamos debajo del agua... estábamos con las manos sosteniendo el techo de la balsa y sentíamos el agua arriba. Sabíamos que estábamos debajo del agua... y yo dije acá se termina todo, lo primero que pensé... lo que más me dolía era... yo no le tenía miedo a la muerte, porque la muerte no puede durar mucho. Mi temor era por la gente que quedaba. Pensaba en mi madre. De golpe, sentimos que la balsa salió de vuelta a la superficie. Y yo dije "bueno, se salvó la vieja, no me salvé yo... se salvó la vieja" —los ojos del tenor se llenan en un instante de lágrimas y su voz empieza a perderse—. Claro, hay que pensar en mi vieja... había quedado viuda con 29 años y yo era el hijo mayor y quería ayudarla... y cuando sale la balsa dije... bueno, zafé —y enseguida se corrige como si hubiera dicho una blasfemia—, no zafé yo solo, zafó la vieja, gracias a Dios está bien ahora...

Las tormentas que se abatieron sobre las balsas se cobraron un número elevado de vidas entre los náufragos. Algunas embarcaciones se dieron vuelta por las olas y los que estaban adentro murieron ahogados. En otras, las tormentas destruyeron parte de las balsas y los que estaban adentro sólo pudieron aguantar por un par de horas antes de perecer congelados.

Para los que sobrevivían a la tormenta había dos prioridades absolutas: resistir hasta ser rescatados y esquivar el ataque constante del hambre.

—Las tormentas fueron de noche y entonces únicamente abríamos la balsa para achicar agua con los botines, con los zapatos —explica Pérez moviendo un zapato imaginario delante de sí—, achicábamos agua con eso. Me acuerdo de estar totalmente mojado, congelado. Pasamos mucha hambre, porque en la balsa apenas teníamos una barra de chocolate y un terroncito de azúcar para cada uno. Además, contábamos con medio litro de agua por persona. Pero si no tenés actividad física, el estar en el agua da mucha hambre y nosotros estuvimos demasiado tiempo sentados dentro de la balsa sin poder hacer mucho...

El mal tiempo hizo más difícil la tarea de los buques y aeronaves que fueron enviados tardíamente a rescatar a los sobrevivientes del naufragio. Por un lado, las grandes olas ocultaban de la vista a las barcas y las largas horas de oscuridad hacían más complicada la tarea de hallarlas en medio del mar. Por el otro, las nubes que viajaban casi pegadas al mar impedían a los aviones de búsqueda revisar el agua desde grandes altitudes y los obligaban a volar casi pegados a las olas desde donde la visibilidad era apenas suficiente para evitar chocar contra el océano.

Empujadas por el viento proveniente del noroeste, algunas de las balsas fueron casi hasta el borde del círculo polar antártico, en donde las temperaturas bajo cero son tan comunes como las tormentas. La balsa que llevaba al cabo Marcelo Pérez fue recogida a setenta kilómetros de la costa antártica.

Frente al frío insoportable que reinaba dentro de las balsas, los sobrevivientes improvisaron formas para no desperdiciar el calor que expulsaba su cuerpo.

—Yo por instinto el vómito me lo tiré acá dentro —explica un sobreviviente señalando su torso—, porque el vómito estaba caliente. La segunda vez que vomité me lo mandé por las axilas y los brazos, para estar lo más caliente posible. La ventaja es que el vómito cuando se enfría no larga olor. Por lo menos me calenté un rato y me hice la ilusión.

Para los que estaban a la deriva en el mar, el avistaje de un avión o un buque era la señal de que pronto podrían dejar las diminutas embarcaciones de salvamento.

—Como a las doce y media del día siguiente del hundimiento —recuerda Volonté— pasó un avión de reconocimiento que hizo una señal de luces, como que nos habían visto. El agua estaba más tranquila, ahí yo sentí que en las horas que faltaban iba a estar mejor. Fuimos rescatados por el aviso *Gurruchaga* a las nueve y media de la noche.

El *Bouchard* recogió a sesenta y cuatro sobrevivientes del *Belgrano*, mientras que el *Piedrabuena* alcanzó a rescatar a doscientos setenta y tres náufragos. Luego se sumaron el aviso *Gurruchaga* que rescató a trescientos sesenta y tres marineros y el cuerpo de otros dos y el buque de transporte *Bahía Paraíso*, que encontró setenta sobrevivientes y un total de dieciocho cadáveres. Al grupo de navíos que intentaba rescatar a los náufragos se les acercó el buque de la Marina chilena *Piloto Pardo* para asistirlos en la búsqueda.

El pesquero *Belokamensk* llegó algunos días después del hundimiento al puerto de Mar del Plata, donde depositó una lúgubre carga de tres cadáveres hallados en la zona del naufragio.

Cuando los marineros rescatados subían a bordo de las naves de salvamento, debían ser sometidos a cuidados urgentes. El frío y las heridas que algunos traían desde el ataque al crucero demandaron toda la atención de los marineros que los izaban a bordo. Pero para muchos sobrevivientes la prioridad era procurarse algo para comer incluso antes de conseguir prendas secas con que cubrirse:

—Me acuerdo —dice Darío Volonté acerca de los momentos posteriores a subir al destructor *Gurruchaga*— de que me dieron un caldo que me quemó la garganta, literalmente. Estaba hirviendo y me lo tragué como si fuera un vaso de Coca-Cola. Al otro día tenía como llagas, porque me lo tragué hirviendo... pero en el momento fue una sensación de placer... fue uno de los placeres más grandes de mi vida. Y después fuimos a la cocina, estaban haciendo bifes en unas planchas grandes. Cuando se dio vuelta el cocinero agarré uno. Estaba cocido de un lado y crudo del otro... lo doblé en cuatro y me lo comí, lo engullí, no sé si lo mastiqué. El cocinero me vio comer la carne y me dijo "loco, están cagados de hambre". Yo le contesté: "Vos no sabés lo que es estar en la balsa, estoy muerto de hambre".

Juan Carlos Robledo estaba a bordo del destructor *Piedrabuena*. Dice que cada sobreviviente era tratado con la vieja receta de las abuelas argentinas: una sopa y a la cama.

—Esos muchachos cuando los rescatábamos te daban todo. Nosotros los subíamos, los desnudábamos, les dábamos ropa seca, a los que podían moverse bien los mandábamos a la zona de la caldera para que se recuperaran, les dábamos un caldo bien picante como para volverle el alma al cuerpo, digamos, y después los mandábamos a dormir.

Pero no todo era reencuentro. Algunas de las embarcaciones fueron halladas sin nadie dentro. Robledo asistió al avistaje de balsas vacías.

—Terminamos de rescatar al tercer día unos doscientos cuarenta compañeros. Cuarenta sufrían quemaduras o cortes por la explosión del torpedo. La primera balsa que encontramos estaba vacía. Fue terrible, porque era una balsa en la que cabían veinte compañeros, fue una experiencia que nunca voy a olvidar.

Trescientos veintitrés marineros murieron en el hundimiento del *Belgrano*. La mayoría de ellos estaba en el lugar donde impactaron los torpedos. El resto pereció a causa del frío y las tormentas que asediaron a las balsas mientras esperaban los buques de rescate.

La propaganda británica trató de atribuir la gran cantidad de muertes a la falta de adiestramiento de los marinos del *Belgrano*. De acuerdo con el relato de los sobrevivientes, la mayor parte de las víctimas murieron dentro del crucero al quedar atrapadas en las cubiertas afectadas por los torpedos o por causa de la demora en las tareas de rescate y no como consecuencia de errores en las maniobras de abandono del buque.

Apenas 408 de los 1.093 tripulantes del crucero eran conscriptos. El resto eran marinos profesionales. Ninguno de los relatos de los sobrevivientes habla de ausencia de pericia o caos generalizado a la hora de abandonar el navío que se hundía.

Los torpedos del *Conqueror* destruyeron también las gestiones del canciller Costa Méndez cuando éste estaba a punto de convencer a la junta argentina para que aceptara la propuesta del presidente peruano Fernando Belaúnde Terry. Antes de conocerse el ataque, sólo faltaba que el jefe de la Marina argentina, el almirante Jorge Anaya, aceptara la propuesta peruana y se diera la orden de cese del fuego.

El general Galtieri y el brigadier Lami Dozo se mostraban en general de acuerdo con Costa Méndez, pero querían un voto unánime de toda la junta antes de dar a conocer su aceptación. Mientras el canciller argentino y los representantes del Ejército y la Fuerza Aérea trataban de convencer al jefe de la Armada, le alcanzaron a Anaya un telegrama informándole del hundimiento del crucero *General Belgrano*.

—¿Cómo puedo justificar ante mi propia gente que firmemos un acuerdo cuando nos han hundido el *General Belgrano*? ¿Cómo puedo justificar la muerte de mis hombres? ¿Quién va a creerme que aceptar ahora no es por miedo sino por conveniencia? —habrían sido las palabras de Anaya cuando Galtieri y Lami Dozo intentaron persuadirlo en vano de que firmara la aceptación de la propuesta de Belaúnde Terry[102].

Horas después del hundimiento del *Belgrano* la embajada argentina en Washington emitió un duro comunicado en el que afirmaba que "ha llamado la atención la rapidez y precisión con que en esta oportunidad fue ubicado el crucero *General Belgrano*, hecho que denuncia que tal información habría sido facilitada por medios ajenos a la flota británica".[103]

El vocero del Departamento de Estado norteamericano Thomas Enders se hizo cargo de la acusación y se apresuró a desmentir que su país estuviera proveyendo de información satelital al Reino Unido. El comunicado de la embajada argentina no aclaraba si acusaba a Estados Unidos, Chile u otro Estado por facilitar el hundimiento del *Belgrano*, pero la administración de Washington no dudó en darse por aludida.

---

[102] El diálogo es reproducido por Eduardo José Costa en *Guerra bajo la Cruz del Sur*, Hyspamérica, Buenos Aires, 1988, pág. 258.
[103] Armando Alonso Piñeiro, *Historia de la guerra de Malvinas*, Planeta, Buenos Aires, 1992, págs. 88-89.

Era en vano que Estados Unidos negara tener la capacidad para observar los movimientos de la Armada argentina desde sus satélites y de pasarlos a quien acababa de ser blanqueado como aliado. El 10 de abril la revista británica *The Economist* había revelado que Estados Unidos seguía de cerca los buques argentinos desde sus satélites[104] y el propio presidente Reagan había sugerido que estaban al tanto del desplazamiento de los buques argentinos cuando llamó al general Galtieri el día anterior al desembarco del 2 de abril para persuadirlo de que frenara la operación.

Uno de los intentos más obtusos para justificar o minimizar las responsabilidades del capitán del *Conqueror* y de Margaret Thatcher en el hundimiento del *Belgrano* fuera de la zona de exclusión puede encontrarse en el libro escrito tras la guerra por los periodistas del diario británico *Sunday Times*. En la página 175 de la versión en castellano los periodistas hacen gala de un extraño razonamiento al decir: "...el alcance de la zona de exclusión nunca había sido correctamente definido, al menos para la tripulación del *Conqueror*. Los británicos habían declarado una zona de exclusión de 200 millas (320 kilómetros) alrededor de las islas, pero, ¿dónde se situaba el punto central a partir del cual debían calcular el radio?".

Después de la guerra, al igual que otros mil marinos, Darío Volonté dejó la Armada. Con el tiempo se convirtió en un famoso tenor y recorrió las principales óperas del mundo. El 3 de abril de 2003, Volonté entonó con voz potente canciones que hablaban del color de la bandera argentina ante los veteranos reunidos en la ciudad patagónica de Ushuaia. Sucedió durante un homenaje a los caídos en la guerra de Malvinas. Entre los ex combatientes que escuchaban a Volonté estaba Marcelo Pérez. Ésa fue la última vez que estuvieron cerca. Algún día, dice Marcelo, quizá se encuentren para recordar el tiempo en que viajaban juntos en la panza del crucero *Belgrano*.

El 2 de mayo de 1982, los torpedos del submarino atómico *Conqueror* dejaron fuera de combate a toda la flota argentina. Ésa es la conclusión obligada si se observa que tras el ataque al *Belgrano* toda la Marina argentina se refugió en los puertos del continente hasta que finalizó la guerra. Deben de haber sido los torpedos más efectivos en la historia de los conflictos.

[104] Ídem.

Aquel barco que estuvo presente el día en que Estados Unidos entró en la Segunda Guerra Mundial fue vencido finalmente por la tecnología que hizo que ese país la finalizara. Y la tecnología nuclear, al contrario de lo que sucedió en 1945, no fue usada en 1982 para acabar con el conflicto, sino para llevarlo a un punto sin retorno.

Capítulo 13

Operación Mikado

◆

E n 1976 un centenar de ciudadanos israelíes fueron secuestrados por un comando terrorista y llevados al aeropuerto de Entebbe en Uganda. Un grupo comando israelí recorrió 2.000 millas en un avión Hércules desde su base en el Sinaí y aterrizó imprevistamente en el aeródromo ugandés para rescatar a los 106 rehenes, objetivo que logró tras dejar un tendal de terroristas y soldados ugandeses muertos.

En mayo de 1982, el alto mando militar del Reino Unido proyectaba una operación similar a la de Entebbe para acabar con la amenaza de los misiles antibuque Exocet y los aviones Super Etendard que operaban desde la base argentina en Río Grande en la provincia de Tierra del Fuego. El casco del *Sheffield* descansaba ya en el fondo del Atlántico Sur como testigo silencioso de la efectividad de los aviones y misiles franceses utilizados por los argentinos. La orden de hallar un modo de acabar con ellos provino del gabinete de guerra de Margaret Thatcher[105].

El temor detrás de esa orden era que un nuevo ataque de los Exocet dejara fuera de la guerra a alguno de los portaaviones británicos, lo cual podría poner en riesgo el intento del Reino Unido para retomar las Malvinas.

En un principio, los analistas británicos consideraron atacar con aviones cazas Harrier o bombarderos Vulcan las bases continentales argentinas. Sin embargo, para lanzar los Harrier los portaaviones debían arriesgarse muy cerca de la costa, desde donde podían ser alcan-

---

[105] Nigel West, *The Secret War for the Falklands*, Little & Brown, Londres, 1997.

143

zados por los aviones de ataque argentinos, y los bombarderos Vulcan se habían mostrado demasiado imprecisos en sus intentos por destruir el aeropuerto de Puerto Argentino. Por otra parte, un bombardeo al continente podría disparar una reacción adversa de otras naciones latinoamericanas e incluso la aplicación del tratado de defensa regional TIAR, envolviendo a Latinoamérica en un peligroso juego bélico contra Gran Bretaña. Al menos eso habría sido lo que el presidente norteamericano Ronald Reagan le advirtió a Margaret Thatcher cuando se enteró de lo que planeaban hacer los ingleses.

Al inicio de la guerra, Sidney Edwards, oficial de los comandos británicos SAS (Special Air Services), viajó a Chile para coordinar la asistencia chilena al esfuerzo de guerra del Reino Unido. Una de las misiones de Edwards era estudiar la forma de infiltrar un grupo de comandos hacia la Argentina con el fin de observar la salida de los aviones que atacaban a la Task Force.

Los militares del Reino Unido necesitaban saber cuándo despegaban los aviones argentinos para alertar a su flota y, en particular, conocer cuándo lo hacían los Super Etendard cargados con misiles antibuque Exocet. De esta forma darían tiempo a los Harrier para interceptarlos. Pero luego se concluyó que aun con el alerta, los Harrier tendrían dificultades para llegar a tiempo a abatir a los jets argentinos antes de que éstos lanzaran sus misiles.

Con el consentimiento de Pinochet, Edwards obtuvo el permiso del jefe de la Fuerza Aérea chilena, el general Fernando Matthei, para comenzar su trabajo. Con un enlace satelital directo al cuartel de la Marina británica en Northwood, los comandos ingleses infiltrados en la Argentina y los que operaban en las bases del sur de Chile empezaron a transmitir información sobre la actividad en los aeropuertos argentinos.

Mediante los datos obtenidos por Edwards, los oficiales del cuartel central de los SAS de Stirling Lines en Hereford, Gales, comenzaron a planificar un raid de comandos contra la base de Río Grande. El director de los SAS, el brigadier Peter de la Billiere, se encargó de evaluar las posibilidades de éxito de la operación, un plan para dejar fuera de combate a la fuerza de aviones Super Etendard y misiles Exocet argentinos. La operación recibió el nombre clave de "Mikado".[106] Días después, el Escuadrón B del Regimiento 22 de los SAS iniciaba el entrenamiento para llevar adelante la misión.

El punto de partida del ataque contra los aviones argentinos sería la base norteamericana de Widewake, en la isla británica de Ascen-

---

[106] Michael Smith, *SAS "suicide mission" to wipe out Exocets*, Telegraph News, 8 de marzo de 2002.

sión. Desde allí, los aviones ingleses viajarían al menos diez horas hasta Tierra del Fuego. Los comandos de los SAS tendrían que aterrizar en Río Grande en dos aviones de transporte Hércules pintados con distintivos y camuflaje idénticos a los usados en las aeronaves militares argentinas.

Un grupo de aviones cisternas acompañaría a los Hércules a lo largo de su viaje a la Argentina para traspasarles combustible en vuelo. Una vez que éstos estuvieran en el tramo final de su viaje, las cisternas debían retornar a Widewake.

Ya en tierra, desde los aviones de transporte desembarcarían a cincuenta y cinco soldados y tres Land Rovers artillados. Unos quince hombres se encaminarían hacia donde estuvieran estacionados los cinco Super Etendard con el fin de sabotearlos o destruirlos. Otro grupo haría lo mismo con los tres misiles antibuque Exocet que quedaban en los arsenales de la base. El tercer grupo de comandos se dirigiría a las barracas donde dormían los diez pilotos de la 2ª Escuadrilla de Caza y Ataque de la Marina para asesinarlos. Terminada la faena, los británicos tendrían que usar explosivos para abrir un cráter en la mitad de la pista de la base de manera de impedir que fuera usada por los aviones a reacción argentinos. Si el tiempo alcanzaba, los SAS deberían destruir los seis cazas Dagger y los aviones de reconocimiento marino Neptune[107] que también estarían estacionados en el aeropuerto.

—Durante una semana practicamos vuelos rasantes y asaltos en aeropuertos del norte de Irlanda —relató tras la guerra un ex integrante del comando SAS—. Mi trabajo en particular era asaltar el salón de oficiales y matar a todos los pilotos que se encontraran allí[108].

Para llegar a Tierra del Fuego, en donde se encontraba la base de Río Grande, los Hércules británicos deberían recorrer 11.700 kilómetros. Semejante recorrido haría necesario reabastecer a los Hércules en vuelo al menos en quince oportunidades. Esto significaba movilizar a la mayor parte de los aviones cisternas VC-10 Victor que poseía la Fuerza Aérea británica.

El 7 de mayo de 1982, Gran Bretaña solicitó al comando de la OTAN que se le cedieran aviones cisternas KC-135[109] usados por la alianza occidental para abastecer a sus naves en Europa. Los aviones de la OTAN podrían haber sido pedidos con el fin de ser utilizados en la Operación Mikado.

[107] Ver http://www.tropaselite.hpg.ig.com.br/UK_SAS_CAMPANHAS_FALKLANDS.htm.

[108] *The Herald* de Glasgow, Reino Unido, 20 de abril de 1995.

[109] Armando Alonso Piñeiro, *Historia de la guerra de Malvinas*, Sudamericana, Buenos Aires, 1992.

Antes de la llegada de los aviones cargados con tropas especiales británicas a Río Grande, otro grupo de comandos ingleses debía colocar una radiobaliza cerca del aeropuerto para que los dos Hércules se orientaran y pudieran encontrar la pista de la base argentina. Los encargados de llevar el artefacto de guía serían transportados hasta el continente por un Sea King lanzado desde un buque británico en el Atlántico. El helicóptero serviría también para evacuar a los atacantes en caso de que los Hércules fueran averiados durante el ataque.

La fase final de Mikado preveía el escape de los comandos a bordo de los aviones Hércules hacia Chile, en donde pedirían asilo con la excusa preacordada de un desperfecto mecánico en sus aeronaves. Si por alguna razón los aviones Hércules se veían impedidos de despegar nuevamente, los SAS tenían la orden de recorrer con sus Land Rovers artillados los 80 kilómetros que los separarían de Chile abriéndose paso a los tiros si era necesario.

El gobierno chileno recibió el pedido británico para darles refugio a los comandos que vendrían de Tierra del Fuego, pero postergó su respuesta para analizar las implicancias que tendría su participación en la fase final de la Operación Mikado. Por sus consecuencias, la decisión final de ser parte en el ataque a una base argentina no pudo haber dependido de ningún funcionario chileno inferior al presidente Augusto Pinochet.

Los temores sobre la viabilidad de Mikado crecieron entre algunos oficiales de los SAS ante la presunción de que la operación resultara finalmente en el sacrificio innecesario de un escuadrón completo de comandos. Un sargento de los SAS que se preparaba para el asalto a la base argentina pidió la baja tras un infructuoso intento de convencer a sus superiores de que la misión era un suicidio.

Un avión británico Hércules piloteado por Harold Burgoyne voló por encima de la Task Force británica el 16 de mayo. Debajo estaban el portaaviones *Hermes* y sus escoltas. Del cielo descendieron nueve paracaidistas que rápidamente fueron recogidos del mar por los helicópteros de la flota. Eran integrantes del escuadrón SAS que colocaría la baliza de guía para los aviones en Río Grande marcando la fase inicial de la Operación Mikado.

A medida que se acercaba la fecha de la operación, se multiplicaron los cuestionamientos entre algunos planificadores de los SAS hacia las posibilidades de éxito de la misión. Se objetó la distancia a recorrer hasta el blanco, que equivalía a transitar el mundo casi de polo a polo, o que se produjera algún imponderable, como un inconveniente con alguno de los aviones cisternas que dejaría a los Hércules urgidos de combustible en medio del océano o, lo que era peor, indefensos sobre territorio enemigo.

Los analistas de inteligencia recibieron luego otra mala noticia. El sistema de vigilancia desplegado por los argentinos en torno a Río Grande estaba lejos de ser ineficiente. Los datos llegados de los espías ingleses y chilenos indicaban que los incursores serían detectados treinta millas antes de llegar a Río Grande y si eran identificados como aviones enemigos seguramente serían derribados por los misiles y cañones que rodeaban la base.

El punto crucial de la ejecución era Chile. Si el gobierno de Pinochet no aceptaba recibir a los comandos tras el ataque, la operación corría peligro de convertirse en un suicidio planificado por carecer de una ruta de escape segura. Para Santiago, la cuestión no era sencilla, ya que la operación podría blanquear su apoyo a Gran Bretaña en la guerra e iniciar una escalada en el conflicto latente que sostenía con la Argentina.

Surgió entonces una segunda opción. El submarino diesel británico de la clase Onyx desembarcaría en la costa de Tierra del Fuego a los comandos, que luego deberían alcanzar a pie la base de Río Grande. Con cargas de demolición y misiles antitanque, destruirían aviones y misiles, para luego dirigirse a los dormitorios de los pilotos con el fin de asesinarlos. Terminada la faena, debían regresar a la costa para embarcar en los submarinos.

Un ensayo de desembarco de los SAS en la Malvina Occidental en botes lanzados por un submarino casi termina en catástrofe. El incidente mostró las dificultades que implicaba dejar a los comandos a kilómetros de la costa enemiga. Como consecuencia, esta opción fue descartada.

Finalmente el gobierno de Pinochet aceptó ser parte del ataque a la base argentina en una fecha cercana al 15 de mayo de 1982. A cambio, Pinochet obtuvo el compromiso de que el Reino Unido respaldaría política y militarmente a Chile frente a cualquier respuesta que la Operación Mikado generara en los militares argentinos.

Los rumores sobre miembros de los SAS operando desde suelo chileno después del 2 de abril eran frecuentes entre los militares argentinos. Por esa razón, los pasos fronterizos con Chile eran vigilados con celo, y parte de la flota argentina fue desplegada frente a las bases continentales para entorpecer la llegada de comandos desde submarinos.

El 29 de marzo de 1982 dos helicópteros Sea King HC-4VC especializados en incursiones furtivas del escuadrón 846 fueron llevados a bordo del portaaviones *Hermes* mientras la flota se aprestaba para dirigirse hacia el Atlántico Sur. Los Sea King fueron luego enviados al *Invencible*.

Quince minutos después de comenzado el día 18 de mayo, el Sea King HC-4VC matrícula ZA290 despegó desde el *Invencible* con rumbo al continente. Su piloto era el teniente Richard Hutchings, su copiloto el teniente Alan Reginald Courtenay Bennett y Peter Imrie era el navegante. En el interior del Sea King se acomodaba un grupo de nueve hombres de los SAS, los mismos que días antes habían saltado en paracaídas sobre la flota. Los comandos británicos llevaban la radiobaliza para guiar a los Hércules en su aproximación a la base de Río Grande.

El helicóptero Sea King penetró en el continente a través de la bahía de San Sebastián, donde la zona fronteriza entre Chile y la Argentina divide al estrecho de Magallanes. La elección de la ruta de penetración había sido desafortunada: cerca de allí había un depósito argentino de combustible para aviones, por lo cual la zona era intensamente vigilada.

Los comandos de los SAS desembarcaron y los helicópteros se ocultaron entre unas lomas cerca del río Silva, en pleno territorio de Chile. Ése era el lugar donde deberían esperar las órdenes para dar comienzo a la Operación Mikado[110]. Para el autor inglés Nigel West[111], el lugar de espera estuvo situado en la estancia Las Violetas en la zona argentina de la isla de Tierra del Fuego.

Dos aviones Hércules del Escuadrón Especial 47 despegaron de Ascensión en las horas siguientes para iniciar un viaje hacia Río Grande. Llevaban las matrículas XV-179 y XV-200.

La corbeta argentina *Bouchard* patrullaba la bahía Esperanza en la noche del 18 de mayo cuando detectó un contacto desconocido volando a unos 160 kilómetros por hora en dirección este, es decir, proveniente de Chile. El buque argentino localizó al intruso a 45 kilómetros al sur de Río Grande, casi sobre territorio argentino. Minutos más tarde el mismo buque volvió a detectarlo volando sobre un paraje llamado Estancia Braun, un campo argentino propiedad de una familia de origen inglés. Durante los siguientes cinco minutos el eco en el radar desapareció para luego ser detectado con rumbo sur dirigiéndose sobre espacio chileno hacia el faro de Punta Arenas.

El operador de radar del *Bouchard* informó al destructor *Piedrabuena* fondeado más al norte que tenía "un pajarito en la cotorra"[112], que en la jerga naval significaba un intruso detectado en su pantalla de radar. Minutos más tarde el radar de la base de Río Grande descubrió

---

[110] http://www.geocities.com/papilay/misionse.htm.
[111] Nigel West, *The Secret War for the Falklands*, Little & Brown, Londres.
[112] Oscar Raúl Cardoso, "Mikado: la operación que no fue", *Clarín*, 31 de marzo de 1996.

también el contacto. Las comunicaciones entre las naves, que eran monitoreadas desde Chile, confirmaron la detección de los helicópteros por parte de la Argentina.

El peligro de un ataque disparó la alarma en la base de Río Grande. Esa noche, los conscriptos y oficiales fueron movilizados en los alrededores del aeropuerto. Seis helicópteros argentinos fueron despachados para revisar la zona donde fue detectado el eco, sin encontrar nada anómalo.

Al tiempo que los sensores del helicóptero comando inglés indicaron que habían sido descubiertos por los radares argentinos, sus tripulantes vieron luces de bengala en el horizonte. Las tropas argentinas parecían haber detectado su llegada. Una segunda bengala fue observada más cerca del helicóptero y los tripulantes emitieron un mensaje para informar que la misión corría peligro. Por radio, indicaron al agente británico Edwards sobre el inconveniente. Desde Londres, Edwards recibió la orden de abortar la operación y se las transmitió a los pilotos del Sea King. Los Hércules que se dirigían a sabotear la base de Río Grande estaban ya cerca del objetivo cuando recibieron la orden de regresar a la isla de Ascensión[113].

Tras dejar a los SAS en un lugar hasta ahora desconocido, el Sea King aterrizó en el paraje de Cañada de los Ciervos a 23 kilómetros al sur de Punta Arenas. De acuerdo con Nigel West, el combustible a bordo no era suficiente para regresar a la base[114].

Los tripulantes del Sea King incendiaron la nave y destruyeron equipos de comunicación y claves. Para protegerse de la tormenta invernal, improvisaron un precario campamento entre los matorrales.

El ex almirante argentino Horacio Zaratiegui era el responsable del área durante la guerra. Asegura que el helicóptero SAS detectado por los radares argentinos provenía de Chile y no de un portaaviones[115] y que durante la guerra sospecharon del despliegue de aparatos ingleses desde ese país. A Zaratiegui no le faltaban razones para sospechar sobre la posibilidad de que se produjeran incursiones de los SAS en las bases argentinas: antes de la guerra había recibido entrenamiento en inteligencia en el Reino Unido y conocía el modo de operar de los británicos.

---

[113] Traducción del artículo del *Sunday Times* del 11 de noviembre de 1990, publicada en Buenos Aires por la *Revista Militar*, N° 742.

[114] Este argumento resulta poco sólido ya que en la planificación debiera haberse previsto el regreso de la nave.

[115] "Mensajes cifrados", *Clarín*, 31 de marzo de 1996.

Cuando la embajada de Gran Bretaña informó a las autoridades de Santiago que la tripulación de una de sus naves estaba varada en algún lugar del sur de Chile, se inició una nerviosa operación de cobertura. Si el hecho trascendía a la prensa, la colaboración estrecha que mantenían ambos países quedaría en evidencia.

Edwards pidió entonces ayuda al jefe de la Fuerza Aérea chilena. El general Matthei le dijo que ordenara a sus hombres que se dirigieran a Punta Arenas. En palabras del militar: "Le contesté que llegaran hasta un determinado punto de nuestra base aérea donde los esperaba un oficial de inteligencia nuestro. Allí les darían una tenida (ropa) de civil y los pondrían a bordo de un avión Lan Chile o Ladeco hacia Santiago, para que desde aquí tomaran otro hacia Inglaterra. Eso fue exactamente lo que se hizo. Deberían haber quedado internados acá, porque ésa es la ley, pero les propuse otra salida"[116].

En las horas siguientes, el Ejército chileno envió un helicóptero UH-1D a recoger a los tripulantes del Sea King. Encontrarlos no fue fácil; creyendo que estaban en territorio argentino, los pilotos se habían dirigido hacia el oeste, internándose en territorio chileno. Los comandos se entregaron seis días más tarde en un puesto de carabineros de la localidad del Parrillar, a veinte kilómetros del lugar del accidente.

Inexplicablemente por tratarse de especialistas en operaciones secretas, la decisión de la tripulación del Sea King de incendiar la nave impidió ocultar el fracaso de la misión.

Los restos del helicóptero fueron ubicados en la mañana del 19 de mayo por un pescador que se acercó al lugar al ver a lo lejos una columna de humo. La noticia sobre un helicóptero caído se extendió pronto y la población local comenzó a llegar al lugar para observar los restos de la nave. Alertados por la novedad, los funcionarios chilenos enviaron una motoniveladora para cubrir los rastros del accidente. Pero mientras esto ocurría, empezaron a llegar también periodistas al lugar. Entre ellos se encontraba el corresponsal del diario *Clarín* de Buenos Aires, Oscar Fernández Real. Aunque los carabineros no les permitieron acercarse, el fotógrafo Leonardo Zavattaro usó su teleobjetivo para hacer unas fotografías del helicóptero accidentado, imágenes que fueron publicadas el día 20 de mayo en *Clarín*[117].

---

[116] Entrevistas realizadas a Fernando Matthei por la historiadora y doctora en Historia de la Universidad Complutense de Madrid Patricia Arancibia Clavel en julio de 1999, publicadas en el diario *La Tercera*, de Santiago de Chile, el 24 de marzo de 2002.

[117] Oscar Fernández Real, "Misión secreta británica", julio de 1997, publicado en http://ar.geocities.com/laperlaaustral/mision.

Recuerda Fernández Real que fueron detenidos por tres hombres que se identificaron como detectives de la Dirección de Seguridad chilena a poco de fotografiar el accidente. Luego de ser obligados a revelar el material fotográfico que habían obtenido en Cañada del Ciervo, sólo se les requisó una de las fotografías en donde aparecía un helicóptero chileno.

La versión oficial chilena y británica señaló que el helicóptero con sus tres tripulantes había llegado a territorio continental debido a una desorientación y que un desperfecto mecánico había precipitado la nave a tierra. Sobre los nueve SAS nada se comentó y hubo que esperar que el paso de los años revelara su presencia a bordo del Sea King.

Los tres tripulantes y los nueve comandos fueron llevados a Santiago y se los alojó en casas particulares lejos de la mirada de la prensa. Las reglas internacionales indicaban que al menos los tripulantes "blanqueados", es decir la tripulación del helicóptero, debían permanecer internados hasta que se terminara el conflicto. El gobierno chileno sostuvo que no había una guerra declarada entre la Argentina y Gran Bretaña, por lo que no tenía sentido retenerlos, y los dejó partir.

El otro Sea King HC-4VC del escuadrón 846 probablemente cayó al mar en la noche del 18 de mayo. Dieciocho comandos, dos soldados y un tripulante murieron en el accidente. Los británicos sostienen que la tragedia fue seguramente causada por un albatros que se introdujo accidentalmente en el motor.

Sin embargo, algunos autores argentinos[118] señalan que esa clase de aves no tiene hábitos nocturnos y que rara vez se encuentran a la distancia de la costa donde los ingleses afirman que se produjo la caída. Los detractores de la "hipótesis del albatros" especulan que el accidente podría ser un intento por ocultar la pérdida de integrantes de los SAS en otras circunstancias y que las muertes podrían haber transcurrido en el continente.

El mismo día del accidente, tres botes neumáticos abandonados fueron hallados frente a la ciudad de Río Grande[119]. No se trataba de equipos argentinos. Joaquín Bocazzi sostiene que ese día el destructor argentino *Bouchard* disparó en esa zona contra blancos no identificados que se aproximaban desde el mar a la base de Río Grande.

[118] Entre los que se encuentra Rubén Moro, autor de *La guerra inaudita*.
[119] Joaquín Bocazzi, *Compilación Malvinas*, Ediciones Gráficas Sur, Buenos Aires, mayo de 2004.

El 23 de mayo por la tarde, un radar en Santa Cruz detectó tres ecos de radar a 62 millas de la base aproximándose desde el mar a una velocidad de 280 kilómetros por hora. Dos aviones IA-58 Pucará y un Mirage III despegaron para investigar la zona sin encontrar nada.

Tras la guerra Sidney Albert Edwards perdió su trabajo en los SAS y fue a parar a prisión cuando quiso organizar un envío ilegal de armas a Croacia en 1992. El contrabando fue descubierto en el aeropuerto de Budapest, cuando los inspectores aduaneros abrieron dos containers gestionados por Edwards y encontraron numerosas armas en su interior, muchas de las cuales habían sido manufacturadas por FAMAE, la fábrica de armas del Ejército chileno.

Aunque extraoficialmente la misión Mikado y sus variantes fueron un fracaso, el piloto del Sea King incendiado en Chile, Richard Hutchings, y su copiloto, Alan Bennett, fueron condecorados con la Cruz de Servicios Relevantes. El otro tripulante, Peter Imrie, recibió la Medalla de Servicios Relevantes. Ningún otro piloto británico de Hércules recibió una distinción semejante por su actuación durante la guerra de Malvinas.

Los militares argentinos tuvieron su propia gran operación comando malograda. La denominaron "Operación Buitre" y estaba pensada para la primera quincena de junio de 1982.

El alto comando argentino proyectaba el envío mediante helicópteros de sesenta comandos del Ejército y buzos tácticos de la Marina a la retaguardia de las tropas inglesas en Fitz Roy, Darwin y San Carlos[120]. La imaginación de algunos estrategas incluso llegó al punto de proponer el lanzamiento de miles de paracaidistas para rodear a las tropas inglesas en las afueras de Puerto Argentino.

La iniciativa de enviar comandos fue tomada tan en serio que algunos helicópteros pesados que eran necesarios en Malvinas para trasladar tropas, armas y heridos fueron enviados al continente en los últimos días del conflicto para ser usados en la Operación Buitre. Cuando se supo que el general Menéndez estaba a punto de firmar la capitulación de Puerto Argentino, la operación fue abortada.

Las grandes operaciones parecieron tener un fin prematuro durante la guerra de Malvinas. Sólo las pequeñas incursiones como el

---

[120] Horacio Mayorga, *No vencidos*, Planeta, Buenos Aires, 1998.

desembarco del 2 de abril y el ataque inglés al aeropuerto de Pebble Island dieron resultados satisfactorios. La guerra no dejó espacio para que las tropas de elite pudieran cambiar el curso de los acontecimientos. Quizá gracias a esa circunstancia la cifra de muertos no fue mayor.

Capítulo 14

Instalación de Tiro Berreta

◆

A partir del 1º de mayo los bombardeos nocturnos de los buques británicos sobre las posiciones argentinas se habían tornado parte de la rutina en Malvinas. Después de cada atardecer los proyectiles navales cayeron impunemente cada noche sobre los defensores hasta el fin de la contienda.

A mediados de mayo el teniente de fragata argentino Julio Pérez propuso a sus superiores crear un sistema para lanzar los misiles Exocet desde tierra. Ni siquiera la empresa fabricante del misil, la francesa Aerospatiale, había terminado de desarrollar una batería terrestre para los Exocet. Pérez es un ingeniero electrónico experto en los misiles franceses. El año anterior a la guerra había estado en Francia como delegado técnico de la Armada argentina durante la entrega del primer lote de misiles Exocet y aviones Super Etendard[121].

El contraalmirante Walter Allara, jefe de la flota argentina, consultó al almirante Juan José Lombardo sobre si valía la pena el intento y éste le dio el OK para comenzar a trabajar de inmediato. Pérez convocó a dos jóvenes ingenieros llamados Antonio Shugt y Luis Torelli, y comenzó a trabajar en las instalaciones militares de Puerto Belgrano[122].

Lo primero que hizo el equipo de Pérez fue descargar uno de los lanzadores dobles de Exocet que estaba a bordo de la corbeta *Guerri-*

---

[121] Entrevista de Santiago Aversa al ing. Julio Pérez publicada por *Fuerzas Navales Magazine* Nº 18, Buenos Aires: http://www.fuerzasnavales.com/magazine.htm.
[122] Relatado al autor por el almirante Juan José Lombardo.

co[123] ya que estaba en reparaciones por haber sido dañado semanas antes en la toma de las Georgias.

Pérez y su equipo debían lograr "engañar" al misil. Si no conseguían convencer a la computadora del Exocet que aún se hallaba a bordo del *Guerrico*, el misil simplemente no saldría de su tubo y todo el trabajo sería inútil.

Los ingenieros pasaron hora tras hora conectando y desconectando cables hasta que al cuarto día lograron engañar al misil. Durante esos días durmieron muchas veces en el galpón donde trabajaban. A esa altura, el aparato que estaban armando recibió el nombre de ITB o "Instalación de Tiro Berreta".

El paso siguiente fue darle al lanzador la potencia necesaria para operar. La solución fue un viejo aparato Siemens fabricado en 1938 en Alemania para alimentar a los enormes reflectores antiaéreos de la Segunda Guerra Mundial. Aunque el aparato fuera más viejo que los que trabajaban con él, era el único capaz de generar los 400 watts de potencia que necesitaba la ITB.

La ITB estuvo lista una semana después de comenzado el trabajo y el 22 de abril fue llevada en avión desde la base Espora en la provincia de Buenos Aires hacia Comodoro Rivadavia. Shugt y Torelli quedaron en la base de Puerto Belgrano, mientras que Pérez viajó con el lanzador a Malvinas.

Los aviones que llevaban la ITB esperaron dos días mientras aguardaban la orden para realizar el cruce a Malvinas.

Tras despegar, el avión Hércules hizo la mayor parte del viaje a pocos metros del mar para evitar ser detectado por los aviones y barcos británicos. Cuando estaba cerca de su destino, recibió la orden de regresar ya que el aeródromo de Puerto Argentino se encontraba bajo fuego. A causa de los nervios vividos en el intento por llegar a Malvinas, ni bien volvió a Comodoro Rivadavia, el ingeniero Pérez compró un cartón de cigarrillos y volvió a fumar después de dos años de abstinencia.

Un segundo intento de llevar el lanzador a Malvinas también fue maiogrado por la amenaza de los aviones y buques ingleses. Por fin, en una tercera tentativa, los equipos llegaron a Puerto Argentino a las 20 horas del 31 de mayo.

Cuando arribaron la ITB y sus operadores, se les asignó un grupo de soldados de la Armada de custodia e instalaciones cercanas a Puer-

---

[123] Posteriormente Pérez diría que el lanzador provino del destructor *Seguí*.

to Argentino para que escondieran la batería. Los infantes de Marina equipados con misiles antiaéreos portátiles de procedencia rusa y fusiles tenían que vigilar que la ITB no sufriera ataques de los comandos que operaban infiltrados en la ciudad.

Los operadores de un radar norteamericano Westinghouse del Ejército comenzaron a trabajar con los ingenieros navales. El misil necesita datos sobre el lugar donde se encuentra el blanco. Esa información debe ser provista por un radar. Obviamente, el Westinghouse no era el tipo de artefacto que el Exocet utilizaba de manera habitual, por lo que el ingeniero Pérez y los operadores del radar debieron ponerse a trabajar nuevamente para que el misil y el radar lograran "entenderse". Lo consiguieron traduciendo los datos que entregaba el radar al lenguaje del lanzador mediante una calculadora de mano marca Hewlett-Packard que llevaba Pérez en su equipaje.

La asociación forzada entre el Exocet y el radar tenía sus limitaciones: el artefacto solamente patrullaba el horizonte pero no podía buscar un blanco en una zona determinada. Esto significaba que el blanco debía pasar por delante del radar y sólo entonces el misil podría lanzarse contra el buque.

El lanzador tampoco podía apuntarse ya que los contenedores del Exocet estaban soldados al carretón que los transportaba. De manera que los operadores tenían que moverlo con palancas hacia uno u otro costado y ajustar la altura con una grúa hasta tener la posición óptima para el disparo.

Se decidió que el mejor lugar para disparar el lanzamiento del Exocet era el istmo que forma el camino entre el pueblo y el aeropuerto, al lado de una playa en la península de Freycinet. La rutina era esperar a las 18 horas para sacar el sistema de puntería y colocarlo en posición con la ayuda de un jeep Land Rover. La batería del jeep servía para dar energía al radar.

Luego llegaba el lanzador con una grúa portátil que era utilizada para poner cada uno de los tubos de 1.800 kilos en posición de lanzamiento. A eso de las 20:30 horas llegaba el generador a la posición. Recién entonces comenzaba el trabajo de conectar cables y apuntar los misiles en la dirección donde se creía que pasarían los barcos ingleses. Sólo el lanzador pesaba unas seis toneladas y una vez en posición era movido únicamente con la fuerza de los conscriptos y oficiales del grupo. En el momento en que el sistema estuviera listo para disparar, probablemente el reloj marcaría las 22 horas.

Los operadores se mantenían alertas el resto de la noche esperando que algún barco inglés se pusiera a tiro y, si esto no sucedía, a las cinco de la mañana todas las instalaciones eran guardadas nuevamente en los depósitos, fuera de la curiosa mirada de los malvinenses, los satélites de la OTAN y los aviones de reconocimiento británicos.

La oportunidad para probar si la ITB funcionaba llegó finalmente el 1º de junio. Cerca de la medianoche un grupo de navíos británicos se aproximó a Puerto Argentino por el sur. Pérez y sus hombres alimentaron con los datos del blanco al lanzador y pulsaron los comandos para que el Exocet saliera disparado hacia el blanco. Pero no sucedió nada. El misil se negó a salir de su contenedor. Rápidamente, el segundo misil fue preparado y lanzado nueve minutos más tarde. Esta decisión fue un error, ya que Pérez había llegado a la conclusión de que debían esperar al menos unos veinte minutos entre uno y otro lanzamiento. A causa del apuro el misil salió disparado pero giró hacia la derecha y se perdió en la oscuridad sin haber logrado encontrar su blanco[124].

El soplo del misil arrojó a Pérez y a otro oficial un metro hacia atrás. Aterrizaron sobre una caja que guardaba notas y tablas necesarias para hacer el lanzamiento. En medio de la oscuridad, los integrantes del equipo debieron recoger los papeles desparramados.

La súbita aparición de un Exocet partiendo desde Puerto Argentino fue detectada por los británicos. Por ese motivo en las noches siguientes los barcos ingleses se mantuvieron a más de treinta kilómetros de la costa al momento de bombardear.

Frustrados, Pérez y sus hombres observaron la magnitud del traspié. No sólo habían alertado al enemigo, sino que además se habían quedado sin misiles ya que el Exocet defectuoso no resultaba confiable para ser usado nuevamente. Pérez corrió al puesto de radio de Puerto Argentino y pidió al comando de la Armada en Buenos Aires que les enviaran desde el continente dos misiles Exocet adicionales en forma urgente.

Los operadores de la ITB descubrieron además que en el lanzamiento de esa noche se había quemado un diodo del equipo de puntería, sin el cual todo el sistema quedaba inoperable.

Los marinos a cargo de la ITB se desesperaron por reemplazar el diodo quemado. El componente provenía de Gran Bretaña y localizar un reemplazo a tiempo en las islas parecía una misión imposible. Por casualidad, descubrieron que el sistema de misiles antiaéreo Sea Cat, fabricado también en el Reino Unido y usado por la Marina para la defensa de Puerto Argentino, tenía un componente idéntico al que ne-

[124] Ver http://ar.geocities.com/laperlaaustral/itb.htm.

cesitaban reemplazar. Preguntaron a los infantes de Marina a cargo del Sea Cat si tenían un diodo de repuesto y cuando lo recibieron lograron poner nuevamente en operación a la ITB.

Recién el 7 de junio llegaron dos nuevos Exocet a bordo de uno de los últimos aviones Hércules argentinos que aterrizó en las islas. En la noche del 8 de junio la ITB estaba lista para probar su eficacia. Los operadores del radar miraron durante horas sus pantallas esperando que alguno de los buques británicos se pusiera a tiro. Pero las horas pasaron y nada sucedió. Los buques se alejaban súbitamente antes de quedar dentro del alcance de los Exocet. En el horizonte, los resplandores del combate comenzaban a acercarse en forma inexorable. Las tropas británicas seguían avanzando y los operadores del lanzador empezaron a temer que la guerra se acabara antes de que ellos pudieran probar que sus esfuerzos no habían sido vanos.

El 11 de junio, Pérez y sus compañeros esperaban un milagro. Los tres días anteriores habían pasado la noche en vela sin resultados. Mientras aguardaban, el teniente de fragata Edgardo Rodríguez comenzó a contar que hacía años, durante unos ejercicios militares en la Mesopotamia argentina, habían bailado el "uka-uka" —ésa era su especial forma de llamar a la danza de la lluvia— para que se suspendieran las maniobras. Contó que en los días siguientes llovió torrencialmente y todos debieron volver a sus cuarteles.

Hacia las once de la noche, el ingeniero Pérez se paró y empezó a bailar el "uka-uka". Los tenientes de fragata Edgardo Rodríguez y Mario Abadal se le unieron un rato más tarde[125]. En medio de la oscuridad, dos oficiales y un ingeniero danzaron en un intento desesperado por torcer el infortunio que parecía haberlos envuelto.

Unas horas más tarde un grupo de barcos ingleses se acercó a Puerto Argentino para realizar su rutina de bombardeo. A las 3:15 de la madrugada el radar indicó que un barco de unos 150 metros de largo estaba a unos 35 kilómetros al sur de Puerto Argentino, justo frente a la mira del lanzador de Exocet. Se trataba del *Glamorgan*, un destructor pesado clase County de 6.200 toneladas, que viajaba acompañado por las fragatas *Yarmouth* y *Avenger*.

Los argentinos le introdujeron los datos al lanzador y a las 5:30, en medio del humo y las llamaradas, un misil Exocet partió hacia el mar para intentar encajarse en las entrañas del buque enemigo.

[125] Ver http://ar.geocities.com/laperlaaustral/itb.htm.

A bordo del *Glamorgan* otra noche de bombardeo había llegado a su fin. Sin temor a una respuesta argentina, los tripulantes se preparaban para descansar mientras dejaban atrás la zona de combate sobre la que habían arrojado unos 400 proyectiles.

Fue entonces cuando los operadores de radar del destructor detectaron al Exocet dirigiéndose hacia ellos. Uno de los marineros corrió hacia uno de los cañones antiaéreos de cubierta y comenzó a disparar hacia la bola de fuego que se acercaba. Otro intentó lanzar los misiles antiaéreos Sea Cat para interceptarlo. Ninguno logró acertar al misil.

En el instante en que recibió la alarma, Ian Skipp, timonel del *Glamorgan*, aumentó al máximo la velocidad del destructor y cambió de dirección bruscamente para mostrarle al misil la parte trasera del buque. Probablemente esa reacción salvó al navío del naufragio. El Exocet explotó en el hangar situado en la popa de la nave y destruyó un helicóptero Wessex allí estacionado. El brutal incendio que siguió al impacto alcanzó la cocina y la cantina de la nave. El combustible y las armas guardadas en el hangar alimentaron el fuego, que tardó más de cinco horas en ser apagado. El *Glamorgan* quedó fuera de combate y debió ser enviado a Ascensión para recibir reparaciones urgentes. Trece marineros británicos murieron por el impacto del Exocet y otros veintidós resultaron heridos.

Andrew Peacock era uno de los marineros que estaba a bordo del *Glamorgan* esa noche. Mientras los ingenieros argentinos se aprestaban a lanzar el Exocet contra el barco que tripulaba, Peacock terminaba su turno en la central de comando de la nave.

Su compañero Chris Blake le preguntó si iría a desayunar. Peacock le contestó que antes prefería fumar un cigarrillo en la cubierta. Probablemente ese cigarrillo les haya salvado la vida. El impacto del misil destruyó el lugar donde la tripulación solía desayunar, matando a cuatro cocineros, un mozo de la cantina y a algunos marineros que dejaron sus puestos para tomar un trago caliente[126]. Allí sucumbieron la mayoría de las víctimas del ataque.

En Puerto Argentino, el ingeniero Pérez vio salir el misil y lo vio perderse en la oscuridad de la noche. El oficial de la Marina Carlos Ríes Centeno grabó las imágenes del disparo con su cámara de video. Como antiguo productor del popular programa de TV argentino "La aventura del hombre", Ríes Centeno no quiso perder la oportunidad de registrar el evento.

---

[126] Hugo Cadman, "Saved by a cigarette", periódico *Hampshire Monthly* del Reino Unido, 17 de junio de 2002.

Tras interminables minutos vieron una bola anaranjada en el horizonte. El Exocet había dado en su blanco. Pérez jura que esa noche escuchó una ovación bajando desde los montes y que lloró de emoción sin pensar en las víctimas a bordo del buque.

Luego supieron gracias a la prensa británica que le habían acertado al destructor *Glamorgan*. Cuarenta y ocho horas después del lanzamiento, la guarnición argentina se rindió ante los ingleses antes de que pudieran utilizar el Exocet que les había quedado.

El ingeniero Pérez quiso destruir con granadas la ITB cuando supo que en horas se firmaría la rendición argentina. El almirante Otero, responsable de la Armada en las islas, le pidió que no lo hiciera. Le dijo:

—Los ingleses tienen Exocet (…) No lo vuele… no van a aprender nada sobre el Exocet, pero que vean con qué le dimos a un barco de ellos, que conozcan la capacidad de la Armada argentina[127].

Años después de la guerra, la madre del teniente David Tinker, una de las víctimas británicas del ataque al *Glamorgan*, publicó las cartas que le envió su hijo desde el Atlántico antes de morir. Meses más tarde, el ingeniero Julio Pérez escribió una carta a la señora Tinker pidiéndole disculpas por el resultado que había tenido sobre su familia la creación de la ITB.

Un párrafo de la carta enviada por Pérez a la madre del teniente Tinker decía: "…de un padre a otro le pido que me perdone. Entienda que no hubo nada personal contra su hijo. Era una confrontación entre dos países y yo cumplí con mi tarea, como su hijo cumplió con la suya…"[128].

Pérez recibió en respuesta una esquela de la señora Tinker con el esperado perdón.

Así terminó la historia de la ITB. Pero la improvisación y el ingenio mostrados por el ingeniero Pérez y su equipo no fueron un hecho aislado durante la guerra. Otros inventos improvisados fueron creados por otros soldados argentinos en la guerra de Malvinas.

En la batalla por Darwin, los ingleses sufrieron repetidos ataques de cohetes provenientes de las posiciones argentinas ocupadas por el

---

[127] Entrevista al ingeniero Julio Pérez publicada en www.fuerzasnavales.com/itb.html.

[128] Agencia Ananova: "Argentine Exocet apologises to family over death", cable sin fecha. Traducción del autor.

Regimiento 11. Aunque los encargados de reconocimiento británicos se esforzaron por ubicar los lanzacohetes y enviaron varias veces a los aviones Harrier a bombardear allí donde creían que podían encontrarse, no lograban hallarlos.

Grande fue la sorpresa de los ingleses al producirse la rendición de la guarnición argentina en Darwin cuando descubrieron las coheteras fabricadas con lanzadores de Pucará montados sobre el guardabarros de un tractor y afustes de ametralladoras montados sobre un tobogán para niños[129]. El responsable de armar las coheteras fue el teniente Lombardi.

Cuando los soldados argentinos les mostraron el tractor armado con el lanzacohetes, los británicos se echaron a reír ante el improvisado artefacto que los había atacado el día anterior[130]. Los británicos descubrieron que habían destruido parte del tractor con sus bombardeos pero también que no lograron dejar fuera de funcionamiento al precario lanzacohetes.

Los aviadores argentinos no quisieron quedarse atrás a la hora de usar el ingenio. Para ello echaron mano a papel metalizado, diarios viejos y un poco de madera.

Cuando los aviones comenzaron a incursionar sobre la flota británica, descubrieron que los misiles antiaéreos Sea Dart disparados por los buques británicos derribaban más aviones que cualquier otro tipo de misil de la flota.

Mientras estaban en la base, los pilotos y técnicos de los Dagger comenzaron a recortar tiras de papel metalizado. Con recipientes de aluminio para guardar alimentos y una máquina marca "Pastalinda" para producir tallarines, fabricaron las tiras de chaff (delgadas hojas de aluminio utilizadas desde la Segunda Guerra Mundial para interferir las señales emitidas por el radar) para engañar a los misiles enemigos. Los pilotos envolvían las tiras de metal en hojas de diarios y las colocaban en unos pequeños huecos situados en el fuselaje del avión, en donde se sitúan los frenos de aire[131].

Cuando los sensores en los aviones argentinos les indicaban que habían sido iluminados por radares enemigos o detectaban el lanzamiento de los Sea Dart, los pilotos accionaban sus frenos liberando los

---

[129] Pablo Marcos Carballo, *Dios y los halcones*, Editorial Abril, Buenos Aires, 1983.

[130] Armando Alonso Piñeiro, *Historia de la guerra de Malvinas*, Planeta, Buenos Aires, 1992, pág. 230.

[131] Joaquín Bocazzi, *Compilación Malvinas*, Editorial Gráfica Sur, Buenos Aires, mayo de 2004.

bollos de papel de diario. Por acción de la alta velocidad, los paquetes se deshacían en el aire liberando las tiras de papel de aluminio.

No se sabe cuán efectivos fueron los chaff caseros creados por los pilotos, pero al menos sirvieron para que los aviadores argentinos se sintieran más seguros cuando se acercaban los más temidos misiles de la flota británica.

El segundo problema que enfrentaron los aviadores argentinos fue que las bombas no explotaban. La razón era sencilla. En la punta de las bombas existe una espoleta que las hace detonar. Las bombas de la Fuerza Aérea argentina no estaban preparadas para explotar contra el delgado aluminio que se utiliza para fabricar los buques de guerra modernos. En más de una oportunidad los barcos ingleses escaparon de los ataques argentinos con bombas incrustadas en sus estructuras o con un agujero de lado a lado provocado por su paso a lo ancho del buque.

La solución vino desde la carpintería de las bases navales. Los mecánicos encargados de manipular las bombas simplemente reemplazaron las espoletas por otras similares pero fabricadas con madera.

Según el piloto de combate argentino Pablo Carballo, la utilidad de estas "bombas de madera" se notó en el hundimiento del destructor *Coventry*, gemelo del *Sheffield*[132], y durante la batalla de Bahía Agradable, cuando los aviones argentinos hundieron dos buques de desembarco y dañaron seriamente a otros dos barcos.

Siempre quedará la duda sobre lo que hubiera sucedido si el problema de las bombas argentinas que no explotaban se hubiera resuelto antes. No es probable que hubiera cambiado el resultado de la guerra, pero quizás el balance de víctimas se hubiera elevado mucho más, en particular en el bando británico.

---

[132] Entrevista al capitán Pablo Carballo. Revista *Deyseg*. Buenos Aires. Año 1 Nº 2.

Capítulo 15

¿Fue vencido el *Invencible*?

◆

E l aviador argentino Ernesto Ureta se enteró del desembarco argentino en Malvinas escuchando la radio de su auto en Mendoza cuando, como todas las mañanas, se dirigía a la base de El Plumerillo en esa provincia. Tenía 32 años y era piloto de los aviones A-4 Skyhawk de la Fuerza Aérea Argentina.

En esos días Ureta tenía dos hijos —Franco de 5 años y Laura de 2— y una tercera, Sandra, en camino. Apenas tuvo tiempo para una corta despedida de su familia antes de partir hacia la base de San Julián en la Patagonia.

Semanas después le ordenaron ir hacia Río Grande. Allí les asignaron un cuarto en un hotel de la ciudad. La cama que ocupó Ureta había pertenecido a un piloto que horas antes había muerto en el frente.

—Es difícil describir la sensación que se siente cuando uno ocupa esa cama. Creo que ni siquiera pude meterme adentro[133] —recuerda.

Al menos estaba con su gran amigo Jorge Daniel Vázquez, integrante de la misma escuadrilla de A-4 Skyhawk. Se conocían desde la escuela de aviación, a la que Ureta había entrado cuando tenía 12 años. Cada uno era padrino de bautismo de los hijos del otro y sus familias solían compartir cenas y almuerzos cuando los pilotos volvían de la base.

Hacia el 28 de mayo, la guerra iba camino a un desenlace y los militares argentinos necesitaban demostrar que aún estaban en condiciones de pelear.

---

[133] Conversación personal con el autor.

Los analistas argentinos habían estado observando las imágenes del radar de Puerto Argentino y los reportes de los pilotos que volvían de la batalla. Viendo que los aviones ingleses partían y se dirigían hacia una zona al sudeste del archipiélago, concluyeron que allí se encontraba uno de los dos portaaviones británicos.

Atacar y, si fuera posible, hundir uno de los portaaviones sería ese golpe de suerte que deseaban los militares argentinos ante los presagios de derrota que se asomaban en el horizonte.

Pensaron de inmediato en los dos últimos misiles Exocet que quedaban. Los aviones Super Etendard de la Marina serían los encargados de llevar a cabo el ataque. Pero entonces la Fuerza Aérea propuso que una de sus escuadrillas de A-4 Skyhawk participara de la misión. Acompañarían a los Super Etendard hasta que éstos lanzaran el misil. Luego, seguirían la estela del Exocet y entonces le arrojarían al portaaviones 750 kilos de bombas cada uno.

La Armada se negó rotundamente. Dijeron que una de las mayores ventajas del Exocet era precisamente que por su pequeño tamaño podía llegar hasta la flota casi sin ser detectado y que si el misil era escoltado por aviones, esa ventaja seguramente desaparecería. La Fuerza Aérea respondió que los 250 kilos de explosivos que llevaba el Exocet no eran suficientes para causarle averías importantes a un portaaviones de 20.000 toneladas y que sus aviones se asegurarían de causarle un daño suficiente para dejarlo fuera de servicio.

Tan dura fue la disputa, que en un momento la Fuerza Aérea amenazó con no prestar sus aviones cisternas KC-130 para proveer de combustible en vuelo que los Super Etendard de la Marina necesitaban para llegar al blanco. Finalmente, aunque a regañadientes, la Armada aceptó incluir a los Skyhawk de la Fuerza Aérea en la operación.

La misión estaba planificada para el 28, pero debió postergarse para el 29 y luego para el 30 por problemas de disponibilidad de los aviones cisternas.

Los pilotos de la Fuerza Aérea dicen que sólo se enteraron de cuál era el objetivo el 28 de mayo, en una reunión previa al vuelo cuando recibieron la "orden fragmentaria 1268" que les ordenaba atacar a un portaaviones al sudeste de las islas.

Meterse en el centro de la flota británica ni siquiera garantizaba el regreso de alguno de los aviones. Como marca la tradición entre los aviadores, para una misión en la que había muchas posibilidades de no volver, solamente se aceptarían voluntarios. Entre los pilotos que se ofrecieron, fueron seleccionados los tenientes primeros Jorge Daniel Vázquez, Ernesto Ureta, Omar Castillo y el alférez Gerardo Isaac. Vázquez, por ser el de mayor experiencia, fue nombrado líder del escuadrón, que desde ese momento recibió el nombre clave "Zonda". El teniente Daniel Paredi quedaría a la espera por si tenía que reemplazar a alguno de los pilotos. Los Super Etendard serían piloteados por el capitán de corbeta Alejandro Francisco y el teniente de navío Luis Collavino.

Los aviones despegaron de Río Grande a las 12 y 43 minutos del 20 de mayo de 1982. Ya en el aire el A-4 de Isaac informó que uno de sus equipos de navegación estaba dañado y se le ordenó retornar. Minutos después Vázquez le pidió que regresara a la formación.

Cuarenta y cinco minutos después de despegar, los seis aviones recibieron combustible desde los aviones Hércules al sudeste de la Isla de los Estados. A unas 300 millas del blanco, disminuyeron al máximo la altitud hasta divisar las olas rompiendo debajo de las cabinas.

A unas 55 millas del objetivo, uno de los Super Etendard se elevó por unos instantes y buscó al portaaviones con su radar. Lo encontró rodeado de destructores y fragatas a 5 o 10 millas del lugar donde los analistas habían previsto que se hallaría. Cuando estaban a unas 17 millas de la flota británica, los aviones de la Armada lanzaron sus misiles y detrás salieron los cuatro Skyhawk a 900 kilómetros por hora.

Tras el lanzamiento, los Etendard revirtieron el rumbo para regresar al continente. Los aviones de la Marina, en contra de lo planificado, se habrían elevado más de lo indicado[134] al regresar y habrían sido localizados por los radares británicos. Esta detección habría accionado la alarma que dio más tiempo a los buques británicos para liberar sus cañones y misiles.

Cuando Ureta empujó la palanca de su avión para acelerarlo, sintió que había llegado su momento de revancha. Días antes había volado hacia el estrecho de San Carlos pero su escuadrón no pudo encontrar los buques británicos que debían bombardear. Tuvieron que volver al continente sin su esperado bautismo de fuego.

Tras el lanzamiento, los pilotos de los Skyhawk perdieron de vista al Exocet que se dirigía al blanco a una vez y media la velocidad del sonido. La estela que dejaba detrás indicó a los pilotos hacia dónde debían enfilar sus aviones. Minutos después vieron una densa columna de humo negro. Surgía de un enorme barco que se agigantaba mientras se acercaban.

Como mucho, estarían treinta segundos en combate. Doce años de entrenamiento para estar unos instantes sobre el blanco. Dos horas de navegación para contar con apenas medio segundo para arrojar sus bombas.

De improviso, a sólo trece kilómetros del blanco, el avión de Vázquez cayó al mar golpeado en el timón de cola por un misil Sea Dart.

---

[134] Rubén Moro, *La guerra inaudita*, Pleamar, Buenos Aires, 1985.

—Yo a Vázquez lo tenía a cincuenta metros aproximadamente y pude ver en primera fila la muerte de mi amigo —dice Ureta emocionado.

Después cuenta como al pasar que prefirió no pensar en lo que acababa de presenciar y concentrarse en su objetivo.

—En esos momentos uno no piensa en sus afectos porque si lo hace, seguramente vuelve a la base —explica.

Estaban a quinientos metros del objetivo, cuando el cañón de un buque inglés desintegró el avión de Castillo.

A partir de este momento comienza la controversia. Son segundos, fracciones de tiempo en los que sucedieron cosas diferentes según lo narren los argentinos o los británicos.

Ureta afirma que lanzó sus bombas sobre el lado derecho del *Invencible*, al cual dice haber distinguido claramente entre las llamas provocadas por el impacto del Exocet. Señala que sus bombas explotaron y que debió pegar un brusco giro de timón evitando chocar por centímetros contra el radar del buque inglés.

—Mis bombas han impactado en el tercio de popa del portaaviones —explica en la jerga de los aviadores.

Para los ingleses, los pilotos argentinos confundieron con un portaaviones la silueta del *Atlantic Conveyor*, atacado días antes también por los Exocet argentinos. Es más, dicen que en los pocos instantes en que el aviador puede ver su objetivo pudieron confundir fácilmente la cubierta plana del portacontenedores con la pista del *Invencible*. Y que el humo que vieron los pilotos argentinos era del incendio que desde hacía días sufría el buque a consecuencia de los misiles argentinos que lo habían golpeado el 25 de mayo.

Más tarde, surgió una nueva versión —avalada por marineros del *Invencible*— en la que se aseguró que el destructor *Exeter* y la fragata *Avenger* derribaron dos aviones argentinos ese día. La versión afirma que el Exocet fue desviado por los sistemas electrónicos de los barcos y cayó inofensivamente al mar. También que el paso por encima de un destructor les hizo confundir a Ureta e Isaac la pequeña cubierta de vuelo de los helicópteros con la de un portaaviones.

—¿Cómo me van a discutir si yo estuve ahí? —dice Ureta en su despacho atiborrado de recuerdos de la guerra del '82.

Mientras habla, el aviador busca en una carpeta de fotos y documentos y comienza a enumerar datos y fechas.

—El *Atlantic Conveyor* —comienza a contar Ureta por enésima vez— se había ido a pique el 28, dos días antes; a partir del 30 de mayo se registró una disminución considerable del tráfico de aviones en la flota inglesa; el radar de Puerto Argentino detectó momentos después del ataque que muchos helicópteros convergían en dirección a donde estaba el *Invencible* como si fueran a rescatarlo y los aviones Harrier subieron a 12 mil metros y se quedaron estacionados por un rato largo. Eso solo puede indicar que se quedaron sin lugar para aterrizar y que se elevaron para ahorrar combustible.

Se nota que Ureta está acostumbrado a explicar sus puntos de vista. Tiene listos sus recortes para avalar lo que dice:

—Además, el *Atlantic Conveyor* fue atacado al nordeste de Malvinas, a 160 kilómetros al norte del ataque del *Invencible*, y no tiene sentido que sea remolcado justo al lugar donde dicen los británicos que nosotros lo atacamos.

Ureta muerde por un segundo sus poblados bigotes, comunes a la mayoría de los pilotos de la Fuerza Aérea argentina, y sigue:

—¿Sabe cuántas veces estudié la silueta de ese barco antes del ataque? No puedo confundir un portaaviones con una fragata, un destructor y mucho menos con un buque civil.

En la noche del 30 de mayo, el comunicado N° 112 de los militares argentinos dio cuenta de un ataque contra el portaaviones *Invencible*. La versión de Ureta es avalada por la Fuerza Aérea argentina, que lo condecoró por la misión. Los ingleses dicen que su portaaviones jamás fue atacado. Culpan a los argentinos de hacer propaganda y de estar confundidos.

Una historia similar al ataque del *Invencible* tiene por protagonista al otro portaaviones británico, el *Hermes*. Algunos autores argentinos afirman que el día 4 de mayo de 1982 fueron lanzados dos misiles Exocet contra la flota británica y que uno de ellos alcanzó al destructor *Sheffield* y el otro habría golpeado al *Hermes*.

La versión se funda en aparentes declaraciones de los periodistas británicos que estaban a bordo del *Hermes* el 4 de mayo trabajando en una de las cubiertas inferiores y que habrían percibido una fuerte explosión seguida de un estremecimiento de la nave. Los militares ingleses les habrían informado a los reporteros que la explosión se había debido al accidente de un Harrier en la plataforma de despegue del *Hermes*[135]. Los que apoyan la posibilidad del ataque dicen que ese día no se registró en los reportes británicos ningún accidente de Harrier y que los corresponsales fueron trasladados de inmediato al portaaviones *Invencible*, para no volver a ver en lo que restaba del conflicto al *Hermes*[136].

---

[135] Rubén Moro, *La guerra inaudita*.
[136] Extraído de Joaquín Bocazzi, *Compilación Malvinas*.

El comodoro argentino Rubén Moro afirma que en esos días hubo rumores que sostenían que el *Hermes* estaba siendo remolcado para efectuarle reparaciones urgentes en Curazao, un puerto sobre el Caribe, y que los trabajadores del astillero habrían difundido una declaración pública para mostrar su desacuerdo por tener que reparar el buque británico. Este rumor no ofrece los nombres de los supuestos testigos ni documentos de ninguno de los dos bandos para sustentarse.

Inicialmente, la propaganda militar argentina había anunciado un ataque anterior al *Hermes* el 1º de mayo a manos de un solitario avión Pucará piloteado por el teniente Daniel Jukic. La crónica divulgada en Buenos Aires en esos días señaló que Jukic había llegado al *Hermes* volando a dos metros sobre las olas y que descargó toda su artillería de cañones y cohetes contra el buque británico antes de ser derribado[137].

Al finalizar la guerra se supo que la única verdad entre tanta mentira era que Jukic había muerto el primer día de mayo. Pero el piloto no había caído luego de atacar al *Hermes*, sino en un ataque de los aviones Harrier británicos contra el aeropuerto en Goose Green, cuando una bomba pulverizó su avión y lo mató junto a media docena de mecánicos.

El uso patético que se le dio a la muerte de Jukic no ayuda a quienes quieren demostrar que el *Hermes* fue realmente dañado por los aviones argentinos y afecta la credibilidad de los que afirman que el *Invencible* fue averiado el 30 de mayo.

El problema a la hora de debatir la veracidad del ataque a los portaaviones británicos es que desde el lado británico nunca surgió oficialmente ningún dato para confirmarlos. Si bien la prensa británica informaba cada éxito argentino en la guerra, nunca dio siquiera un indicio de que se hubieran producido impactos sobre buques mayores.

Respecto de la pérdida de capacidad de ataque aéreo en los días siguientes a la agresión al *Invencible* que los argentinos esgrimen como prueba, la Marina británica responde que el 31 de mayo un avión Hércules argentino fue derribado sobre las islas por cazas Harrier, demostrando que sus aviones seguían dominando los cielos sin inconvenientes. En esos días no había pistas en tierra desde donde pudieran haber despegado los Harrier. Tampoco hay un marinero británico que diga lo contrario.

---

[137] Puede encontrarse una descripción de esta maniobra de propaganda en el libro de Horacio Verbitsky *Malvinas: la última batalla de la tercera guerra mundial*, Sudamericana, Buenos Aires, 2002.

—Eso no es cierto —contesta Ureta. De su carpeta saca un recorte con un curioso artículo.

De acuerdo con la nota de un diario argentino mostrada por el comodoro, un ex marinero del *Invencible* dice que sí hubo ataque contra esa nave. Se trata de Brian Wailing, enfermero del portaaviones durante la guerra. Brian afirma que sufrió severos traumas como consecuencia de tratar a las víctimas de un ataque aéreo mientras navegaba a bordo del portaaviones *Invencible*. Tras el conflicto, Brian recibió una Medalla de Honor de la Armada inglesa.

Quizá por los traumas de guerra, Brian decidió imprimirle una transformación drástica a su vida al regresar de Malvinas. El marino abandonó a su mujer y a sus hijos, comenzó un tratamiento con hormonas y cambió su nombre por el de Lynda Cash. Lynda desfiló en Malvinas el 14 de junio de 2002 como un veterano más[138].

Para corroborar lo que dice Brian/Lynda, Ureta explica que cuando la flota británica hizo su ingreso triunfal en la rada de Puerto Argentino a fines de junio de 1982, entre los buques que desfilaban no se encontraba el *Invencible* y que ese portaaviones recién apareció en un puerto inglés el 17 de septiembre tras un "inexplicable" viaje secreto de cincuenta y un días. Siempre de acuerdo con Ureta, el portaaviones habría aparecido en Gran Bretaña con una enorme bandera del Reino Unido en su costado derecho, donde Ureta dice haberle lanzado sus bombas. El aviador comenta indignado:

—No hay motivo para estar durante tres meses más en alta mar sin ninguna aproximación a algún puerto.

Y agrega que debe haber estado en algún astillero desconocido antes de regresar al Reino Unido porque cuando lo hizo, entró a la base en el Reino Unido por la noche, fuera de la vista de la prensa.

Oficialmente, la tripulación del *Invencible* recibió una felicitación del Comando Naval británico por haber logrado el cambio de las turbinas en alta mar en las semanas posteriores al fin de la guerra, lo que muchos argentinos ven como una maniobra distractiva para ocultar las reparaciones que se le efectuaron a raíz del ataque[139].

El almirante Woodward, jefe de la Task Force, ocupa una parte de sus memorias de guerra para relatar su versión, en donde niega haber sufrido el ataque.

---

[138] "El día que el príncipe, los veteranos y un transexual volvieron a Malvinas", *Clarín*, 10 de noviembre de 2002.

[139] Versión que es tratada por los periodistas españoles Jesús Romero Briasco y Salvador Mafé Huestas en su libro *Malvinas, testigo de batallas*, citado por Rubén Moro en *La guerra inaudita*.

—Si se fijan en el libro de Woodward —dice Ureta—, a partir del 30 de mayo ya no hace mención al *Invencible* en acciones de guerra. Es como si se hubiera evaporado. Evidentemente no quiere reconocer que había sido averiado.

Woodward afirma que el *Invencible* se encontraba a siete millas del lugar del ataque de Ureta y que en los días siguientes su nave estaba "tan inmaculada como un pañuelo del capitán Balfour"[140]. El almirante británico explica que el Exocet con el que los argentinos dicen haberlo alcanzado cayó al mar engañado por los sistemas de guerra electrónica de sus buques de escolta, el mismo destino que —afirma— tuvieron las bombas de Ureta e Isaac.

Con el paso del tiempo, la cuestión Malvinas abandonó las primeras planas y Ureta siguió su vida dentro de la Fuerza Aérea. Veintitrés años después de la guerra se convirtió en jefe de personal de esa fuerza. Frente a su escritorio, un cuadro pintado por su mujer reproduce su relato sobre el ataque al portaaviones inglés.

Para el aviador, lograr convencer a la opinión pública sobre la verdad de sus dichos va más allá de su carrera profesional o la historia de la guerra.

Con la voz quebrada cuenta que tras el conflicto tuvo que narrarle a la mujer de Vázquez cómo había sido la muerte de su compañero. Era una promesa que se habían hecho en los tiempos de guerra. Si algo le pasaba a alguno de ellos, el que regresara se haría cargo de que la familia supiera exactamente cómo había muerto su camarada. Ureta tuvo que cumplir lo pactado, mientras la mujer de su amigo se reponía del parto de Mariano, el hijo de Vázquez nacido el 11 de marzo de 1982.

Para Ureta, su camarada murió atacando al más poderoso y moderno buque británico, no en una confusión con un mercante que se iba a pique o lanzando sus bombas contra un buque menor de la Task Force inglesa. Es una batalla personal por probar que fueron ellos quienes vencieron al *Invencible* y que la muerte de su amigo no fue durante una misión más de la guerra.

---

[140] Sandy Woodward, *Los cien días*, Sudamericana, Buenos Aires, 1982, pág. 315.

Capítulo 16

Montoneros en Algeciras

◆

A fines de 1941, los italianos efectuaron uno de los más fantásticos golpes de la Segunda Guerra Mundial contra sus adversarios británicos. Montados en torpedos tripulados, un equipo de buzos italianos creado especialmente por Benito Mussolini averió a dos acorazados británicos en el puerto egipcio de Alejandría. Máximo Nicoletti afirma que su padre formó parte de ese equipo de buzos.

Dentro de la organización guerrillera argentina Montoneros, Máximo Nicoletti era considerado un especialista. Se decía que era "buzo táctico". Su primera operación de guerra fue el 1° de noviembre de 1974. Ese día Nicoletti colocó cargas submarinas en la lancha de paseo del comisario Villar, un oficial responsable de la creación de los grupos paramilitares conocidos como la "Triple A" (Alianza Anticomunista Argentina). En el atentado murieron el comisario y su esposa.

El 22 de agosto de 1975, Nicoletti dirigió otra incursión submarina, pero esta vez en las entrañas mismas de la Armada. Colocó una carga explosiva cerca del destructor argentino *Santísima Trinidad* amarrado en la base naval de Río Santiago. La bomba puesta por los montoneros abrió un boquete en el costado del buque y lo hundió en el lecho poco profundo de la base.

El destructor, gemelo del *Sheffield* británico, estaba casi listo para ser entregado a la Armada. A causa de la bomba debió atravesar un extenso período de reformas que recién le permitieron integrarse a la flota en julio de 1981. Incluso después de las reparaciones, el *Santísima Trinidad* seguía mostrando problemas de navegación a causa de la explosión provocada por Nicoletti.

En 1977, Nicoletti fue apresado por la Armada junto a su amigo y también militante montonero Nelson Latorre y ambos fueron enviados al campo de concentración de la ESMA. Según relata el periodista argentino y ex integrante de Montoneros Miguel Bonasso en el libro *Recuerdo de la muerte*, amenazado con ser sometido a torturas, Nicoletti accedió a colaborar con sus captores para capturar al "Negro" Ricardo, uno de los jefes guerrilleros más buscados por los marinos.

En 1978, mientras todavía estaba preso, los oficiales de la Armada le pidieron que estudiara la forma de colocar una carga explosiva bajo un buque chileno ante la eventualidad de un conflicto con ese país, que en esos días se consideraba inminente. La guerra nunca se desató y Nicoletti no llegó a realizar la acción.

A cambio de su colaboración, el "buzo táctico" obtuvo el permiso de los marinos para marchar en 1979 a Venezuela junto con su familia. Su mujer, Liliana Chernajovsky, no pudo soportar la delación y lo abandonó cuando se enteró del pacto. Chernajovsky había sido secuestrada también en la ESMA.

Convertido en colaborador de la Armada argentina, Nicoletti fue enviado a Venezuela para infiltrarse entre los opositores argentinos exiliados en ese país. Descubierto por sus ex camaradas, escapó a los Estados Unidos.

En 1982, los marinos argentinos volvieron a contactarlo para que fuera parte de un grupo especial que golpearía a la flota británica en Europa. Nicoletti da otra versión de los hechos: dice que él mismo llamó a Luis D'Imperio, del Servicio de Inteligencia Naval (SIN), su contacto en la inteligencia naval argentina, para ofrecerse a ejecutar una acción contra los ingleses. Se había dado el primer paso para la Operación Algeciras.

La Operación Algeciras comenzó a gestarse en los primeros días de abril de 1982, cuando el jefe de la Armada argentina, Jorge Isaac Anaya, convocó a su oficina al responsable del Servicio de Inteligencia Naval, el almirante Eduardo Morris Girling. Anaya le ordenó que pusiera en marcha un plan para atacar a la flota inglesa fuera de Malvinas. Pretendía demostrarles a los británicos que su retaguardia podía ser tan insegura como el frente de batalla.

Girling armó un equipo formado por marinos y ex militantes montoneros convertidos en colaboradores de la Armada. Además de Nicoletti, se sumaron dos personajes apodados "El Marciano" y "El Pelado Diego". El verdadero nombre de "El Pelado Diego" sería Nelson Latorre; el otro montonero sigue sin identificar hasta el presente. Un oficial retirado de inteligencia de la Marina, llamado probablemente Héctor Rosales, era el enlace entre el grupo de ex guerrilleros y la Armada durante la operación.

Aunque puede resultar curiosa la idea de utilizar ex guerrilleros para el sabotaje, sonaba lógico: si los comandos eran detenidos, la Armada no quedaría directamente implicada. Desde un principio, se decidió organizar la acción como si se tratara de la iniciativa de un grupo de terroristas que en un rapto de patriotismo había actuado por su cuenta.

El plan de la Marina argentina consistía en enviar a Nicoletti y sus hombres a España. En una primera fase de la operación, estudiarían el movimiento de buques en el puerto británico de Gibraltar. Luego elegirían un blanco entre los navíos estacionados en la base, para entonces colocarle cargas submarinas en el casco y volarlo.

—Cuando surgió lo de Malvinas —relató Nicoletti al diario argentino *La Nación*[141]— estábamos distribuidos en otros países; yo, en los Estados Unidos, otro en Ecuador y otro en Venezuela. Llamamos y solicitamos instrucciones; nos dijeron que volviéramos a la Argentina, que algo haríamos. Se pensó en atacar algún buque de abastecimiento británico en Montevideo o Brasil, pero surgió la idea de hacerlo en Europa.

Con pasaportes falsos confeccionados por Víctor Basterra[142], un prisionero que la Armada mantenía secuestrado en el campo de concentración de la ESMA, Nicoletti y "El Pelado" llegaron en un vuelo comercial a París el 22 de abril. La mala calidad de la falsificación hizo que fueran retenidos por la gendarmería francesa. Pero tras unas horas, se les dejó continuar su viaje rumbo a España. Es muy probable que en ese momento la inteligencia francesa haya alertado a sus pares ingleses y españoles sobre la sospechosa presencia de los argentinos en Europa. Otras fuentes sugieren que el aporte francés al Reino Unido fue más allá, al proveerles de las intercepciones de escuchas telefónicas al comando argentino[143].

Una vez en Málaga, los ex montoneros alquilaron un automóvil y se dirigieron a su destino final en la localidad española de Estepona, a unos dieciocho kilómetros de Gibraltar. Por improvisación de los planificadores de la misión, Nicoletti y su compañero sólo tenían un mapa turístico de la zona para comenzar su tarea. Unos días más tarde, Nicoletti y "El Pelado" volvieron a tomar la carretera para dirigir-

---

[141] "Operación Algeciras: Una misión en el peñón de la reina", *La Nación*, 1º de agosto de 2004.

[142] Revista *La Primera* de Buenos Aires, 29 de julio de 2000.

[143] La versión es recogida por la revista *Poder Naval* de Brasil. Artículo publicado el 22 de marzo de 2001.

se a Madrid, donde se reunieron con el marino Rosales y "El Marciano" en una casa provista por la embajada argentina en España.

Por medio de las valijas diplomáticas, la Argentina había enviado a su sede diplomática en Madrid dos minas italianas de 25 kilogramos cada una, diseñadas para ser adheridas al casco de un buque. Los explosivos eran suficientes para dañar a un buque militar o hundir a una nave civil de regulares dimensiones.

Tras recoger la carga en la embajada argentina, el grupo volvió a Estepona en dos autos de alquiler. En el camino, sus integrantes entraron en una sucursal de la famosa cadena española El Corte Inglés para comprar un bote inflable y otros abastecimientos necesarios para cumplir su misión.

Desde Estepona, el marino Rosales se comunicaba con sus superiores llamando por teléfono a una casa alquilada de la Marina en Buenos Aires. De acuerdo con el relato de Nicoletti, en la casa de Buenos Aires que servía de enlace, la Marina había puesto a vivir a una pareja de jubilados que servían de pantalla para ocultar el uso de la propiedad.

Durante casi un mes, el equipo de Nicoletti recorrió en bote la costa simulando ser un grupo de entusiastas de la pesca deportiva. Mientras lanzaban cañas y se sumergían con sus trajes de buzo, recabaron datos de la base británica en Gibraltar. Con asombro, detectaron garitas sin centinelas y casi ningún obstáculo submarino que se les interpusiera en el camino a los buques anclados en el puerto militar. Tal relajamiento de la seguridad les hizo suponer que los ingleses no esperaban un ataque argentino en Gibraltar.

Aun cuando los ingleses parecían brindar todas las facilidades para que Nicoletti cumpliera su misión, la ausencia de grandes buques militares en donde poner sus minas submarinas retrasó los planes del grupo. Las órdenes dadas en Buenos Aires decían que debían volar un buque de guerra y no aquellos viejos barcos auxiliares de la Marina británica que veían amarrados a los muelles de la base.

En sus recorridas de búsqueda de blancos militares frente a la base inglesa, los miembros de la Operación Algeciras sólo pudieron detectar a la fragata británica *Ariadne*, que entraba y salía de la base de Gibraltar y rara vez se presentaba en horarios regulares en el puerto.

Nicoletti, ansioso por entrar en acción, propuso entonces volar un viejo remolcador militar anclado en la base. Desde Buenos Aires, el jefe de la Armada no aprobó el ataque por considerarlo un blanco poco valioso. Lo mismo sucedió cuando un petrolero liberiano llegó a Gibraltar y desde Buenos Aires se ordenó permanecer a la espera de buques de guerra británicos.

Finalmente, la fragata *Ariadne* llegó al puerto. El jefe de la Armada argentina autorizó la voladura el 3 de mayo. El día anterior, el crucero argentino *General Belgrano* había sido enviado al fondo del mar y la Armada argentina quiso apurar una respuesta.

Se fijó como fecha de ataque el 16 de mayo a la madrugada.

—Nuestra intención —diría Nicoletti años después— era poner las cargas explosivas en su lugar, darles tiempo para explotar, tomar los autos y dirigirnos a Barcelona para desde ahí cruzar a Francia. Volveríamos a la Argentina desde Italia[144].

El día anterior a efectuar el ataque, el marino Rosales tenía que hacer un trámite menor. Debía renovar el alquiler de los autos que usaban, de manera de asegurar la fuga cuando volaran la fragata *Ariadne*. Pero cuando estaba en el local de alquiler de autos renovando el arrendamiento, el empleado del comercio le pidió que lo aguardara un momento y llamó a la policía desde una habitación contigua. Un alerta sobre la presencia de una banda de criminales argentinos en la zona había sido lanzado días atrás por los oficiales españoles. El comunicado pedía a los comerciantes que llamaran a la comisaría de inmediato si alguno de los buscados era visto en la ciudad. Rosales esperaba el regreso del empleado de la tienda de autos, cuando llegó un comisario de la policía española para interrogarlo. Tras una breve conversación, el marino argentino pidió hablar a solas con el policía. Cuando estuvieron solos, Rosales le dijo al oficial español:

—Soy el capitán Fernández[145], de la Armada argentina, y estoy en una misión secreta. Desde este momento me considero prisionero de guerra y no diré una palabra más —habría dicho Rosales[146]. El marino y el ex montonero que lo acompañaban fueron detenidos por la policía y enviados a la comisaría de Málaga. La dirección de inteligencia española ordenó mantener a resguardo a los cautivos y no difundir ninguna información sobre el hecho.

En las horas siguientes a la detención de Rosales, la policía apresó también a Nicoletti y al restante ex montonero en la casa de Estepona. Los explosivos que hallaron en la vivienda agravaron inmediatamente la situación de los argentinos. Rosales, Nicoletti, "El Pelado" y "El Marciano" fueron retenidos en Málaga, donde permanecieron incomunicados en una oficina de la policía. En las horas de encierro, los ex guerrilleros revelaron a las autoridades españolas los verdaderos objetivos del grupo. Según Nicoletti, algunos de los policías españoles que

[144] Giles Tremlett, "Falklands war almost spread to Gibraltar", diario *The Guardian* de Londres, 24 de julio de 2004.

[145] El nombre del oficial de la Armada argentina suele diferir de acuerdo con la fuente consultada.

[146] "Comandos montoneros en acción", *Clarín*, 31 de marzo de 1996.

los arrestaron les dijeron que hubieran preferido no haberlos detenido y dejar que volaran alguna de las naves inglesas.

Cuando el primer ministro español José Calvo Sotelo se enteró de la novedad —casualmente había llegado a la zona de Málaga en una gira proselitista— ordenó mantener la mayor discreción sobre el asunto. La guerra de Malvinas había agitado los ánimos de amplios sectores de la sociedad española, sensibilizados por la presencia británica en el peñón de Gibraltar que España reclamaba como parte de su territorio.

Sotelo no podía ignorar que la misión del grupo de argentinos en su país podía despertar la simpatía de la sociedad local y que la libertad con que se habían movido en territorio español podía poner a su gobierno en una incómoda situación frente al Reino Unido.

El primer ministro español hizo regresar al grupo de Nicoletti a Madrid en el mismo charter que lo había llevado a Málaga. Al día siguiente de su arresto, el grupo Algeciras fue acompañado por cuatro policías hasta el aeropuerto de Barajas, desde donde un vuelo comercial los llevó discretamente a Buenos Aires. Pasó menos de un día desde el arresto de Nicoletti y su grupo hasta que los argentinos abordaron el vuelo hacia Sudamérica.

La versión que dio luego la policía española sobre cómo habían llegado a los saboteadores fue curiosa: dijeron que los argentinos eran seguidos ya que resultaban sospechosos por hacer todos sus pagos en dólares en lugar de utilizar las usuales tarjetas de crédito.

Es probable que los servicios de inteligencia españoles tuvieran bajo vigilancia desde su llegada al grupo de Nicoletti, alertados por sus pares franceses luego del incidente con el pasaporte falso en el aeropuerto de París.

Nigel West[147] reveló que los británicos sabían de la operación a partir de la intercepción de las conversaciones entre Buenos Aires y la embajada argentina en Madrid. West sugiere que la acción de la policía española fue emprendida a partir de un pedido inglés para estropear el sabotaje.

"El pelado Diego" murió en 1996 en Ecuador de un ataque al corazón. El oficial Rosales falleció en 2000 en Buenos Aires.

Nicoletti volvió a las primeras planas muchos años después de la guerra. El 5 de mayo de 1994 fue detenido, acusado de integrar una

---

[147] Nigel West, *The Secret War for the Falklands*.

banda de ladrones de bancos en la que participaban ex militares, agentes de inteligencia y delincuentes comunes. Habían asaltado un camión de caudales alzándose con un botín de 1.800.000 dólares.

A lo largo de su carrera, Máximo Nicoletti, el buzo montonero "especialista en acciones de sabotaje", sólo pudo acabar con una lancha de paseo y con un buque de guerra de su propio país.

Capítulo 17

El día en que Hércules derrotó a Hércules

◆

M uchos sitios de Internet argentinos relatan los pormenores de la
guerra de Malvinas. Cada baja provocada a la flota británica es
narrada con detalles mínimos exaltando la pericia de los aviadores
que fueron parte de cada misión.

A los militares de Buenos Aires no les faltan motivos para sentirse orgullosos de su eficacia. Seis barcos militares británicos se fueron
al fondo del mar por los ataques aéreos argentinos en la guerra del '82.
Desde la Segunda Guerra Mundial la Armada británica no había perdido uno solo de sus buques militares en combate.

Un buque hundido durante la guerra no figura entre los barcos
que los militares argentinos muestran en su lista de logros. Los dueños
de ese barco dicen lo contrario e iniciaron una demanda por 250 millones de dólares contra el gobierno argentino ante un tribunal norteamericano.

El punto central de la controversia es un enorme petrolero de una
empresa norteamericana que llevaba el nombre del mítico héroe de la
Grecia antigua: *Hércules*. El capitán del buque hundido afirma que un
avión, curiosamente un transporte C-130 *Hércules* argentino, lo atacó
pocos días antes de la finalización de la guerra.

El 8 de junio, el buque petrolero de bandera liberiana *Hércules*
navegaba frente a las costas de Brasil. El enorme petrolero de 270.000
toneladas se dirigía desde las islas Vírgenes hacia Alaska, empleando
la ruta que pasa por el cabo de Hornos en el extremo del continente
americano. Afirmó el capitán del *Hércules*, el italiano Renzo Batagliá-
rin, que por estar cercanos a una zona de guerra, habían informado
previamente por radio a las autoridades de Buenos Aires que eran un
barco mercante neutral.

De acuerdo con el relato de Batagliarin[148], a las 12:15 horas mientras se encontraban a 600 millas náuticas de la costa argentina y a 500 millas de las Malvinas, avistaron un avión C-130 Hércules argentino que los sobrevoló en círculo.

Cuarenta y cinco minutos después, sin que mediaran señales de advertencia, un segundo avión del mismo tipo habría comenzado a lanzarle bombas al petrolero desde su portalón trasero. Batagliarin mandó izar en su mástil una bandera blanca para intentar frenar el ataque. Dos horas más tarde, y siempre de acuerdo con lo declarado por el oficial italiano ante una corte norteamericana, un par de bombarderos Canberra los atacó con cohetes.

El comandante del petrolero afirma que durante el primer ataque una bomba de 250 kilos se habría incrustado sin detonar en el costado del buque, justo por encima de la línea de flotación. En la segunda embestida, un cohete habría impactado en la estructura del buque.

El capitán ordenó revertir el curso tras comprobar que ninguno de los tripulantes había sufrido daños. Por medio de la radio pidió auxilio y fijó el rumbo hacia el puerto de Río de Janeiro. Desde la Argentina, se le ofreció dirigirse hacia la base militar de Puerto Belgrano para constatar la presencia de las bombas, pero el comandante del *Hércules* prefirió dirigirse hacia el puerto brasileño. Al día siguiente, un avión argentino Boeing 707 en misión de reconocimiento sobrevoló al petrolero sin observar daño alguno en el buque.

Al llegar frente a las costas de Río de Janeiro, la tripulación del *Hércules* fue enviada a tierra en un destructor de la Armada brasileña. Los marinos del *Hércules* dejaron territorio carioca horas después en vuelos comerciales. Sólo el capitán del petrolero quedó en Río de Janeiro. De acuerdo con las declaraciones de Batagliarin a la prensa brasileña, el barco fue hundido el 20 de junio luego de que su carga de crudo fuera trasbordada a otros navíos.

El 25 de junio los diarios brasileños publicaron la foto del *Hércules* hundiéndose. Una impresionante toma del barco era acompañada por artículos en los que se explicaba que las autoridades navales de Brasil habían decidido hundir el barco a 250 millas de la costa por considerar peligroso el intento de desactivar la bomba alojada en su tanque Nº 2.

Aunque la prensa brasileña había requerido al capitán que antes de hundir la nave les fuera permitido visitar el barco para observar los daños o acercarse al menos para fotografiar los impactos, nunca consiguieron el permiso.

---

[148] Los hechos están descriptos en la causa tramitada ante la Corte Suprema de los Estados Unidos 87-1372, que lleva la carátula "Amerada Hess Shipping Co. Vs. Estado Argentino".

Los periodistas tampoco obtuvieron respuesta cuando preguntaron a las autoridades cómo se había hundido el petrolero, considerando que esta clase de nave no posee sistemas para hacerlo por cuenta propia y los marinos brasileños no reportaron haber colaborado al hundimiento con el uso de sus cañones o torpedos.

El avión C-130 Hércules es básicamente un aeroplano diseñado en los años cincuenta para llevar grandes cargas. Aunque existen infinitas variantes dedicadas a funciones tan disímiles como la investigación de tornados, el rescate marino y el combate contra incendios, no se tienen noticias de su uso como bombardero naval.

Si fuese cierto el relato del capitán Batagliarin, cuando volaba sobre el petrolero el avión Hércules abrió la gran puerta que tiene en su parte trasera y desde allí los tripulantes hicieron rodar las bombas de 250 kilos con tal suerte que una de ellas pegó en el costado del petrolero liberiano.

Para el sentido común, resulta difícil que el Hércules pueda ser usado como bombardero naval ya que no tiene instrumentos de puntería para arrojar con precisión las bombas contra un barco que está moviéndose en medio del mar, en particular mientras el avión vuela a trescientos kilómetros por hora. Más difícil hubiera sido para los tripulantes del avión acertarle al blanco con bombas de un cuarto de tonelada que eran echadas a rodar por la puerta trasera del avión con sus espoletas activadas y listas para estallar al entrar en contacto con cualquier elemento duro, maniobra que hubiese resultado más peligrosa para el Hércules atacante que para el *Hércules* que navegaba debajo de ellos.

Al menos esto es lo que sostienen los oficiales argentinos y así lo hicieron saber ante la Justicia estadounidense cuando la empresa propietaria del petrolero exigió una millonaria compensación por el hundimiento del barco.

El ataque al petrolero *Hércules* siempre fue negado por la Fuerza Aérea argentina, que alegó que nunca hubiera agredido a un buque norteamericano y mucho menos a una nave fuera de la zona de combate. Sin embargo las dudas persisten hasta el presente, cuando los hechos son analizados desde la perspectiva británica y norteamericana.

El 29 de mayo el buque petrolero británico *British Wye* se encontraba navegando a 400 millas al norte de las islas Georgias. Alejado de la protección de la flota, el comandante del buque no esperaba ningún ataque argentino ya que se hallaba más allá del alcance de los aviones de combate basados en el continente.

El ruido de un avión a motor fue la primera señal de alarma para los tripulantes del *British Wye*. Los marineros vieron un avión Hércules argentino y supusieron que se trataba de un vuelo de reconocimiento. Quince minutos después, el aeroplano viró hasta ponerse perpendicular al rumbo del navío.

Desde unos soportes situados bajo las alas, afirman las crónicas británicas[149], se desprendieron ocho bombas que regaron la superficie del mar. Una de ellas rebotó contra la cubierta del petrolero, tres detonaron a babor y el resto se hundió en el mar sin estallar.

Tras superar el momento de asombro —ninguno de ellos esperaba sufrir un ataque desde un inofensivo avión de transporte— los marinos del *British Wye* vieron alejarse el Hércules en dirección al continente. No hubo víctimas a bordo del buque británico y las bombas no causaron daños de importancia en la estructura de la nave. La Fuerza Aérea argentina niega haber participado en el ataque.

En exhibiciones posteriores a la guerra, pudieron observarse interesantes modificaciones a los aviones Hércules argentinos. Una de las más sugestivas fue la adición de un soporte de bombas de los Pucará bajo el ala de uno de los aviones de transporte. Incluso circulan en Internet fotos del estibaje externo de bombas en un avión Hércules con las insignias argentinas[150].

Internet es el lugar apropiado para difundir rumores sin evidencias. Prueba de esto son los foros donde desde el anonimato los participantes aportan supuestas pruebas para corroborar el ataque argentino contra el petrolero *Hércules*. En uno de ellos[151] varios participantes afirman haber observado un Canberra exhibido en la base aérea de Camet, en las afueras de la ciudad argentina de Mar del Plata, en el cual se había pintado una silueta de un barco petrolero. Ese perfil habría desaparecido súbitamente al iniciarse el pleito legal por el hun-

---

[149] Diversos relatos acerca del hecho difieren sobre este punto. Otras crónicas afirman que las bombas fueron lanzadas desde la puerta trasera del avión argentino.

[150] Una de ellas puede observarse en el foro "Superpetróleo Hércules hundido en Malvinas" de la página www.elsnorkel.com.

[151] Foro "Superpetróleo Hércules hundido en Malvinas" de la página www.elsnorkel.com.

dimiento del buque. Sin embargo, en los registros oficiales de la Fuerza Aérea argentina no existen constancias de una misión de Canberra el día en que el capitán del petrolero afirma haber sido atacado por ese tipo de aviones.

Otros rumores, también inverificables, indican que el buque había sido detectado por los argentinos entregando suministros a los británicos en el Atlántico Sur y que por esa razón se lo había tomado como parte de la Task Force británica.

¿Qué importancia tiene dilucidar si los argentinos lograron convertir al Hércules en un bombardero naval? La respuesta es: 250 millones de dólares.

Durante el juicio iniciado por la empresa Amerada Hess, propietaria del petrolero *Hércules*, el Estado argentino negó que sus aviones hubiesen llevado a cabo el ataque. Por lo tanto desestimó el pago de los millones reclamados por esa empresa ante un tribunal de los EE.UU.

La demanda fue rechazada por la Corte de Nueva York por considerar que el incidente había ocurrido más allá de su jurisdicción. Pero luego, el caso fue aceptado por la Corte Suprema norteamericana. La decisión del máximo tribunal se basó en el argumento de que el contrato de transporte de crudo que tenía el buque al naufragar había sido firmado en los Estados Unidos y que por lo tanto correspondía a la Justicia de ese país dirimir la disputa.

Los argentinos acusan a los propietarios del petrolero de intentar cometer una monumental estafa aprovechándose de la guerra[152].

Indican que el petrolero estaba asegurado en una firma británica por una suma muy superior a su valor real y que premeditadamente fraguaron la historia del ataque para cobrarlo[153]. Los abogados que representan a la Argentina en el litigio argumentan que de haber existido un impacto de bomba ésta podía haber sido desactivada como lo demostraron los ingleses y argentinos en repetidas oportunidades durante la guerra. Además, denuncian que el barco fue sugestivamente hundido en aguas profundas para impedir su reflote y la consiguiente verificación de los daños.

Por otra parte, llaman la atención sobre las declaraciones del capitán Batagliarin, quien afirmó a la prensa carioca que el petróleo cru-

---

[152] Joaquín Bocazzi, *Compilación Malvinas*.
[153] Rubén Moro, *La guerra inaudita*.

do que llevaba a bordo había sido trasvasado a otras naves antes de hundirse y dicen que entonces no tendría sentido que en la demanda se incluyera un pedido de 1,9 millones de dólares en concepto de indemnización por la pérdida de la carga. Por otro lado, si el *Hércules* no se había deshecho del crudo antes de hundirse, como afirmaron luego sus propietarios, el barco debería haber provocado una inmensa catástrofe ecológica cuando el petróleo comenzara a escaparse de sus bodegas, cosa que nunca sucedió o al menos no se tienen noticias de ello.

Con sus 331 metros de eslora, el petrolero *Hércules* pasaría al registro de récords en caso de haber sido hundido por los aviones argentinos, ya que se trataría del barco más largo destruido en combate de toda la historia.

El portaaviones británico *Hermes* fue vendido a la India en 1986, y destinado a reemplazar al *Vikraat*, el otro portaaviones de la flota india. Casualmente, antes de ser vendido a aquel país, el *Vikraat* había prestado servicio en la Armada británica como *HMS Hércules*. Un destructor gemelo del *Sheffield* estaba en servicio en la Armada argentina con el nombre de *ARA Hércules*. Parecen demasiados Hércules para una guerra tan pequeña.

Capítulo 18

Mi casa, tu casa

◆

S er policía en Malvinas siempre fue un trabajo sencillo. Entre los menos de tres mil habitantes de las islas, la cantidad de delitos suele ser ínfima y la policía no interviene en hechos más graves que una pelea doméstica o un desmán provocado por algún borracho. En todo caso, los mil ochocientos pobladores de Puerto Argentino se conocen demasiado entre sí como para que una conspiración criminal llegue demasiado lejos.

Desde pequeño, Terry Peck supo hacerse respetar por su carácter irascible y su físico fornido. Dicen los lugareños que siempre fue difícil ganar una pelea cuando el adversario era Terry. En 1960 Peck fue nombrado jefe de policía de las Malvinas. Su familia está en las islas desde hace siete generaciones. Resultó natural entonces que aquel fornido y respetado personaje fuera electo para custodiar la seguridad de los isleños.

En 1980 Peck dejó su cargo como jefe de policía y se dispuso a pasar una tranquila vida como administrador del club de pesca de Puerto Argentino.

En octubre de 1981, el ex jefe de policía fue nombrado miembro del Concejo de las islas, el órgano parlamentario que representa a los isleños. Su incuestionable postura pro británica fue suficiente para acceder al puesto con el apoyo de los sectores conservadores de las islas, pese a que algunas denuncias pendientes por brutalidad policial pretendieron censurar su ingreso al Concejo[154].

---

[154] Graham Bound, *Falkland Islanders at War*, Leo Cooper, Londres, 2002.

Terry conocía de la Argentina y su gente. Había viajado muchas veces a Buenos Aires e incluso hablaba algo de español. Siempre tuvo una intensa desconfianza hacia ese pueblo que insistía en decirle que había nacido en tierras usurpadas. Ese recelo cobró una nueva dimensión en 1966, al ser tomado como rehén por un grupo de jóvenes derechistas argentinos que secuestró y desvió un avión hacia Malvinas. Quizás a partir de ese suceso se haya prometido nunca más ser prisionero de los argentinos y tomar en serio sus palabras cuando le decían "algún día las islas Malvinas volverán a ser argentinas".

En la comodidad de su casa, Terry pasaba las horas escuchando las radios de la Argentina. No es que le sedujera la programación del continente, sólo trataba de darles un sustento a sus temores. Corría el verano austral de 1981 y las radios que escuchaba comenzaban a nombrar insistentemente a las Malvinas.

Primero fueron las noticias sobre la creciente tensión entre la Argentina y el Reino Unido por las negociaciones de soberanía. Luego comenzó a percibir cómo los envalentonados generales argentinos hervían de nacionalismo cada vez que mencionaban el archipiélago donde vivía. De allí a que empezaran a pensar en una aventura militar existía un trecho muy breve, y Terry lo sabía.

A fines de febrero, recuerda su hijo James, dejó escapar una conclusión a tanta escucha:

—Habrá una invasión y será muy pronto.

Desde que se iniciaron los preparativos para el desembarco en Malvinas, el servicio secreto del Ejército argentino comenzó a recopilar información sobre los pobladores de las islas. Datos personales, amistades y posturas políticas fueron organizando un mapa de posibles opositores y aliados a la presencia argentina en Malvinas. Para cuando los tanques estaban recorriendo el hasta entonces llamado Puerto Stanley, los uniformados tenían un esquema completo de la vida política y las relaciones de la mayor parte de los pobladores locales.

Hasta hoy son objeto de controversia los nombres de quienes habrían provisto esa información. Una parte puede haber provenido de las manifestaciones públicas de algunos pobladores reflejadas en los medios. El resto, tanto podría haber sido suministrado por los militares designados como enlaces de las empresas argentinas que operaban en Malvinas, de oficiales de inteligencia que trabajaban en ellas enmascarados como empleados, o de espías disimulados entre los pocos turistas que visitaban las islas en aquellos años.

La práctica de recopilar información sobre civiles siempre fue una costumbre entre los miembros de las Fuerzas Armadas argentinas. De haberse enterado, más de un malvinense se hubiera inquieta-

188

do dado el récord de violaciones a los derechos humanos que solía continuar a la preparación de las listas.

Como ex jefe de policía y claramente pro británico, Terry Peck debió haber sido uno de los primeros en ser colocado en la lista negra de Buenos Aires. En 1980, cuando el vicecanciller británico Nicholas Ridley visitó las islas, Peck tomó un micrófono para gritar exaltado que no quería que se negociara el traspaso de la soberanía con la Argentina.

Además, antes de la guerra, Peck había trabajado estrechamente con la administración colonial en tareas de inteligencia. Su misión era recopilar información sobre aquellos pobladores que se mostraran afines a Buenos Aires y vigilar a los trabajadores argentinos que vivían en las islas. Era cuestión de tiempo antes de que los argentinos encontraran los informes de inteligencia firmados por Peck en los archivos de la gobernación.

Terry Peck no fue molestado en los primeros días del gobierno militar argentino en Malvinas. Sin embargo, para él era obvio que pronto vendrían a buscarlo. La dudosa eficacia de los servicios secretos argentinos o quizá las restricciones para actuar con mano dura como lo hacían en el continente, probablemente para no afectar la imagen que los militares argentinos querían ofrecer de "vencedores piadosos", evitaron que el ex jefe de policía fuera detenido en los días siguientes a la invasión.

Terry veía pasar a los soldados argentinos de un lado al otro. Los oficiales daban órdenes a los jóvenes soldados para que cavaran trincheras o instalaran aparatos de defensa. Pronto la ciudad estuvo repleta de armas y artefactos de vigilancia rotando día y noche sobre containers rodeados de reclutas.

El malvinense trató de memorizar cada detalle que observaba. Un convoy con soldados, un oficial de alta graduación entrando a la noche en una casa o lo que podía divisar de un sitio restringido a los habitantes, eran datos que retenía en su cerebro, que nunca dejó de funcionar con lógica policial. Pronto debió darse cuenta de que le iba a resultar imposible recordar cada cosa que veía.

En su casa Peck tenía una cámara de telefotos rusa. Creyó que era apropiada para tomar imágenes de las posiciones argentinas desde una distancia prudente. Pero tampoco era cuestión de pedirles a los soldados argentinos que posaran alegremente ante aquel malvinense. El ex jefe de policía tomó un caño de desagüe y colocó su cámara rusa en un extremo de manera que pudiera enfocar y sacar fotos subrepticiamente. Con la estrafalaria cámara espía a cuestas se lanzó a recorrer las calles de su pueblo. La visión de aquel poblador transportando de un lado al otro un caño sobre sus hombros no resultó sospechosa para los centinelas argentinos. Al final de la semana había logrado fotografiar varias de las instalaciones antiaéreas que rodeaban a la ciudad.

Entre los primeros en ser deportados tras el desembarco estuvieron los policías británicos de la estación de Puerto Argentino. Sólo el alguacil Anton Livermoore permaneció en su cargo. Posiblemente por tratarse de un joven de 19 años, los militares argentinos no vieron en él un peligro y lo dejaron seguir patrullando las calles con el tradicional uniforme de la policía londinense. Fue un fútil intento por transmitir a los habitantes de la ciudad que algo de su cotidianidad seguía inalterado.

El 20 de abril, Livermoore escuchó por casualidad que Patricio Dowling, el jefe de la policía secreta argentina, pretendía detener y deportar en la mañana siguiente a Peck. El alguacil corrió a buscar al ex jefe de policía para avisarle. En cuestión de minutos, Peck recogió algunas ropas y escapó a esconderse a la casa de su hermano.

Dowling y sus hombres fueron varias veces a la casa de Peck y a la de su ex mujer para tratar de aprehenderlo. Los puestos de vigilancia montados por el Ejército en las afueras de Puerto Argentino hacían más difícil que Peck pudiera simplemente tomar sus cosas y correr a refugiarse en alguna de las estancias de las islas.

Ayudado por Pat Whitney, ex chofer del gobernador británico Rex Hunt, Peck organizó su evasión de la ciudad el 21 de abril. Whitney había obtenido el permiso de los militares argentinos para llevar correspondencia y suministros hacia las granjas del interior de las islas. La idea del ex jefe de policía era que Whitney lo ayudara a escaparse de Puerto Argentino durante la mañana siguiente.

Desde hacía años, Peck recorría las islas con su motocicleta en su tiempo libre y conocía como pocos los lugares donde esconderse y a quiénes solicitar ayuda para sobrevivir mientras esperaba el regreso de las tropas británicas. La fuerza de tareas inglesa ya había partido hacia Malvinas y sólo era cuestión de esperar hasta poder reunirse con ellos.

Su plan era tomar su motocicleta y acompañar al auto de Whitney a una distancia prudente. Una vez que el Land Rover pasara los puestos de control argentinos, Peck haría lo propio o intentaría hacer el camino a campo traviesa para evitar las preguntas de los soldados.

Peck ocultó una pistola que le dio su hermano en la rueda de auxilio del Land Rover de Whitney y juntó algunas provisiones necesarias para tolerar el destierro. Antes de salir dejó una nota en la estación de radio con un mensaje para sus hijos. Les decía que debía dejar la ciudad por un tiempo.

Había dos posibles vías de escape. Una era la ruta que bordea el cerro Dos Hermanas y la otra a través del sendero conocido como Ponies Pass, por el camino que se dirige a Darwin. Sabían que los argentinos mantenían retenes en ambos puntos, pero que rara vez los controlaban simultáneamente.

Peck se dirigió hacia Ponies Pass pero en el camino le informaron que un convoy de jeeps argentinos con Dowling a la cabeza se dirigía hacia Dos Hermanas. Peck decidió que tomaría esa ruta. Si iba por el mismo camino que la policía secreta, era más probable que los guardias no sospecharan que alguien intentaba escapar por esa ruta. Su presunción fue correcta y para cuando llegó al puesto de guardia argentino, no encontró soldados vigilándola.

Ya en el interior de las islas, Peck y Whitney vieron a lo lejos unos helicópteros argentinos haciendo tiros de práctica. Continuaron su camino suponiendo —correctamente— que los artilleros estarían entretenidos disparando y no notarían su presencia. Luego se separaron. Whitney acordó dejarle en un punto previamente convenido la rueda de auxilio que escondía la pistola y también provisiones en algunos sitios alejados de las tropas argentinas.

Peck recorrió el campo hacia el oeste con la idea de alcanzar la granja de Long Island, donde podría pedir a sus propietarios, Neil y Glenda Watson, que lo ocultaran por unas semanas. En el camino, un helicóptero voló en círculos sobre él. Como si se tratara de un excursionista que había salido a andar en moto por diversión, el fugitivo siguió saltando sobre la turba hasta que el piloto perdió el interés por él y se alejó en dirección a Puerto Argentino.

Los Watson acogieron a Peck. Al igual que el ex policía, una veintena de pobladores de Puerto Argentino y de las estancias de los alrededores habían buscado refugio en la granja Long Island.

Estaban todos reunidos en el living de los Watson cuando escucharon el ruido de un aparato acercándose. Era un helicóptero Puma argentino que venía a hacer una requisa. De su interior bajó un grupo de soldados encabezado por Patricio Dowling.

Terry Peck corrió a esconderse en el baño. Estaba seguro de que lo estaban buscando. Bajó sus pantalones, puso el cerrojo y esperó a que los soldados tocaran la puerta. Dowling y sus hombres comenzaron a revisar las identificaciones de los pobladores en el living. Pasaron los minutos y Peck permaneció sentado en el inodoro. En el silencio del baño escuchaba los ruidos de los borceguíes yendo de un cuarto al otro. Era cuestión de segundos antes de que los soldados lo sorprendieran en una posición poco honorable.

Pero nada pasó. Los soldados no revisaron el baño. Escuchó el sonido del helicóptero reiniciando sus motores y unos minutos después las aspas rompieron el cielo llevándose a Dowling y su escuadrón.

En los días siguientes *La Gaceta Argentina*, el periódico editado en Puerto Argentino por los militares, informó que se estaban registrando las estancias para ubicar a posibles comandos ingleses infiltrados entre los pobladores. De allí que la incursión se limitara a identificar a los presentes y no a la búsqueda de alguien en particular.

Días más tarde Peck llegó a Rincón Grande, en donde Whitney le había dejado el arma y las municiones que escondieron en la rueda de auxilio del Land Rover. Esa noche durmió en un refugio para pastores en medio de la nada. Nuevamente vio en la lejanía al Puma de Dowling dirigiéndose a una nueva requisa.

El prófugo visitó varias granjas en los días siguientes. En cada lugar que llegaba encontraba la sombra de Dowling y de su helicóptero. Decidió que lo mejor era permanecer en el descampado y no exponerse a que lo encontraran en alguna de las granjas.

El frío y la humedad, enemigos de todos los que fueron a esa guerra, también agredieron a Peck. Aunque tenía provisiones y ropa de abrigo, su dieta no era suficiente para reponer las calorías que se tomaba prestadas el clima malvinense. Ni hablar de hacer un fuego para recobrar algo de calor. En la abandonada inmensidad de Malvinas, una breve fogata significaba una invitación a ser aprehendido.

Desmoralizado, tomó la decisión de dejar la vida ermitaña y dirigirse a la cercana granja Brookfield, propiedad de su amiga Trudi Morrison. Abandonó la moto para hacer más furtiva su huida.

En la granja de Morrison encontró a sesenta personas de Puerto Argentino que habían huido en las jornadas siguientes al desembarco. Tras comer una generosa cena que le prepararon los dueños de casa, el ex policía volvió a marcharse. Acordó que le dejaran alimentos en algunos puntos preacordados para no tener que volver a la casa y arriesgarse a ser descubierto. Durmió en refugios y viviendas abandonadas. Pero algunas noches de mucho frío, no tuvo otra opción que tocar a la puerta de los Morrison.

En cada visita que hacía a la casa, las mujeres del lugar lo invitaban a que tomara un baño caliente y se afeitara. Peck rehusó la invitación con cortesía. Pero la insistencia finalmente hizo efecto. Una bañera caliente lo esperó un día y Peck se zambulló en ella como si fuera un niño. Su amiga Trudi le dijo en ese momento que "había olvidado su patito de goma". Desde ese día, "Patito de Goma" fue el nombre en clave que se usó para referirse al fugitivo en conversaciones y llamadas de radio cuando no se lo quería citar por su nombre. Aún hoy suelen gritarle "¡Rubber Duck!" desde algún auto que lo cruza en los caminos de las islas.

Apenas asumió el gobierno encabezado por Menéndez, se decretó que todos los pobladores debían portar una identificación argentina. Se trataba de un cartón con los datos del poblador y una foto cruzada con una huella digital de éste. En realidad eran las mismas tarjetas que en los años 70 la Argentina y el Reino Unido habían acordado usar para los pasajeros que transitaran entre las islas y el continente. Peck tenía la suya y la había utilizado con frecuencia para viajar a Buenos Aires, pero se dio cuenta de que si era atrapado podía ser reconocido fácilmente por los soldados argentinos. Necesitaba en forma urgente hacerse de una nueva identidad.

Trudi Morrison y Gail Steen, una de las refugiadas que vivía en la granja de Brookfield, alteraron su documento. Rasparon cuidadosamente la escritura y con una vieja máquina de escribir reemplazaron el "Terry Peck" por un conveniente "Jeremy Packer". Una foto tomada con una cámara Polaroid que había en la casa sustituyó a la antigua imagen del documento. Aunque no era una falsificación profesional, al menos serviría para aumentar las chances de zafar si era detenido por una patrulla argentina.

Una semana después de dejar Puerto Argentino, Peck se enteró por medio de los Watson de que los marines británicos habían dejado escondidos rifles y lanzacohetes en una playa cercana llamada Long Island Beach. Tras cerciorarse de que no hubiera soldados argentinos en las cercanías, el ex policía acompañado con otros malvinenses recuperó las armas. Peck había dado un paso más en su camino de transformación. Ahora tenía el arma de un soldado y la intención de usarla contra los argentinos si era necesario.

"Hemos recibido a muchos amigos", fue lo que le dijo por radio Isobel Short desde Puerto San Carlos el 21 de mayo. La confirmación del desembarco era la señal que esperaba Peck desde que comenzara su huida. Fue en busca de su motocicleta y emprendió el camino hacia el encuentro con los recién llegados. Con ayuda de un adolescente apellidado Pitaluga —descendiente de una familia llegada de la Argentina décadas atrás— Peck fue en busca de las tropas británicas.

El 21 de mayo los ingleses consumaron el decisivo desembarco en Puerto San Carlos. Las barcazas descargaban miles de soldados y pertrechos bélicos mientras los aviones argentinos volvían una y otra vez a atacar a las naves en el estrecho. Entre la enorme actividad se vio llegar a un demacrado pero feliz poblador local. Era Terry Peck, que llevaba consigo el rifle británico y la ropa hecha andrajos.

Fue recibido por un oficial de inteligencia ansioso de recopilar los datos que aquel entusiasta podía darles acerca de las islas sobre las que debían avanzar. En honor a la verdad, al entrar en la guerra la información que poseían los británicos sobre la geografía de las Malvinas era escasa. Por eso las entrevistas con los que vivían en ellas se transformaron en una fuente vital de información hasta el último día de la ofensiva.

Pero Terry Peck tenía en su poder mucho más que información. Conocía los lugares y atajos por donde las tropas podían llegar a Puerto Argentino. Sabía sobre la topografía y el clima de las islas como pocos. Pero además era un líder de la comunidad y su sola presencia alentaría a muchos locales a colaborar con los militares ingleses.

Los militares que hablaban con Peck consideraron las fotografías que había tomado de las posiciones argentinas en Puerto Argentino y sus alrededores como una inesperada bendición. Una vez reveladas, mostraron detalles milimétricos de las defensas de la ciudad. Además, los sitios de las instalaciones antiaéreas, los radares y las disposiciones defensivas argentinas habían sido memorizados por el ex jefe de policía.

Durante tres días Peck se reunió con oficiales de inteligencia británicos. Cada porción de información que había registrado desde el 2 de abril era extraída pacientemente por los analistas. Peck había retenido detalles sumamente puntuales de la ubicación y las rutinas de los oficiales argentinos. Durante su breve gobierno, el general Mario Benjamín Menéndez dormía siempre en lugares diferentes por temor a un ataque. En instituciones tan verticales como era el Ejército argentino, la eliminación del comandante podía significar un duro y hasta definitivo golpe para la defensa.

Peck proveyó a los ingleses de información sobre las rutinas de Menéndez y sus oficiales. Es posible que esos datos hayan sido tomados en cuenta para planificar el ataque del 12 de junio que casi acaba con la plana mayor argentina. Ese día, el cuartel de policía de Puerto Argentino fue alcanzado por un misil lanzado por un helicóptero inglés. Por causas fortuitas, los oficiales argentinos no se encontraban en el momento del impacto dentro del edificio, como era usual.

El malvinense ofreció seguir ayudando. Pero ¿qué podía hacer ese ex policía entre los profesionales militares? Cuando el mayor Roger Patton del Regimiento 3 le preguntó si quería ser el guía de las tropas, Peck dijo simplemente:

—Nada me gustaría más. Cuanto antes pueda volver a Stanley y a mis hijos mejor[155].

Un comandante inglés pidió que le dieran una chaqueta militar. Un civil entre tanto militar llamaría de inmediato la atención de un observador enemigo o de un francotirador. Encomendaron a Peck que les mostrara cuáles eran los pasos seguros para recorrer los 92 kilóme-

[155] Graham Bound, *Falkland Islanders at War*.

194

tros que los separaban de Puerto Argentino. Los británicos habían perdido muchos helicópteros cuando el buque de carga *Atlantic Conveyor* fue hundido por un misil argentino. A causa de ese hecho, el camino de las tropas hacia Puerto Argentino debería ser hecho casi en su mayoría a pie ya que los comandantes ingleses utilizaron muchos de sus escasos camiones y helicópteros para trasladar municiones, armas y otras cargas pesadas.

Un baqueano que conociera los atajos y secretos del terreno significaba quizá la diferencia entre soldados que llegarían agotados al momento de encontrarse con el enemigo, o descansados y con tiempo para tender una emboscada en el sitio oportuno.

Al igual que otros malvinenses, Peck pasó a formar parte del esfuerzo de guerra británico en las islas. Pero su aporte fue quizá más allá que el de cualquier otro.

Lo subieron a un helicóptero y lo trasladaron a Teal Inlet, al norte de las posiciones argentinas. Se lo asignó como guía de un grupo de sesenta hombres de la Compañía D del Regimiento 3 de Paracaidistas encargados de hacer el reconocimiento avanzado de las defensas enemigas. Muchas veces estuvo a metros de los soldados argentinos mientras acompañaba a los paracaidistas en sus misiones de exploración.

A medida que se acercaban al monte Longdon, Peck se vio involucrado cada vez con mayor frecuencia en escaramuzas con los argentinos. En más de una ocasión tuvo que permanecer con la cara contra la turba por las balas que atravesaban el aire. Las reglas militares británicas no permitían que un civil fuera expuesto a entrar en combate junto a tropas profesionales.

Antes de llegar a Longdon, los militares británicos se dieron cuenta de que tener un guía desarmado constituía un riesgo inaceptable. Indefenso, sus posibilidades de caer eran mucho mayores. Y no podían prescindir de su servicio en el frente, que en más de una ocasión significó la ventaja decisiva en un combate.

Le dieron un fusil idéntico al que usaban las tropas regulares. Le suministraron una instrucción básica que fue redundante. Como miembro de las FIDF ya sabía todo lo que necesitaba para disparar contra los argentinos.

Pero su primera experiencia de combate fue un fiasco. Noches antes del ataque a Longdon, su impericia le hizo disparar, sin causar ninguna baja, a una patrulla británica a la que confundió con argentinos. El 12 de junio tendría tiempo de remediar su traspié. Aquel día, durante la batalla de Monte Longdon, Peck ya era otro soldado más. Trepó las colinas y fue parte de la carga de infantería que arremetió contra las trincheras argentinas. Disparó su fusil contra las posiciones argentinas y debió esconderse para no ser alcanzado por los disparos.

Tuvo la oportunidad de matar y ser muerto como cualquier otro que estuvo esos días en el patíbulo de Longdon.

El día de la rendición Peck entró a Puerto Argentino junto a los soldados británicos. De no haber sido porque era llamado por su nombre por los vecinos de la ciudad, hubiese sido difícil diferenciarlo del resto de los paracaidistas. Estaba sucio y con la fatiga que ambos bandos compartían tras el cese del fuego. Fue directamente a ver a sus hijos, que apenas pudieron reconocerlo dentro del uniforme de combate.

La posguerra no fue fácil para Terry Peck. Si bien es un héroe entre sus vecinos, el haberse visto involucrado en la más feroz batalla de la guerra no lo hacía más feliz que antes. Lo que sucedió durante esas horas en Longdon siempre fue para él algo personal, no un hecho que quisiera relatar en público como jactancia. En Malvinas hablan de él con veneración. Pero Peck rehúye las entrevistas y prefiere guardar silencio sobre el papel que le cupo en la guerra.

Alguna vez refugió a su hijo James en su casa cuando la sociedad malvinense insistió en condenarlo por haberse casado con una argentina llamada María. Cuando las críticas contra su hijo arreciaron, no tuvo problema en enfrentarse contra los sectores más conservadores de las islas y los funcionarios de la gobernación para defenderlo de las represalias sociales y burocráticas de quienes lo hostigaban por enamorarse del enemigo.

El ex policía es hoy un héroe en las islas. Junto a Vernon Steen, son los únicos malvinenses que tomaron las armas contra los argentinos luego del 2 de abril. Cada 14 de junio, Terry Peck desfila junto a las tropas británicas en la parada militar que recuerda la victoria británica del '82.

Ésa es hoy la fecha patria de las islas. Antes de la guerra, simplemente se festejaba el cumpleaños de la reina el 21 de abril. Antes que las Malvinas tuvieran una fecha patria, Terry Peck era simplemente un policía jubilado.

Los soldados ingleses que lucharon en la guerra de Malvinas tienen su propia asociación llamada SAMA/82. Es la entidad que los agrupa y se encarga de velar por la memoria de sus caídos. Terry Peck es el representante de SAMA/82 en Malvinas y el único habitante en haber recibido una medalla de Miembro del Imperio Británico de manos de la ex primera ministra Margaret Thatcher. Otros malvinenses también tienen medallas; pero ninguno guarda una tan prestigiosa como la que tiene Terry Peck ni recibieron como el ex policía el permiso especial para usar en los desfiles la boina roja del Regimiento 3 de Paracaidistas.

Es difícil explicar la transformación de Terry Peck desde el día en que supo que habría una invasión hasta que retornó a Puerto Argentino transfigurado en un curtido combatiente. Alguna vez dijo que nunca quiso convertirse en héroe y que tampoco se siente como tal. Hubiera preferido quedarse disfrutando de su retiro en lugar de enfrentar una guerra que nunca deseó.

Cada 11 de junio sube a la cima del monte Longdon y se queda solitario la noche entera cumpliendo un ritual personal indescifrable. Es que esa noche está solo con su tierra natal como lo estuvo durante la mayor parte de la guerra. Las rocas del monte Longdon, donde se transformó en combatiente, saben qué fue lo que encontró allí que lo cambió de por vida.

Nunca dijo odiar a los argentinos. Tras la guerra estuvo con algunos ex combatientes argentinos y jamás se supo que de su boca haya salido algún reproche contra alguno de ellos. Por el contrario, Terry Peck sigue sosteniendo que simplemente hizo lo correcto al haber defendido su tierra de aquellos que la habían invadido.

Aunque sus vecinos insisten en exhibirlo como el héroe que encarna la resistencia malvinense, él rehúsa ser parte de los homenajes constantes que recibe. Terry Peck se prometió no volver a ser un prisionero. La prisión de bronce de la fama es el último reducto de donde tiene que escapar antes de convertirse en otro malvinense que vive a su modo el otoño de su vida.

Capítulo 19

¡No me tiren, hijos de puta!

◆

Algunos de los muertos de la guerra del '82 cayeron víctimas de la torpeza o de la falta de preparación de los militares de sus propias filas. Fueron una docena de soldados y civiles de uno y otro bando que murieron cuando fueron tomados por enemigos. Dentro de los listados de bajas del conflicto, esas personas figuran como víctimas del "fuego amigo".

Solamente la sinrazón de la guerra puede usar un término tan discordante para describir a los que caen bajo las balas de sus propios camaradas.

¿A quién culpar por esas pérdidas? ¿Los responsables debieran ser alguna vez juzgados o, al menos, investigados por la Justicia de sus países? ¿Cómo enfrentan el recuerdo de la guerra quienes perdieron a sus familiares y amigos a manos de hombres que vestían el mismo uniforme que sus muertos?

El capitán Rubén Héctor García Cuerva fue el primer piloto muerto en combate que tuvo la Fuerza Aérea argentina desde que fue fundada en 1945. Durante la guerra de Malvinas, García Cuerva volaba un cazabombardero Mirage III y fue derribado por los cañones antiaéreos argentinos en Malvinas.

El 1º de mayo de 1982, el piloto argentino recibió la orden de despegar para enfrentar a los aviones ingleses que atacaban Puerto Argentino. En el cielo de Malvinas tuvo un breve encuentro con una pareja de aviones Harrier, uno de los cuales alcanzó a la nave de García Cuerva con un misil norteamericano Sidewinder. Aunque no llegó a derribarlo, la explosión arruinó el sistema de combustible del Mirage III de Cuerva. Cuando vio que se quedaba sin carburante, el capitán tomó conciencia de que no podría llegar hasta su base en el continente.

García Cuerva resolvió tomar tierra en el aeropuerto de Puerto Argentino. Aunque la pista era muy corta para un jet supersónico, el aviador creyó que era preferible intentar un aterrizaje arriesgado antes que ir rumbo al continente y eyectarse cuando se quedara sin combustible. Sabía que si se lanzaba en paracaídas perdería su avión y quedaría flotando a la deriva en el océano helado que rodea a Malvinas.

El primer día de mayo, los cañones antiaéreos en Puerto Argentino entraron en combate contra los aviones británicos. Al principio, cuando cayeron las primeras bombas inglesas, el terror se apoderó de muchos de los reclutas que estaban cerca del aeropuerto. Pero, cuando ya habían pasado las oleadas iniciales de Harriers, los soldados, poco a poco, dejaron de esconderse y algunos se sentaron en el suelo a observar el espectáculo aéreo que brindaban los misiles y proyectiles buscando sus blancos. Los proyectiles eran capaces de recorrer entre dos y cuatro kilómetros antes de estallar en mil fragmentos que envolvían a las naves enemigas. Una estela química en el traste de la munición dejaba un rastro luminoso que el apuntador usaba para intentar acertar en el blanco.

El temor de los reclutas se transformó pronto en un ruidoso entusiasmo cada vez que un jet británico era alcanzado por los disparos argentinos. Los conscriptos, que eran poco más que adolescentes, miraban el cielo para tratar de detectar primeros la llegada de un enemigo y marcarles con gritos y señales a los artilleros hacia dónde dirigir sus cañones.

—Era como un juego, como fuegos artificiales. Los aviones se veían como puntitos chiquitos que se iban haciendo más grandes. Pasaban haciendo un ruido infernal. Los cañones les disparaban y de vez en cuando alguno de los aviones se llenaba de humo y desaparecía al caer al mar —recuerda un ex conscripto que estuvo en aquel lugar.

Entre cada combate, humeaban los tubos de los cañones mientras los soldados se apresuraban a recargar las cintas de munición. Cada artillero, con el pie listo para presionar el pedal que funcionaba como gatillo, oteaba el horizonte esperando dibujar el cielo con sus potentes balas trazadoras.

Llegó la tarde y el cielo gris sobre la capital de las islas se tiñó con el humo de los incendios causados por las bombas. Todos sabían que cuando cayera la noche iba a llegar la tregua. Los aviones británicos no se aventuraban a atacar después de que cayera el sol. Pero todavía no había llegado el crepúsculo. Los artilleros seguían alertas a la espera de nuevos bombardeos.

De repente, volvió a sonar la alarma antiaérea. Una veintena de cañones, como en un ballet coreografiado por un artista castrense, giraron al unísono en dirección al norte.

El maltratado avión de García Cuerva se acercaba a Puerto Argentino con su radio averiada por la explosión del misil norteamericano. El piloto desconocía la frecuencia para llamar al aeropuerto a fin de avisar que estaba dirigiéndose hacia allí.

García Cuerva se propuso aligerar el peso de su nave para poder frenar con mayor facilidad cuando tocara la pista. En las alas del Mirage, los tanques de combustible ya vacíos representaban una carga inútil de la cual se podía prescindir. El aviador pulsó los comandos de su panel y los depósitos se desprendieron dando giros en el aire antes de caer en la zona de montes al norte de Puerto Argentino. El piloto sintió que su avión daba un pequeño salto al sentirse libre del peso.

Para estar seguros de no confundir aviones propios con ajenos, los argentinos habían establecido ciertas rutas sobre las cuales debían volar las aeronaves propias que quisieran aterrizar en Puerto Argentino. Cualquier aparato que estuviera fuera de los recorridos precisados, decían las órdenes dadas por los comandantes argentinos, debería ser tratado como atacante británico por la defensa antiaérea.

Debido a una decisión tomada por los jefes militares argentinos, la pista de Puerto Argentino no fue alargada y por lo tanto los Mirage III no podían operar desde esa base. Aquélla fue la razón por la cual García Cuerva desconocía qué ruta debía recorrer para no ser tomado por enemigo. El piloto confiaba en que, quizá, si volaba recto, bajo y lento, los artilleros diferenciarían entre la esbelta y triangular silueta del Mirage III y la rechoncha apariencia del Harrier. Después de todo, los artilleros eran profesionales entrenados para distinguir entre los distintos tipos de nave que aparecieran frente a sus miras.

Los cañones argentinos estacionados en las afueras de Puerto Argentino recibieron la información de que un aparato desconocido se acercaba al aeródromo por una ruta no autorizada. Quizás, a causa de la tensión del momento, o por falta de una adecuada preparación, cuando los vigías observaron a la nave de García Cuerva desprendiéndose de sus depósitos de combustible pensaron que se trataba de un enemigo que arrojaba bombas sobre las defensas que rodeaban la ciudad. En segundos, los cañones antiaéreos recibieron un alerta sobre la posible amenaza que se acercaba desde el norte.

A los artilleros argentinos no les resultó difícil acertar en el avión de García Cuerva, que parecía ofrecerse sumiso a ser abatido. Lo último que pudo ver el piloto fueron los destellos saliendo de los cañones que rodeaban Puerto Argentino. Miles de proyectiles se abalanzaron sobre el Mirage dibujando en el aire entrecortadas líneas luminosas que convergían precisas sobre el avión que venía del norte. En instantes, una lluvia de metralla perforó la cabina del aparato de García Cuerva hiriendo de muerte al piloto cuando le restaban segundos para llegar al lugar donde creyó que podía encontrar refugio.

Por las radios militares argentinas en Malvinas se oyeron dos mensajes. Uno fue el de los soldados de la defensa antiaérea que celebraban el derribo del avión que creían enemigo anunciando "¡lo bajamos, lo bajamos!". En tierra, los soldados que acompañaban la noticia levantaban los brazos como si festejaran un gol de su equipo de fútbol.

Los operadores del aeropuerto quedaron presos del estupor al escuchar un segundo mensaje con las últimas palabras del capitán García Cuerva:

—¡No me tiren, hijos de puta!

Hay otras versiones sobre el derribo de García Cuerva. Una de ellas afirma que el piloto, luego de gastar demasiado combustible como para regresar al continente enfrentando a los Harriers, pidió autorización para aterrizar en el aeropuerto. Los operadores del aeródromo le habrían negado el permiso por encontrarse bajo el bombardeo de los buques británicos. Cuando el aviador intentó tomar tierra desobedeciendo las órdenes de dirigirse al continente, no habría habido tiempo de avisarles a los antiaéreos de que se trataba de un avión argentino.

Una tercera versión indica que el daño en la nave de Cuerva habría provocado el lanzamiento fortuito de sus misiles y que los artilleros en tierra habrían confundido ese evento accidental con una acción hostil de un aeroplano enemigo.

Sea cual fuere la explicación exacta para aclarar lo que sucedió el 1º de mayo, lo cierto es que el "fuego amigo" causó la primera baja de combate en la historia de la Fuerza Aérea argentina. Una sucesión de errores mató al mayor García Cuerva y lo sepultó junto a su Mirage en las aguas que rodean a la península de Frecynet, al norte del aeropuerto de Puerto Argentino. Ése es el único hecho que está fuera de cualquier discusión.

—No queríamos ser gobernados por argentinos ni ser argentinos. ¿Cuál era la razón para cambiar una democracia por una dictadura?

La que habla es Verónica Fowler[156], una inglesa que vive en Puerto Argentino.

---

[156] Entrevista realizada por el autor en Puerto Argentino en junio de 2004.

Verónica llegó junto a su marido a Malvinas en los años setenta. Fue maestra en la escuela de las islas hasta que le llegó el momento de jubilarse. Varias veces intentó habitar en otros lugares del planeta, pero, invariablemente, siempre regresó a vivir en Puerto Argentino.

La maestra jubilada es tan rigurosa en el uso del idioma inglés como cuidadosa en su formalidad. Después de todo, para una profesora, el hecho de que llegue el momento de jubilarse no implica que desaparezca la imperiosa necesidad de corregir a los demás. Con el mismo tono que usaría para explicarle literatura inglesa a uno de sus alumnos, pide que no la llamemos "islander", sino que pronunciemos "i-lander", para diferenciarla de los ciudadanos de Islandia. Esta rubia señora, sesentona y "very british", todavía pelea por dejar atrás el recuerdo de la guerra.

Su casa en la zona alta de Puerto Argentino es igual a una típica vivienda de los suburbios londinenses. Libros, cuadros y fotos de su familia coexisten en barroca armonía detrás de un ventanal asomado sobre la bahía que sirve de vestíbulo a la ciudad.

Esa casa no es la misma que habitaba durante el conflicto. Aquel hogar fue destruido hasta los cimientos por el "fuego amigo" en la guerra de 1982. La tragedia ocurrió apenas unos días después de dar a luz a su último hijo.

—Esos bichos eran muy molestos —dice Verónica mostrando una foto de un avión Pucará que tiene en su biblioteca—, volaban tan bajo sobre las casas de Puerto Argentino que casi torcían las chimeneas.

La foto de un avión argentino está a mano en uno de los estantes de la biblioteca, como si tuviera que estar disponible cada vez que Verónica necesite expresar lo que fueron los días de la guerra.

—Pero lo que me molestaba en serio —continúa— era tener un nido de ametralladoras instalado justo enfrente de nuestra casa... Estos chicos que las manejaban de repente se asustaban por nada, y empezaban a dispararlas. Era terrorífico, parecían incapaces de controlar sus equipos... escuchabas el "ratatatatatata". Nos tirábamos al piso, en la calle.

Cuenta Verónica que la más aterrorizada por los disparos era su hija Rachel que en 1982 tenía apenas tres años.

En los días de la guerra, su vivienda quedaba en el extremo de la ciudad, más allá de la residencia del gobernador, en donde las casas comienzan a ceder espacio al campo. La mayor parte de sus vecinos habían huido hacia el interior de las islas por temor a los combates, o eran funcionarios ingleses que tras el desembarco habían sido expulsados del archipiélago por los militares argentinos. Ella misma, por ser inglesa, fue invitada a dejar Malvinas por el gobierno del general Menéndez. Pero eligió quedarse.

En los días siguientes a la llegada de los argentinos, Verónica notó que las viviendas de sus vecinos comenzaban a ser ocupadas por militares. Se trataba de oficiales que elegían dormir en un lugar más confortable que las carpas donde estaban las tropas. Aunque la tradición de dar la bienvenida a los recién llegados al vecindario también existe en Malvinas, Verónica prefirió obviar las ceremonias y dejar de lado los saludos.

Además, su embarazo de ocho meses y medio no le dejaba demasiadas energías para hacer buenas migas con aquellos oficiales que habían llegado en el momento indicado para arruinar su alumbramiento. Si esos militares tenían razón cuando afirmaban que ganarían la guerra contra los ingleses, entonces, su hijo nacería bajo la bandera argentina.

El 13 de abril de 1982 Verónica Fowler fue llevada a la maternidad de Puerto Argentino. En la madrugada alumbró a su hijo, el primer malvinense nacido bajo una administración argentina en ciento cincuenta años.

En los primeros días de junio de 1982, mientras Verónica Fowler acunaba a su hijo, en los montes, al norte de Puerto Argentino, las tropas argentinas y británicas se mataban entre sí. La maestra rogaba que los obuses no cayeran sobre la ciudad.

El hogar de los Fowler tenía un sótano de piedra. Verónica y su familia lo usaron desde el 1º de mayo para protegerse. Junto a ellos se guarecían algunos amigos y vecinos que no tenían un lugar para ampararse cuando comenzaban los bombardeos. El señor Fowler había reforzado la protección de su casa al colocar maderas y muebles llenos de ropa y turba junto a las ventanas, seguro de que la improvisada defensa detendría los escombros y esquirlas de las bombas.

En la noche del 12 de junio, Steve Whitley y su mujer Sue, Harry Bonner y su esposa Doreen, y Laurie Goodwin junto a Mary, su anciana madre de 82 años, estaban refugiados en la casa de los Fowler. Si se hubiesen asomado por entre las maderas que cubrían las ventanas, podrían haber observado las explosiones.

Desde Bahía Anunciación, el buque británico *Avenger* se dedicaba a machacar con sus cañones las posiciones argentinas que rodeaban la ciudad. Aún no se sabe a ciencia cierta qué sucedió. Pudo haber sido un error de los marinos británicos al apuntar; otros prefieren pensar que en realidad el buque quiso atacar una casa ocupada por oficiales argentinos. Los ingleses sostienen que creían que esa zona de la ciudad estaba vacía de malvinenses. Cualquiera haya sido el motivo, el

12 de junio por la noche, un barco del Reino Unido lanzó un obús justo al frente de la casa de Verónica Fowler.

En una fracción de segundo, los 15 kilos de explosivo y acero del proyectil inglés demolieron el hogar de Verónica y su familia. Providencialmente, minutos antes del estallido, el señor Fowler había mandado a los que en aquel momento estaban en su casa a tomar un té a la cocina. La detonación ocurrió justo frente al living, donde instantes antes los dueños de casa conversaban con sus huéspedes.

Verónica recuerda el silbido de la bomba acercándose. Fueron segundos en los que su marido alcanzó a gritar que todos se arrojaran al suelo. Los que así lo hicieron se salvaron. Aquellos que quedaron en pie pagaron con su vida el no haber obedecido la orden.

Entre los escombros y el polvo provocados por la detonación, Verónica pudo ver a su amiga Doreen; yacía como si estuviese dormida, acostada en lo que quedaba del piso de la cocina de los Fowler. El humo gris y el olor a quemado envolvían todo. La señora Fowler vio a sus hijos intactos y a su marido con una terrible herida en la pierna. Ella tenía fragmentos de la casa y la bomba aferrándole la espalda, que le quemaban y le provocaban un dolor inmenso.

—Vamos, Doreen, salgamos de aquí —le dijo a su amiga. Pero Doreen nunca le contestó. Una esquirla le había seccionado la espina dorsal, matándola instantáneamente. Sue Whitley tampoco llegó a saber nunca qué había sucedido.

Verónica recuerda que pidieron ayuda a los oficiales argentinos desde el teléfono de su casa, que milagrosamente seguía funcionando.

—En el medio de este caos el teléfono andaba... los argentinos no vinieron porque decían que el pueblo estaba siendo bombardeado. Pienso que es un poco cobarde no venir en ayuda de madres con sus hijos. El único que vino a ayudarnos fue un hombre grande y excepcional, un valiente oficial argentino de nombre Hussey. Dijo que su abuela inglesa estaría retorciéndose en su tumba y se disculpó por arruinar nuestras vidas.

Mary Goodwin fue la tercera víctima del proyectil inglés. Tras resistir a sus heridas por algunas horas, la anciana murió en el hospital de Puerto Argentino rodeada de soldados argentinos que también habían llegado allí con heridas provocadas por las bombas inglesas.

En la pequeña clínica de Puerto Argentino, rodeada de malvinenses y soldados argentinos heridos, Verónica recibió la noticia de la rendición argentina.

En 1984 Rachel, la hija de Verónica, encontró un proyectil listo para estallar en el jardín de su nueva casa, aquella que los británicos les dieron para reemplazar el hogar destruido durante la guerra.

—Nos dieron esta otra casa para ir a vivir, la vida estaba volviendo a la normalidad. Rachel podía salir a jugar al jardín nuevamente. Hasta que un día estaba en un patio trasero y dijo: "¿Qué es eso?". Y era una bomba, saliendo del suelo... si hubiera funcionado... no hubiéramos sobrevivido otra vez.

Verónica insiste aún hoy en culpar a los argentinos por la tragedia que los alcanzó el 12 de junio de 1982. Ella cree que la muerte de sus tres amigas habría podido evitarse si los militares argentinos se hubieran mantenido alejados de Malvinas. Aunque el propio comandante de las tropas británicas en la campaña, el general Jeremy Moore, les pidió a los Fowler disculpas por haberlos bombardeado, Verónica tampoco justifica a los miliares ingleses por haber provocado las únicas bajas entre la población civil de las islas durante la guerra.

—Sobrevivimos toda la guerra hasta el 14. Ese día nos atrapó el "fuego amistoso", así lo llamaron... qué oximoron, ¿no? Fuego amistoso... de tu propio lado —dice Verónica inclinando la cabeza en cada pausa como si dijera una adivinanza.

Los libros en la biblioteca revelan algunas cosas acerca de su dueña. Hablan de una maestra que sabe disfrutar de la lectura y de su gusto por la literatura universal. Entre sus libros, quizá se encuentre algún ejemplar de *El Aleph* de Jorge Luis Borges, en donde el escritor argentino describió la figura del "oximoron", esa extraña palabra que usa Verónica para definir lo que significa el ser atacado por quienes anuncian venir a liberarte.

Escribía Borges: "La figura que se llama oximoron se aplica a una palabra, un epíteto que parece contradecirla; así los gnósticos hablaron de una luz oscura; los alquimistas, de un sol negro".

Juan Cristóbal Gregorio, capitán del barco mercante argentino *Formosa,* se enteró del desembarco argentino en Malvinas mientras regresaba con su buque del norte de Europa. El *Formosa* era parte de la flota estatal ELMA y por lo tanto estaba bajo las órdenes del régimen militar que gobernaba la Argentina. Ya en Buenos Aires, Gregorio supo que su nave tenía por misión el transporte de suministros a Puerto Argentino.

El 13 de abril, el *Formosa* dejó los muelles porteños para dirigirse hacia el Atlántico Sur. En sus bodegas transportaba 3.500 toneladas de comida, camiones, ambulancias, jeeps, municiones y combustible para las tropas argentinas en las islas.

Al partir hacia Malvinas, la tripulación del buque estaba compuesta por cuarenta y cinco marineros civiles y una enfermera llamada Doris West. Además, llevaba a bordo un contingente de treinta soldados argentinos destinados a reforzar la guarnición de las islas[157].

Tras recalar en Punta Quilla, en la provincia patagónica de Santa Cruz, el *Formosa* partió hacia Malvinas el 18 de abril. Hacía una semana que los británicos habían dispuesto la zona de exclusión en torno del archipiélago y apostado tres de sus submarinos nucleares para hacer creíble su amenaza. Si era detectado, el enorme, lento y desarmado carguero argentino sería una fácil presa para los veloces sumergibles atómicos ingleses.

El barco comandado por Gregorio llegó a Puerto Argentino un día después de su partida del continente. Desde las bodegas del buque se descargaron cuarenta y cinco contenedores con comida. Esas provisiones significaron la mayor parte de los víveres que recibirían los soldados argentinos durante la guerra. Los comandantes argentinos habían previsto enviar otros barcos con suministros, pero ante la amenaza de los submarinos nucleares británicos, ningún otro barco tan grande repitió la ruta del *Formosa* durante el resto del conflicto.

Cuando el capitán notó que la descarga del buque era muy lenta a falta de personal especializado, los militares enviaron por avión a Malvinas a dieciséis trabajadores portuarios de la Patagonia. Para cuando llegaron los estibadores, el *Formosa* ya había sido vaciado y no se preveía el arribo de nuevos barcos al puerto. Los obreros fueron destinados por algunos días a limpiar las calles de Puerto Argentino antes de ser devueltos al continente.

—Capitán, estamos bajo ataque —un nervioso marinero comunicó al comandante del *Formosa* que los británicos habían comenzado el esperado contraataque contra las fuerzas argentinas. Era la mañana del 1º de mayo y la guerra del Atlántico Sur escalaba a un nuevo nivel de violencia.

El sonido de las explosiones y el tableteo de las ametralladoras rodearon al *Formosa*. El barco, que estaba aún en la bahía de Puerto Argentino, era un blanco tentador para los aviones ingleses que volvían una y otra vez a bombardear.

Por medio de la radio, el Comando Naval argentino ordenó a Gregorio que abandonara el puerto en forma urgente. Pero el capitán no podía hacerlo tan rápido: antes de internarse en el mar tenía que cargar ocho mil toneladas de agua de mar en los tanques de lastre. Necesitaban algunas horas para completar esa tarea que les permitiría

---

[157] Jorge Muñoz, *Misión cumplida*, Epopeya, Buenos Aires, 2000.

contar con la maniobrabilidad necesaria para navegar en alta mar. Mientras cargaba lastre, estaba expuesto a que un proyectil británico acertara en el fácil blanco que representaban sus 130 metros de largo.

Finalmente, el *Formosa* abandonó indemne y a toda máquina el muelle de Puerto Argentino. El capitán Gregorio dejaba atrás los ataques aéreos y las columnas de humo negro que se elevaban sobre el cielo de Malvinas. Pero tenía por delante el riesgo que representaban los submarinos emboscados en algún lugar bajo la superficie del Atlántico.

La tripulación del *Formosa* viajó a toda marcha hacia el continente. La noche se aproximaba alejando en cada minuto el peligro de los aviones británicos que no se aventuraban a atacar cuando caían las sombras.

Desde el puente de la embarcación observaron tres aviones que se dirigían hacia ellos entre las luces del ocaso. No eran Harriers británicos. Ni siquiera eran enemigos. Se trataba de tres cazabombarderos Skyhawk de la Fuerza Aérea argentina comandados por el capitán Carlos Carballo, que patrullaban la zona buscando barcos ingleses para atacar.

En momentos críticos, un Skyhawk puede ser confundido fácilmente con un Harrier por un observador poco avezado. Los aeroplanos se acercaron al *Formosa* con evidente intención de atacarlo y para sus marineros no había dudas de que se trataba de aviones británicos.

Los aviones argentinos adoptaron un rumbo perpendicular al curso del buque para poder lanzar sus bombas al costado del inmenso carguero. El capitán Gregorio ordenó maniobras de evasión y el timonel giró furiosamente el timón de un lado al otro haciendo zigzaguear al *Formosa* en medio de las olas del Atlántico. Puede adivinarse el horror de los marineros al ver que los Skyhawks liberaban su carga de explosivos sobre ellos.

La primera bomba cayó sobre la proa, rebotó sobre la cubierta metálica y luego se hundió en el océano sin explotar. La segunda penetró en el centro del buque sin llegar a estallar. Antes de frenar su demoledor camino entre el metal, el proyectil perforó varias cubiertas y se estacionó inerte en la segunda bodega. El resto de las municiones lanzadas por los aviones argentinos fue a parar al mar que corría a los costados del mercante.

Aún con apetito de lograr el primer hundimiento de la guerra, los Skyhawks pegaron la vuelta y regresaron para ametrallar al *Formosa*. El telegrafista del buque movía su dedo con velocidad inmensa para informar al Comando Naval que estaba sufriendo un ataque. En segundos, los aviones comandados por Carballo ya estaban de vuelta y ahora abrían grandes boquetes en la estructura de la nave con sus cañones de 20 milímetros.

Una vez que agotaron sus municiones, los pilotos de los Skyhawks retornaron al continente preguntándose por qué aquel barco no se había defendido. Al día siguiente, Carballo y sus hombres se enteraron de que habían debutado en combate arrojando sus bombas contra un carguero argentino.

En los momentos siguientes al ataque, los marineros del *Formosa* se dieron cuenta de que a pesar de la desgracia los había acompañado también la suerte. Las bombas que les habían arrojado no explotaron y, aunque la estructura de la nave lucía perforada por los impactos de los cañones en el puente y los camarotes, ninguno de los tripulantes había sido herido.

El capitán ordenó a sus marineros que ataran con sogas la bomba que los aviadores argentinos habían cargado a bordo de su buque para que no rodara cuando el barco se inclinaba al navegar. En medio de un mar embravecido, la bomba que viajaba en la bodega podría haber estallado en cada uno de los tumbos que daba el *Formosa* cuando escalaba las olas del Atlántico.

Cinco días después del ataque de los aviones argentinos, el *Formosa* llegó al puerto de Buenos Aires. Allí, los especialistas de la Armada argentina desactivaron la bomba alojada en su interior. Hasta entonces, el proyectil de más de un metro de largo había permanecido maniatado como una bestia en el piso de la segunda bodega del buque.

Christopher Griffin era piloto de los helicópteros Gazelle del escuadrón 656 del Ejército británico. Había ingresado en la carrera militar cuando tenía 18 años y desde entonces se había ganado una notable reputación como piloto. Su habilidad para maniobrar los ágiles helicópteros livianos ingleses lo llevó efímeramente al cine cuando fue el convocado a manejar un aparato Scout en una escena de la película *Who Dares Wins*. Nunca llegó a ver el estreno del film. Partió hacia las Malvinas cuando el Ejército británico ordenó a todos los pilotos de Gazelle que marcharan hacia la guerra que se gestaba en el Atlántico Sur.

Griffin maniobró su Gazelle matrícula XX 377 hasta las posiciones de la Brigada 5 de Infantería que avanzaba sobre Puerto Argentino. Era el 5 de junio y todo indicaba que pronto la guerra terminaría con una victoria británica.

El piloto tenía que llevar en su Gazelle algunos equipos de comunicación frente al monte Williams y luego regresar a la seguridad de la flota. Griffin era acompañado en ese vuelo por su copiloto, Simon Cockton, y dos integrantes del Real Cuerpo de Señaleros 205. Aun cuando habían sufrido graves pérdidas, los aviones argentinos seguían siendo una amenaza para los helicópteros ingleses, que carecían de cualquier tipo de defensa ante los jets enemigos.

La tripulación del Gazelle entregó su carga y dejó el frente de batalla buscando regresar rápidamente al paraguas protector que les brindaban los misiles de la flota, bajo el cual los pilotos argentinos quizá no se arriesgaran tanto como para perseguir al pequeño helicóptero.

Cuando volaban sobre el mar cerca de la localidad de Fitz Roy, un misil estalló cerca del helicóptero matando en forma instantánea a sus cuatro tripulantes. El cuerpo de Griffin fue hallado flotando en el mar. Los restos del helicóptero quedaron humeantes en la turba hasta que un equipo de rescate llegó allí para recoger los cadáveres de los otros tripulantes.

El reporte británico indicó que la nave de Griffin fue destruida como consecuencia de un ataque enemigo. Sin embargo, no se tenían noticias de unidades argentinas en el lugar y en el momento en que el Gazelle cayó a tierra. De acuerdo con los registros de la Task Force el destructor británico *Cardiff* había disparado ese día contra una aeronave enemiga en esa zona, por lo que de inmediato se sospechó que había arrojado por error un misil Sea Dart contra el helicóptero inglés. Un equipo de especialistas británicos revisó los restos y dictaminó que no habían encontrado rastros de Sea Dart, liberando de toda culpa a la tripulación del *Cardiff*.

La familia de Christopher Griffin nunca creyó en la versión oficial. Pidieron a los funcionarios de su país que reabrieran el caso, pero siempre se toparon con la renuencia de los militares a investigar más a fondo el accidente. Cansados de esperar una respuesta, los familiares de Griffin iniciaron una demanda judicial para investigar qué había sucedido realmente el 5 de junio de 1982 cerca de la localidad malvinense de Fitz Roy.

Pasaron tres años desde el derribo del Gazelle hasta que los restos del helicóptero fueron reexaminados. Un grupo de forenses dictaminó que el helicóptero había sido derribado, sin lugar a dudas, por un misil Sea Dart del *Cardiff*.

El Ministerio de Defensa británico cambió entonces su versión del accidente. Los voceros militares afirmaron que Griffin había violado las normas de vuelo y por eso había sido confundido con el enemigo. El fallo de los peritos que revisaron el caso, sin embargo, los contradijo al decir que el *Cardiff* había disparado demasiado pronto al detectar el helicóptero de Griffin, sin haber agotado los medios para identificarlo.

—La tripulación del *Cardiff* había llegado semanas más tarde que el resto de la flota —diría después el almirante británico Sandy Woodward en sus memorias— y el nerviosismo provocado por encontrarse en una zona de combate podría haber contribuido a que destruyeran el helicóptero[158].

Existe una vieja tradición entre los marinos que consiste en dibujar en el puente del buque siluetas de los aparatos enemigos destruidos. Tres años después de terminada la guerra, algún marinero del *Cardiff* habrá recibido la orden de ir con una espátula a rascar la silueta que hasta ese día lucía orgullosa la nave, dibujo que hasta ese entonces era muestra de la eficacia de su tripulación durante una guerra que les tocó combatir en 1982.

Con el tiempo, se supo que horas después de haber derribado al Gazelle de Griffin, cuando ya había caído la noche del 5 de junio, el destructor *Cardiff* detectó con su radar a un grupo de barcos no identificados que maniobraban cerca de Bluff Cove. El buque inglés se acercó para averiguar si se trataba de un desembarco argentino, mientras los artilleros recibían la orden de prepararse para disparar contra los blancos que se aproximaban a la costa. Antes de abrir fuego, el capitán tuvo la precaución de lanzar unas bengalas para iluminar el lugar donde se presumía el desembarco enemigo. La luz reveló la presencia de unas barcazas inglesas que intentaban descargar tropas en la costa. Desesperados, los soldados a bordo de los lanchones rogaron por la radio que no les dispararan. Por cuestión de segundos, en el mismo día, el *Cardiff* estuvo a punto de desatar una segunda matanza.

Las cuatro historias son sólo una pequeña muestra de los casos en que argentinos y británicos dispararon contra sus propias filas durante la guerra del '82. García Cuerva fue el primer aviador muerto de la guerra y cayó por el "fuego amigo". El piloto de helicópteros Christopher Griffin supuso hasta el momento de su muerte que los misiles de la flota inglesa estaban para protegerlo y no para derribarlo. El ataque al *Formosa* demostró que los militares argentinos tuvieron siempre grandes dificultades para diferenciar amigos de enemigos. Verónica Fowler apenas sobrevivió cuando algún oficial británico creyó poder bombardear una zona civil sin considerar el riesgo que corrían las personas que allí se encontraban.

Los argentinos mostraron serias deficiencias técnicas y profesionales para saber a quién estaban atacando. Después de todo, la Argentina es una nación del Tercer Mundo y era lógico que sus militares cometieran errores.

---

[158] Sandy Woodward, *Los cien días*, Sudamericana, Buenos Aires, 1982.

Pero los ingleses, aunque superiores profesional y tecnológicamente, fueron igualmente ineficaces para evitar disparar contra su propia gente y derribar a sus helicópteros. Tan lejos fue esa ineficacia, que en el frenesí por acabar con los soldados argentinos provocaron la muerte de algunos de aquellos que, según decían, venían a liberar. Al finalizar la guerra, y pese a todo, los argentinos pudieron decir que habían cumplido su promesa de mantener con vida a los civiles de las islas; los ingleses, en cambio, con su "fuego amigo" faltaron a la suya de salvaguardar a todos los ciudadanos de aquel rincón del imperio.

Ya sea en la Argentina o en Gran Bretaña, si alguien por impericia o estupidez provoca la muerte de otros es condenado, salvo que se trate de un inimputable aquejado por la idiotez o la ignorancia. Se supone que los que mataron a García Cuerva, a los vecinos malvinenses y a Griffin eran profesionales seleccionados para la guerra.

Capítulo 20

Ejecutados ilegalmente, no fusilados

◆

P ara todos los argentinos que estaban en el monte Longdon, la noche
del 11 de junio fue terrible. Tras un bestial bombardeo terrestre y
naval que duró tres días, los ingleses cayeron por sorpresa sobre las
posiciones argentinas mientras los defensores dormían en sus trincheras.

A las 22 horas del 11 de junio, unos trescientos soldados del Regimiento 3 de Paracaidistas, la flor y nata del Ejército británico, avanzaron sobre monte Longdon. En las posiciones argentinas se alojaban
trescientos conscriptos de poco más de 18 años, comandados por un
puñado de oficiales. La mayoría de los defensores eran apenas unos
infantes vestidos apresuradamente de verde oliva por sargentos y tenientes que les exigían desafiar a las tropas profesionales inglesas que
venían a desalojarlos del monte que ocupaban.

Cuando un británico pisó una mina terrestre a metros de una
trinchera argentina, se puso en marcha la batalla final decisiva de la
guerra. Desde el estratégico monte Longdon podían divisarse las casas
de Puerto Argentino que se apiñaban las unas contra las otras sobre la
costa, como queriendo subirse a los barcos para que las llevaran lejos
de esa guerra y ese puerto perdido en el fondo del mapa. Longdon era
la llave definitiva para tomar el control de la capital malvinense y ganar la guerra.

El cabo José Carrizo del Regimiento 7 de Infantería Mecanizada
estaba en una de las primeras trincheras del Longdon en caer bajo el
fuego de los paracaidistas británicos. Carrizo estaba preparado para la
guerra. Después de todo, no era un recluta como la mayoría de los que
lo rodeaban; él era un rudo cabo del Ejército argentino instruido durante años para defender ese pedazo de tierra malvinense que sentía
tan propia como el jardín de su casa en la provincia argentina de Mendoza.

Carrizo fue uno de los primeros en disparar contra los bultos que se aproximaban entre fogonazos y explosiones de granadas. El cabo tiró y tiró con su fusil. Hoy no tiene pudor de reconocer la satisfacción que sentía cuando sus disparos hacían caer a un atacante, y su rabia al ver a esas hordas que avanzaban inexorablemente masacrando a sus compañeros y seguían ganando terreno como si fueran inmunes a los disparos de los conscriptos argentinos.

—Yo pensaba, estos tipos no se mueren —dice mientras mueve su cabeza como si no comprendiera—; no sé si andaban con chalecos antibalas o qué es lo que tenían encima. Era como si las balas no los penetraran. Estábamos peleando con una potencia. Es algo triste, te sentís tan impotente.

Las horas de combate se sucedieron y sus municiones se agotaron. El cabo colocó su bayoneta y cargó contra los ingleses.

—Sentía impotencia por tener que andar nada más que con una bayoneta. Me quedé sin municiones... y no sabía qué hacer.

Al llegar la mañana, Carrizo ya sabía lo que se siente al matar a otro ser humano.

—Yo atravesé con la bayoneta a una persona y nunca supe quién era. Vi una figura en la noche oscura, estaba defendiendo mi vida, el que estaba enfrente tenía que ser eliminado.

Los argentinos perdieron la batalla. Cuando los ingleses coronaron la cresta del monte Longdon con sus tropas en las primeras horas del 12 de junio, el cabo José Carrizo y los otros soldados argentinos que lo defendían se dieron cuenta de que, al menos para ellos, la guerra se había terminado.

Esa mañana, Carrizo no sabía si los muertos en Longdon habrían sido más de cincuenta, o cien. Poco importaba cuando la batalla había finalizado, salvo haber sobrevivido al infierno.

No se había cumplido el presagio fatídico de esa mujer desconocida que lo atajó días antes de partir hacia Malvinas en una calle de Mendoza. En el preludio de la batalla, Carrizo recordó varias veces a esa señora que le dijo:

—No veo cosas buenas en el futuro, tome esto que lo va a proteger.

Aquella mujer le dio una medalla con una imagen de la Virgen. Carrizo pensó mientras resurgía de su trinchera en Longdon que quizás había logrado sobrevivir intacto gracias al amuleto.

El cabo salió de la trinchera en la que se había refugiado junto a media docena de soldados en los últimos momentos de la batalla. Carrizo les dijo a sus compañeros que intentaría encontrar la forma de reunirse con los que defendían Puerto Argentino. Los ingleses habían ganado en Longdon y ya no había nada que pudieran hacer para revertir el resultado de la batalla. El mendocino quería escapar hacia las líneas argentinas para tomar un arma y disparar de vuelta contra aquellos que desde hacía quince días no dejaban de derrotarlos.

Carrizo sintió frío y cansancio cuando fue desapareciendo la adrenalina que había saturado su cuerpo durante los tiroteos. La nieve caída en la madrugada sobre Malvinas les daba un aspecto todavía más triste a los restos del bacanal de asesinatos de la noche anterior.

Por todos lados había cadáveres. Algunos eran conscriptos con los que Carrizo había compartido algunas charlas mientras esperaban la llegada de los ingleses. Observó a uno que estaba tirado cerca, al que había defendido cuando un oficial quiso estaquearlo por una falta menor. Ahora estaba muerto, con un agujero negro en el pecho. A otros no los pudo reconocer porque sus cuerpos estaban tan lastimados que era imposible saber si alguna vez habían tenido algo que ver con su vida en monte Longdon.

—Vi los restos de un soldado. Se veían unos borceguíes de los que salía humo y restos de carne pegados en una piedra. Es lo que quedó. No había nada más...

La mayoría de los cuerpos eran de soldados argentinos, aunque de tanto en tanto podía verse un británico muerto. Daba igual que fueran unos u otros, todos estaban muertos. Carrizo era un sobreviviente y cuando volviera a su casa en Tucumán podría contarle a su hijo, ese que había nacido unos días antes y que aún no había conocido, que había estado en la más tremenda batalla de la guerra de las Malvinas.

Mientras escapaba escondiéndose entre las rocas, Carrizo vio desde lejos a sus compañeros reunidos en grupos. Estaban rodeados de soldados británicos que los sacudían como monigotes cuando les revisaban los andrajos que vestían en busca de armas.

Carrizo trató de escapar arrastrándose por la ladera del monte al insoportable cautiverio que sucede a la derrota. Reptó como un animal entre el laberinto de piedras y turba húmeda que durante meses fue su segunda piel.

El cabo conocía cada palmo del terreno. Había pasado tres meses viviendo en ese lugar. Se cubría como podía, tratando de acomodar su metro noventa en ese monte fabricado de rocas tiradas en desorden, como si alguien hubiera vaciado despreocupadamente una gigantesca carga de piedras blancas sobre la turba.

Aunque algunos sitios de Longdon se esforzaban por ocultar a Carrizo, su cuerpo insistía en sobresalir por encima de las piedras. En nada le ayudaba haber perdido más de trece kilos desde su llegada a Malvinas; aun así, el monte no lograba resguardarlo.

De pronto Carrizo sintió un ruido y voces inglesas unos metros más allá del lugar donde estaba agazapado. Esperó que se fueran antes de seguir avanzando. Una segunda patrulla enemiga pasó cerca sin descubrirlo. Luego escuchó nuevamente a los británicos que venían conversando a unos metros debajo de donde estaba oculto. Apoyó su espalda contra una roca plana y se quedó en silencio mientras oía atentamente tratando de adivinar si los ingleses venían en su dirección. De repente sintió que le golpeaban el casco desde arriba. Allí estaban otra vez los británicos. Lo habían descubierto justo cuando estaba a punto de escapar.

Aun siendo prisionero, Carrizo desafió a sus captores mirándolos a los ojos. Estaba convencido de que si conseguía sostenerles la mirada, lograría ser un soldado prisionero en lugar de un enemigo vencido.

Un británico le apuntaba con una ametralladora Sterling, con un cargador curvo saliendo del costado. El otro tenía un fusil y una tela camuflada frente a la cara; a través de ella Carrizo pudo ver un par de ojos achinados, tan rasgados, que pensó que quizá fuera uno de esos gurkas que tantas veces mencionaron en las trincheras.

Los ingleses revisaron al cabo argentino que quiso escapárseles. Al sacarle la chaqueta, descubrieron una insignia de suboficial del Ejército argentino. Eso pareció irritarlos. Siguieron hablando entre ellos con sorna, mientras Carrizo trataba de adivinar qué decían en esa jeringoza incomprensible. Lo único que pudo entender fue:

—American boina verde.

Luego, vino ese gesto universal. Uno de los soldados se pasó la punta de un dedo por el cuello. Esa seña, en cualquier lugar del planeta, sólo puede significar una cosa.

El caño de una ametralladora apuntó directo a la frente de Carrizo desde medio metro de distancia. Seguramente, pensó el cabo para tranquilizarse, el momento de morir duraría un instante. Una bala salió para enterrarse en la cabeza de Carrizo. Un segundo proyectil siguió obsecuente el mismo camino.

Carrizo oyó un chasquido y un sonido metálico que duró menos de lo que tarda un parpadeo. Un fogonazo reemplazó la visión de la ametralladora. Luego, la nada.

El 16 de abril, los tripulantes del submarino argentino *Santa Fe* zarparon desde el puerto argentino de Mar del Plata hacia las Georgias, a 1.500 millas náuticas de distancia. El *Santa Fe* era un viejo submarino de la Segunda Guerra Mundial comprado hacía ya dos décadas por la Armada argentina. El sumergible desafió el bloqueo inglés para llevar provisiones y un refuerzo de 27 infantes de marina a la guarnición argentina en Grytviken, la capital de las Georgias.

El 25 de abril, por la mañana, luego de desembarcar armas, soldados y alimentos en Grytviken, el *Santa Fe* se aprestó a cumplir la segunda parte de su misión: debía internarse en el Atlántico para la improbable tarea de atacar a la flota británica que viajaba entre la isla de Ascensión y Malvinas.

El vigía de la torre fue el primero en dar la voz de alarma a las 6:30 de la mañana cuando el *Santa Fe* apenas había asomado su proa en la bahía de Cumberland. Un helicóptero Wessex proveniente de la fragata británica *Antrim* se acercaba a toda velocidad hacia ellos. Los marinos argentinos carecían de defensas ante un ataque aéreo, salvo los fusiles de los tripulantes que disparaban contra el helicóptero desde el puente de la nave. El Wessex británico lanzó un misil antibuque contra el *Santa Fe* y perforó de lado a lado la vela del submarino. La explosión se llevó consigo las piernas de uno de los marineros que disparaba desde ella. Otros helicópteros británicos provenientes de las fragatas *Plymouth* y *Brilliant* se unieron a la batalla y lanzaron cargas de profundidad, misiles y un torpedo que destruyeron parte del sistema de propulsión de la nave.

El comandante del *Santa Fe*, el capitán de corbeta Horacio Bacain, comprendió que seguir resistiendo llevaría probablemente a la muerte de muchos de sus marineros, y ordenó encallar la nave en una playa de Grytviken. A las 18, la guarnición argentina comandada por el teniente Luna se rendía y al día siguiente el destacamento argentino de Leith, resguardado por Astiz y sus Lagartos, tomaba la misma determinación. Al entrar los británicos a Grytviken, capturaron al submarino *Santa Fe* y a sus treinta y cinco tripulantes. Antes de entregar la nave, los marinos argentinos abrieron las válvulas de inundación y la dejaron semisumergida en un muelle del puerto.

Cuando los ingleses llegaron al *Santa Fe* se apuraron a revisar el interior del buque. Allí habrían encontrado los códigos secretos de la Armada argentina, que les habrían servido para descifrar los movimientos de los barcos enemigos en los días siguientes[159].

Los infantes de marina argentinos que había transportado el *Santa Fe* fueron enviados a reunirse con los soldados rendidos en Grytviken y Leith. A excepción de los disparos que salieron del submarino, no hubo ninguna resistencia significativa de parte de los argentinos al ataque británico en las Georgias.

---

[159] Eduardo J. Costa, *Guerra bajo la Cruz del Sur*, Hyspamérica, Buenos Aires, 1998, pág. 195.

Esa noche, el comandante de las fuerzas de tareas británicas en Georgias, el capitán Brian Young, invitó al comandante Bacain a cenar a bordo de la fragata *Antrim*. Más allá de la cortesía entre camaradas, existía una segunda intención de parte de Young: temía que hubiese comandos argentinos dispuestos a colocar cargas explosivas debajo de los buques del Reino Unido anclados frente a Grytviken. Cuando el capitán Bacain aceptó la invitación, los ingleses comprendieron que no debían temer ataques submarinos.

Durante la cena, el comandante inglés le pidió al capitán del *Santa Fe* que seleccionara a cinco marineros de su tripulación para reflotar la nave y sacarla del puerto de Grytviken en la mañana del día siguiente. El jefe británico no tenía marineros en su flota que supieran operar esa clase de submarinos que su Armada había dejado de usar hacía décadas.

Al llegar el nuevo día, el capitán del *Santa Fe* subió a bordo de su nave acompañado por los suboficiales Artuso, Ibalo, Ontiveros, Ruiz, Recalde y Salto. Bacain no necesitó darles instrucciones a los seis tripulantes que lo acompañaban; los manuales de la Armada decían que en caso de que su nave cayera prisionera, debían encontrar el modo de hundirla. Los ingleses, que compartían la misma tradición, sabían que los prisioneros intentarían abrir las válvulas para inundar al *Santa Fe*. Por eso pusieron guardias armados con la orden de disparar si los argentinos intentaban sabotear al submarino.

Éste salió del puerto con dificultad por los daños que había sufrido durante la batalla. Subrepticiamente, los marinos argentinos maniobraron sus válvulas para sabotear la nave. Cuando el agua comenzó a entrar en los depósitos del *Santa Fe*, el buque se escoró a babor.

—A Artuso le ordené que no hiciera ninguna acción de las mencionadas (de sabotaje), ya que iba a estar custodiado por dos infantes armados —dijo años más tarde Bacain en un reportaje.

El suboficial Félix Artuso se tomó de unas válvulas cuando el *Santa Fe* se escoró hacia uno de los lados. El británico que lo vigilaba le había advertido que no se acercara a esas llaves que servían para acelerar la inundación del submarino. Tres tiros certeros del guardia inglés disparados por la espalda fulminaron al marino argentino[160]. Artuso cayó muerto instantáneamente en el piso de la sala de control. El 30 de abril fue enterrado con honores en tierra de las Georgias.

El *Santa Fe* se hundió días más tarde en alta mar, cuando un vendaval lo hizo zozobrar mientras era arrastrado como botín de guerra

---

[160] Joaquín Bocazzi, *Compilación Malvinas*, pág. 97.

por el remolcador inglés *Salvageman*. El reporte de la Armada argentina sobre la captura del submarino indica que los marineros argentinos lograron abrir las válvulas de inundación y que gracias a esa maniobra la nave se fue a pique durante la tormenta.

El fusilamiento a bordo del *Santa Fe* fue investigado por la justicia militar británica, que falló a favor del soldado inglés que le disparó a Artuso, alegando que el marino argentino había sido muerto mientras intentaba sabotear la nave.

El ex combatiente de Malvinas contó su historia con la condición de que no se le preguntaran los verdaderos nombres de los personajes involucrados.

Dijo que un argentino que estaba a cargo de uno de los antiaéreos de Malvinas disparó contra un enemigo indefenso. Fue quizás el 1º de mayo —el ex soldado no lo recordaba— cuando un Harrier inglés fue abatido y su piloto se lanzó en paracaídas sobre el mar.

El piloto caía lentamente, expuesto a la mirada de los antiaéreos que lo habían derribado. Sin previo aviso, uno de los cañones antiaéreos lo puso en su mira y lo acribilló desparramando su cuerpo por el suelo malvinense. El ex combatiente que cuenta la historia dice que los ingleses dieron por desaparecido al piloto cuando no encontraron sus restos.

A primera vista parecía una de esas fábulas de guerra, contadas en las rondas de mate por los argentinos para compensar el resultado de la campaña. Semanas después, otro ex combatiente argentino, por casualidad, habló sobre el fusilamiento en el aire. El segundo veterano que contó la historia dijo que había sucedido en una fecha distinta y no recordaba si los restos del piloto inglés habían caído en tierra o en el mar.

Por fin, fortuitamente, apareció el soldado que decía haber acribillado al piloto británico que bajaba en paracaídas. Los temores de que no quisiera contar su historia desaparecieron cuando afloró un extrovertido personaje que no dejaba de hablar de su paso por Malvinas.

Y su versión del incidente fue precisa:

—Fue el día en que empezaron los ataques ingleses. Al principio teníamos un cagazo tremendo. Yo era el encargado de disparar uno de los antiaéreos. Y ese día bajamos un par de Harrier con nuestros cañones. De repente, vi que de uno de los aviones se tiraba el piloto en paracaídas. Y, qué querés que te diga... ahí me agarró la bronca y le tiré... le tiré y le tiré. Volaban los pedazos del inglés por todos lados. No sabés el desparramo que se armó. Son las cosas de la guerra. ¿Sabés lo que es ver que te tiran y no poder hacer nada? Yo tenía conmigo un par de soldaditos que no daban más del miedo y esos ingleses venían y nos bombardeaban con todo lo que tenían.

—¿No tenés temor de que contar tu historia te traiga algún problema?

—No, lo que pasó quedó en el pasado. Si los ingleses quieren investigar también van a tener que reconocer que ellos fusilaron. Lo puedo contar porque ellos también hicieron lo mismo. En la guerra esas cosas pasan. Cuando se termina, ya no importa.

De acuerdo con los registros británicos, ninguno de sus pilotos murió el 1º de mayo de 1982.

El cabo Carrizo recuperó el conocimiento minutos después de ser fusilado en monte Longdon. Se sentía mareado y no lograba ver con claridad. Con un agujero abierto en la frente, caminó tambaleante entre los restos de la batalla. El cabo sintió que algo viscoso se le escurría y se llevó la mano a la cara.

—Me sacudí la mano y empezó a salir más sangre —recuerda Carrizo—. Y me vino la desesperación. Tenía que buscar ayuda. Así que empiezo a mirar para ambos lados y siento que algo me toca la nariz. Así que yo meto la mano por acá —dice señalando el costado izquierdo de su nariz—. Tenía el ojo salido de la órbita. Tuve que metérmelo nuevamente en su lugar y seguir caminando. Así es que me voy caminando para abajo, caigo, me tropiezo, caigo, y voy hasta un lugar cubierto de nieve. Cuando llegué donde estaba la nieve lo único que hice fue arrodillarme y meter las manos ahí porque tenía mucho calor. Cuando levanto la vista veo dos borceguíes enfrente de mí. Y veo a un inglés con una boina roja que me estaba apuntando con un fusil. Y agaché la cabeza, ya no daba más. Esa persona me levanta, grita, y desde arriba se sienten como risas burlonas, carcajadas. Después me llevan abajo y ahí ya pierdo el conocimiento. No recuerdo más…

Después de ser encontrado por los soldados ingleses, Carrizo fue dado por muerto. Nadie podría sobrevivir con dos disparos en la cabeza. El cabo fue colocado junto a una pila de cadáveres de otros soldados argentinos muertos en Longdon. La providencial intervención de un prisionero de los ingleses evitó que fuera enterrado con vida.

—Me salvó un infante de marina llamado Leiva —dice Carrizo—. Los ingleses lo mandaron a enterrar a los muertos y cuando pasa donde estaban los cuerpos siente los gemidos de una persona. Es ahí donde me reconoce. Leiva les grita a los británicos que había un hombre que estaba vivo. Dice que era desesperante verme, tenía la cabeza como levantada. Y él decía que me quedara tranquilo y yo gemía del dolor que tenía…

Los británicos llevaron a Carrizo en helicóptero al buque hospital *Uganda*, donde los médicos le salvaron la vida.

El cabo hace hoy una vida casi normal y, salvo una cicatriz encima de su ojo izquierdo, no le quedaron secuelas tangibles de haber sido víctima de un fusilamiento.

—Los médicos me habían prohibido fumar, tomar, hasta me prohibieron hacer el acto sexual por el daño que podía provocarme en la parte de la masa encefálica que me quedaba. No podía hacer ningún tipo de deportes, no podía hacer nada. Pero hice todo lo contrario. Cuando llegué a Mendoza me saqué los puntos, me puse a jugar a la pelota y hasta cabeceaba estando como estaba... Yo estaba viviendo gratis. Y los psiquiatras me daban pastillas para que me calmara. Diecinueve pastillas, para que no hiciera... locuras. Probé tomar las pastillas una vez cuando estaba con sueño. Era una pastillita chiquitita, tenía que cortarla en el medio y tomar ese pedacito. La tomé y quedé un zombi, no servía para nada. Yo dije ese día: nunca más tomo una porquería de éstas. Y nunca más las tomé. Me querían convertir en un psicópata, borrarme del mapa.

Otras historias de fusilamientos recorren el relato del conflicto. Los argentinos son culpados por los ingleses de haber rematado a los tripulantes de un helicóptero inglés derribado el 21 de mayo en las cercanías de San Carlos. También afirman que un oficial británico fue acribillado en Darwin cuando se acercó a una bandera blanca que se asomaba en una trinchera argentina. Los argentinos, por su parte, cuentan otros relatos de ejecuciones como el del teniente Viscozo, que cayó herido en una trinchera de Dos Hermanas el 11 de junio. Viscozo habría sido rematado por un soldado que formaba parte de una patrulla de tres comandos ingleses, pero milagrosamente la bala dirigida a él fue desviada por la cuenta del rosario que llevaba en el cuello. Tras sobreponerse al fusilamiento, el teniente habría matado a los tres británicos que le dispararon.

El cabo José Carrizo sobrevivió a su fusilamiento en Malvinas. Aunque relató su historia cientos de veces y los medios argentinos la difundieron, el gobierno y el Ejército del cual formaba parte nunca investigaron a fondo qué le había sucedido en Longdon.

Cansado del trato que recibió tras su paso por Malvinas, Carrizo pidió la baja del Ejército e intentó trabajar en su provincia natal. Hoy es encargado del centro de ex combatientes de la localidad de Merlo, en la provincia de Buenos Aires.

Las ejecuciones durante la guerra fueron un tabú que los gobiernos de la Argentina y el Reino Unido prefirieron no tocar al cesar las hostilidades. Aunque las denuncias sobre fusilamientos poblaban los relatos de los ex combatientes, en particular del lado argentino, la Justicia en ambos países optó por desconocer que hubieran ocurrido.

En 1991, el ex paracaidista británico Vincent Bramley publicó su libro *Viaje al Infierno*, donde describe los asesinatos de prisioneros argentinos durante la guerra de Malvinas. El libro incluye la descripción de ejecuciones de prisioneros relatadas por el ex paracaidista en primera persona. La curiosa explicación de Bramley a algunos de los fusilamientos es que los soldados británicos creyeron haber encontrado a mercenarios norteamericanos que luchaban en el bando argentino y que decidieron eliminarlos para evitar que se supiera que ciudadanos de un país aliado al Reino Unido peleaban a favor del enemigo.

En uno de los pasajes de su libro, Bramley escribe:

"Apenas dimos cuatro o cinco pasos una mano salió de entre las rocas y me agarró el tobillo y de los pantalones. Nos sobresaltamos. Inmediatamente el sargento retrocedió hasta donde yo estaba. Miramos al suelo. Era un *argie* herido. Me miraba fijo, tal vez suplicando, presa del dolor.

"—Apártese —gritó el sargento Pettinger.

"Quise apartarme pero el soldado me sujetó con más fuerza. Corrí un poco el cuerpo y el sargento le apuntó y le pegó dos tiros en la cabeza; el ruido del arma retumbó entre los peñascos. La cabeza del *argie* se sacudió con el impacto de los proyectiles. Los ojos se le fueron para atrás, se le abrió la boca y le empezó a chorrear sangre y saliva por todo el mentón hasta el cuello de la camisa. Al mismo tiempo la mano me soltó la pierna y se apoyó en mi bota. La pateé como una pelota de fútbol"[161].

En otro fragmento de su libro, el veterano británico narra la barbarie con que algunos argentinos heridos fueron rematados:

"A unos diez metros a la derecha tenía a un argentino. Le habían tirado al pecho y gritaba sosteniéndose la herida. Un tipo de la Compañía B atravesó el claro y le clavó la bayoneta. A los gritos, el argentino trató de quitársela antes de morir. Nuestro soldado le decía:

---

[161] Vincent Bramley, *Viaje al Infierno: Escenas de la batalla en la guerra de Malvinas*, Planeta, 1992, pág. 147. Título original: *Excursion to Hell*, Londres, 1991, pág. 147.

"—¡No grites más, hijo de puta!"[162].

El relato de fusilamientos hecho por el ex paracaidista fue luego corroborado en el libro *La canción del soldado* escrito por Ken Lukowiak, otro ex soldado británico que combatió en Malvinas junto a Bramley:

"Los tres soldados aminoraron la marcha. Al acercarse, uno de ellos preguntó qué habían sido esos disparos. Le expliqué que uno de los argentinos estaba todavía con vida. Que me lo había encontrado en una trinchera, que empuñaba un arma y que lo maté"[163].

Un tercer libro escrito por el veterano de guerra inglés Adrian Weale y el ex oficial de inteligencia Christian Jennings dio mayores precisiones sobre el asesinato de prisioneros argentinos en Longdon. En el texto, titulado *Muchachos de ojos verdes*, los autores identifican al paracaidista John Pettinger como aquel soldado de ojos rasgados que vio Carrizo antes de ser fusilado:

—Este hombre de ojos achinados es el sargento John Pettinger, el que disparó contra Carrizo —dijo Weale al diario *Clarín* de Buenos Aires en abril de 1996.

Weale y Jennings dicen que Bramley fue el soldado que acompañaba a Pettinger cuando Carrizo fue ejecutado. Pero la controversia sobre la presencia del autor de *Viaje al Infierno* en el fusilamiento persiste porque Carrizo no reconoció a Bramley como uno de los soldados que lo habían capturado y no pudo ver claramente los rasgos del otro militar, que llevaba una tela de camuflaje en su rostro.

Tras la guerra, muchos funcionarios argentinos se negaban a tomar en serio a sus propios compatriotas cuando denunciaban fusilamientos de prisioneros durante el conflicto de Malvinas. Las confesiones de Bramley y sus camaradas hicieron que el gobierno argentino creyera por fin a sus veteranos.

En agosto de 1992, algunas semanas después de que el libro de Bramley saliera a la venta en el Reino Unido, Scotland Yard decidió investigar si las tropas de su país habían cometido crímenes de guerra durante el conflicto del '82.

---

[162] Vincent Bramley, *Viaje al Infierno: Escenas de la batalla en la guerra de Malvinas*, pág. 148.
· [163] Ken Lukowiak, *La canción del soldado*, Atlántida, Buenos Aires, 1993, pág. 206. Título original: *A soldier song*, Londres, 1993.

Los sabuesos británicos dirigidos por el superintendente de Scotland Yard, Alec Edwards, viajaron a Malvinas y Buenos Aires en busca de pruebas. En dieciocho meses de labor, recogieron el testimonio de veteranos británicos y argentinos. Entre los alegatos figuraba el relato del ex soldado argentino Santiago Mabrín, quien afirma haber presenciado el fusilamiento de Carrizo en monte Longdon.

Cuando Scotland Yard terminó sus investigaciones, se filtraron a la prensa británica los nombres de algunos soldados argentinos probablemente ejecutados en Longdon que tenían los policías del Reino Unido: Carrizo, Quintana, Graminni, Delgado, Ferreyra, Mosconi, Petruccelli y Maldana.

La publicación del libro de Bramley forzó al Ministerio de Defensa argentino a crear en julio de 1995 la Comisión Nacional Investigadora de Crímenes de Guerra, integrada por miembros del Poder Ejecutivo, legisladores, oficiales de las Fuerzas Armadas y un representante de la Corte Suprema de Justicia. Esa comisión hizo una encuesta entre los argentinos que habían combatido en Malvinas y escuchó las denuncias sobre fusilamientos.

La comisión recibió un pedido de las organizaciones de ex combatientes para que se denunciara ante los tribunales internacionales los fusilamientos en Malvinas, la muerte del marinero Artuso en Georgias, el ataque británico al crucero *General Belgrano* fuera de la zona de exclusión y las muertes ocasionadas por el uso por parte de los ingleses de prisioneros argentinos para transportar explosivos en Darwin.

La Justicia argentina también tomó cartas en el asunto. En febrero de 1998, la Cámara Federal de Tierra del Fuego, el área judicial con jurisdicción sobre las Malvinas, ordenó a la jueza de Río Grande, Lilian Herraert de Andino, que investigara los dichos de Bramley.

La jueza Herraert citó a Carrizo y a otros ex combatientes de Longdon, quienes corroboraron haber sido testigos o víctimas de ejecuciones sumarias en Malvinas.

Los relatos de veteranos argentinos e ingleses habrían permitido identificar al cabo Gary Sturge como otro de los paracaidistas que fusiló a un prisionero argentino en Longdon. Tras rematar con una pistola a un argentino herido, Sturge habría sido conducido al puesto de comando inglés en Estancia Hill y sancionado por sus superiores con unos días de arresto. Ante la corte marcial que se le realizó a Sturge, doce testigos británicos aseguraron haber presenciado el momento en que el paracaidista ejecutó sin motivos aparentes a un prisionero que gemía herido en una pierna.

224

Al haber sido juzgado por una corte marcial mientras estaba en Malvinas, la Justicia británica consideró que no podía juzgar a Sturge dos veces por el mismo delito y cerró el caso. David Collett, el comandante de Sturge durante la guerra, siempre dudó de que la corte marcial contra el paracaidista se hubiera llevado a cabo alguna vez y sugirió que todo había sido inventado para evitar que el ex paracaidista fuera sometido a una corte civil, lo que hubiera resultado posiblemente en la exposición pública de los probables delitos cometidos por británicos durante la guerra de Malvinas.

En el momento en que salieron a la luz los fusilamientos en Malvinas el presidente argentino Carlos Menem hacía lo imposible por evitar cualquier acción que pudiera perturbar el acercamiento de su gobierno con el Reino Unido. Tras algunos meses de labor, la comisión digitada por el gobierno de Menem llegó a la previsible conclusión de que no contaba con elementos para establecer si durante la guerra las tropas británicas habían ejecutado a soldados argentinos.

La Justicia argentina, en ocasiones proclive a aceptar las sugerencias y órdenes de los gobiernos de turno, nunca pidió al Reino Unido la extradición de los militares británicos sospechados de crímenes de guerra ni tampoco aprovechó la circunstancial visita de Bramley a la Argentina cuando llegó a promocionar su libro para citarlo a declarar.

En Gran Bretaña, la presión de los conservadores hizo lo propio con los funcionarios británicos encargados de investigar los fusilamientos en Malvinas. La procuradora de Justicia de la Corona británica, Bárbara Mill, rechazó el 13 de julio de 1994 el procesamiento de los soldados británicos por falta de evidencias.

La jueza argentina Herraert dictaminó también, en armonía con las conclusiones de la comisión armada por el gobierno de Carlos Menem, que carecía de elementos para formular una denuncia específica contra alguno de los soldados británicos acusados por ejecuciones en Malvinas.

Fue así que los crímenes de guerra de 1982 quedaron ocultos tras el manto de impunidad que la política tendió encima de ellos. Según los funcionarios argentinos y británicos, nunca hubo fusilamientos y, si los hubo, es mejor hacer como si nunca hubieran sucedido.

José Carrizo conoció personalmente a Vincent Bramley cuando el ex paracaidista viajó a la Argentina. Cuando conversaron por primera vez, los dos veteranos coincidieron en declarar que en Malvinas hubo fusilamientos y que las autoridades de sus respectivos países no estaban dispuestas a reconocerlo.

Pocas veces la Justicia tuvo un caso tan claro en sus manos como éste, en el que ejecutores y ejecutados coinciden en dar todos los elementos para reconstruir el crimen. Aun así, para los gobiernos de la Argentina y Gran Bretaña, la ejecución de Carrizo, el asesinato discutiblemente justificado de Artuso y la muerte de aquel piloto inglés que saltó en paracaídas es algo que no merece siquiera ser investigado con seriedad.

Oficialmente, durante la batalla de Longdon murieron 47 argentinos y 23 ingleses, sin contar a aquellos que fallecieron por acción de la artillería. Si se toman en cuenta los relatos de los ex combatientes británicos, al menos ocho prisioneros argentinos fueron muertos en fusilamientos tras la captura de la guarnición que defendía el monte.

La brutalidad mostrada por algunos soldados ingleses fue quizá la forma en que los paracaidistas británicos se vengaron de la inesperada resistencia mostrada por ese grupo de jóvenes mal armados y peor entrenados que les hicieron frente durante la más feroz batalla de la guerra de Malvinas.

Capítulo 21

Perder la guerra fue un error

◆

Los errores estratégicos cometidos por los militares argentinos durante la guerra de 1982 fueron muchos y comenzaron cuando el gobierno de facto presidido por el general Leopoldo Fortunato Galtieri decidió adelantar la fecha de los planes para invadir las Malvinas desde el 9 de julio al 2 de abril.

Jaqueada por la creciente oposición interna y convencida equivocadamente de que ni Gran Bretaña ni Estados Unidos se opondrían a que la Argentina ocupara las Malvinas, la Junta envió a ochocientos militares argentinos a desembarcar en Georgias y Malvinas.

Los militares argentinos supusieron que Gran Bretaña no contaba ni con los medios militares ni con la voluntad política para oponerse a la ocupación de Malvinas. Aun en el momento en que Gran Bretaña movilizaba hacia el Atlántico Sur su mayor flota de guerra desde la Segunda Guerra Mundial con evidentes intenciones de retomar las islas, los militares argentinos siguieron convenciéndose entre ellos de que no habría guerra.

El almirante Lombardo, encargado de planificar la operación anfibia del 2 de abril, recibió órdenes de prever sólo la instalación de un pequeño destacamento de soldados y gendarmes en Malvinas para los meses siguientes a la invasión. Preocupado porque creía que los británicos no se quedarían con los brazos cruzados, Lombardo le preguntó a Galtieri cuál sería la estrategia argentina en caso de un contraataque del Reino Unido.

—Los ingleses no están tan locos como para enfrentarse a nosotros en Malvinas —le contestó éste.

En las semanas anteriores al 2 de abril, Galtieri tuvo en su poder un documento elaborado por un grupo de estrategas del Ejército en el que se recomendaba instalar una pequeña guarnición de unos ochocientos hombres en las islas mientras se encauzaba la negociación con

Gran Bretaña por las vías diplomáticas, en la que descontaban que a la larga los políticos del Reino Unido terminarían aceptando la pérdida de las islas. El documento recomendaba reducir la guarnición militar en las islas en los meses siguientes a la invasión y dejar allí a unos cuarenta gendarmes y algunos militares para administrarlas.

Galtieri y el resto de los integrantes de la Junta por fin cayeron en la cuenta de que era posible un enfrentamiento militar al enterarse de que la Task Force había zarpado hacia el Atlántico Sur. Se dedicaron entonces a mandar más y más tropas a las islas. La guarnición argentina creció desde ese momento hasta acumular más de diez mil soldados. Los militares argentinos creyeron que la situación se resolvería sin violencia cuando los británicos llegaran a la conclusión de que no podían equiparar la cantidad de soldados desplegados por la Argentina en Malvinas.

La súbita aparición en las islas de miles de soldados argentinos explica en parte el hambre y la falta de municiones posteriores. Toda la logística prevista antes para la campaña malvinense había sido pensada para un contingente reducido de tropas, no para los miles que se les sumaron después. Ya desde el 15 de abril, el general Menéndez comunicó a sus superiores en Buenos Aires que la provisión de comida para sus tropas estaba en niveles críticamente bajos[164].

La prensa adicta al régimen de Galtieri fogoneaba mientras tanto a la opinión pública argentina con la idea de una fácil victoria frente al Reino Unido. Opinadores profesionales, presuntos expertos en estrategia y militares con el pecho inflado de optimismo explicaron una y mil veces que el Reino Unido no contaba con ninguna posibilidad de derrotar a "la fortaleza Malvinas", como llamaban entonces a la guarnición que defendía las islas.

En aquellos días, recuerda el periodista Leo Kanaf, "los comentaristas militares tranquilizaban a la opinión pública, explicando que se trataba casi de un picnic naval, que no había peligro de bajas ni de naves hundidas o averiadas, ya que estaban equipadas con los más modernos —y secretos— medios de protección y ataque"[165].

Presa del triunfalismo la Junta Militar consumió su propia propaganda y desperdició la oportunidad de bloquear el paso a la Task Force británica en mar abierto antes de que llegara al Atlántico Sur.

Para cuando la flota del Reino Unido zarpó desde la base en isla Ascensión el 16 de abril, sólo una extrema insensatez podía hacerles

---

[164] Horacio Mayorga, *No vencidos*, Planeta, Buenos Aires, 1998, pág. 123.

[165] Leo Kanaf, *La batalla de las Malvinas*, Editorial Tribuna Abierta, Buenos Aires, 1982, pág. 138, citado en Joaquín Bocazzi, *Compilación Malvinas*.

pensar a Galtieri y el resto de los miembros de la Junta que no habría derramamiento de sangre. ¿Para qué saldría una flota de más de cien barcos desde Inglaterra? ¿Sólo para hacer un desfile militar hacia una de las zonas más alejadas y tormentosas del planeta? ¿No bastaba para eso con enviar media docena de barcos de guerra si sólo querían hacer una demostración de fuerza sin llegar a entrar en combate?

Tal fue la falta de realismo que imperaba en la Junta Militar que cuando las tropas británicas desalojaron a la guarnición argentina en las Georgias el 25 de abril los militares en Buenos Aires siguieron pensando que no habría guerra y no dieron la orden de atacar a las fuerzas británicas.

El submarino argentino *San Luis* no recibió permiso para disparar hasta el 30 de abril, a pesar de que se encontraba en alta mar desde el 11 de ese mes y era capaz de operar en las aguas que rodeaban la isla Ascensión y, con alguna planificación más ambiciosa, podría haberse estacionado frente a la base inglesa de Gibraltar. Así como los submarinos británicos bloquearon las Malvinas durante la guerra, la Argentina podría haber usado uno o más submarinos para hacer algo similar o amenazar a los convoyes que partían hacia Malvinas desde la isla de Ascensión o Gibraltar. Pero planificar una acción ofensiva era lo último que tenían en mente Galtieri y quienes lo rodeaban.

Por el apuro con que fue ordenada la partida del *San Luis* desde su base en Mar del Plata no pudieron resolverse los problemas en sus motores y en su computadora de tiro. Aunque era una unidad moderna para la época, el submarino tenía uno de sus motores diesel fuera de servicio y los tres restantes con problemas en su sistema de refrigeración. Dos ataques que el *San Luis* realizó el 10 de mayo contra buques de guerra de la Task Force al norte de San Carlos resultaron frustrados luego de que la computadora de puntería de torpedos dejó de funcionar. Imposibilitado de navegar debido a los inconvenientes en su sistema de propulsión y al agua que entraba por una fuga en su snorkel, debió regresar a su base.

Una unidad gemela, el submarino *Salta*, tampoco pudo participar en la campaña ya que también padecía graves problemas mecánicos. Versiones nunca confirmadas señalan que su comandante se negó a partir hacia el combate. Pero nunca se ofrecieron pruebas para corroborar el hecho ni existen sumarios contra el comandante de la nave por insubordinación.

Finalmente, se dejó que la fuerza británica llegara a Malvinas y que embistiera contra las tropas argentinas. Fue recién en ese momento cuando los militares argentinos comenzaron el ataque contra la Task Force.

Hasta años después de la guerra, los británicos siguen recordando la feroz determinación con que atacaron los aviones argentinos a la flota del Reino Unido en Malvinas. Los cazabombarderos causaron enormes bajas entre los británicos durante la campaña del '82. Sólo en el ataque aéreo contra las tropas que desembarcaban en Bahía Agradable murieron cincuenta británicos, la quinta parte de las pérdidas de esa nación durante la guerra. Ese día fue bautizado por la propia Armada británica como "el día más negro de la flota". Veinte marinos británicos murieron en el *Sheffield*, otros diecinueve en el *Coventry*, trece en el *Glamorgan*.

Los cuarenta y dos Mirage y Dagger en condiciones de volar que poseía en abril de 1982 la Fuerza Aérea argentina componían la espina dorsal de su flota de cazabombarderos. Estos aviones precisaban de una pista de al menos 2.500 metros de longitud para despegar y aterrizar. Una longitud similar era requerida para que los sesenta y cinco aviones de ataque A-4 Skyhawk pudieran despegar con su carga de bombas completa. El aeropuerto de Puerto Argentino contaba con una pista de 1.250 metros de largo, es decir, estaba preparada para que operaran en ella solamente aviones de transporte.

Dicen muchos de los analistas de la guerra que la Argentina debió haber extendido la pista de ese aeropuerto para desplegar desde allí a sus mejores aviones de combate. Esto era posible de lograr mediante paneles de aluminio que, a modo de rompecabezas, se colocaban en ambas cabeceras de la pista para ampliar su extensión. Además, era necesario preparar los hangares, depósitos de combustible y talleres para la reparación y el mantenimiento de las naves. Semejante cantidad de materiales y equipos debían ser transportados por buques de la Marina argentina. Con una planificación adecuada, esto hubiera sido posible si una flota de buques de transporte hubiese acompañado a los navíos que protagonizaron el desembarco del 2 de abril.

El buque mercante argentino *Río Cincel* partió el 4 de abril a Malvinas desde el puerto de Buenos Aires con ochenta segmentos de aluminio y máquinas viales en sus bodegas y llegó a Puerto Argentino el 9 de abril. Los segmentos nunca fueron usados para alargar la pista del aeropuerto de las islas, sino que fueron utilizados para agrandar su zona de estacionamiento de los aviones, y colocados en el costado de la pista de césped existente en Puerto Darwin. Otros segmentos quedaron abandonados en el puerto y fueron más tarde utilizados por los soldados para reforzar sus trincheras.

El buque de carga *Formosa* también transportó segmentos de pista hacia Malvinas. Esa carga tampoco fue usada con el propósito de ampliar la pista de Puerto Argentino y las planchas —que permanecían abandonadas en el puerto— fueron finalmente empleadas para reforzar el muelle del Puerto Argentino, dañado por la descarga de pertrechos[166].

El carguero *Córdoba* también debía transportar desde la base naval de Mar del Plata a Malvinas una carga que incluía 231 planchas de aluminio en sus bodegas. El temor a los submarinos nucleares británicos hizo que el barco recibiera en dos oportunidades órdenes de refugiarse en Puerto Deseado mientras viajaba rumbo a Puerto Argentino[167].

Luego se rumoreó que un motín a bordo del *Córdoba* había impedido su salida desde Puerto Deseado hacia Malvinas[168] y que la tripulación de civiles del buque, temerosa de un ataque de los sumergibles ingleses, habría saboteado el sistema de timón de la nave para impedir la navegación. Según otras fuentes, el barco no pudo partir debido a las averías que sufrió al realizar una mala maniobra que lo hizo estrellarse contra el muelle de Puerto Deseado[169].

Un ex almirante de los Estados Unidos criticó duramente la decisión argentina de no desplegar sus aviones de combate en Malvinas. Harry Train, que durante la guerra de Malvinas era comandante de la flota de los EE.UU. en el Atlántico, publicó tras el fin de la guerra un artículo en el que mencionaba esa medida como uno de los errores centrales de la estrategia argentina en la guerra[170].

Train señala en su informe que "Argentina perdió la guerra entre el 2 y el 12 de abril, cuando no aprovechó la oportunidad que tenía para emplear sus buques de carga en el transporte de artillería pesada y helicópteros para sus fuerzas de ocupación y equipo pesado para el movimiento de tierra que hubiera permitido al personal en la isla prolongar la pista de Puerto Argentino para que pudieran operar sus A-4 y Mirage".

El almirante norteamericano reveló también que cuando el gobierno de los Estados Unidos supo que la Argentina no construiría una pista para sus jets en Malvinas, comprendió que la guerra se inclinaría finalmente a favor de Gran Bretaña. A partir de ese momento, asegura el militar norteamericano, la administración Reagan decidió apoyar al

---

[166] Horacio Mayorga, *No vencidos*, Planeta, Buenos Aires, 1998, pág. 187.

[167] Jorge Muñoz, *Misión cumplida*, Editorial Epopeya, Buenos Aires, 2000, págs. 112-114.

[168] Esta versión es recogida por Eduardo José Costa en el libro *Guerra bajo la Cruz del Sur*, pág. 103.

[169] Joaquín Bocazzi, *Compilación Malvinas*, pág. 66.

[170] Harry Train, "Malvinas: un asunto de estudio". Publicado en el *Boletín del Centro Naval* Nº 748, enero-marzo de 1987, volumen 105.

Reino Unido ante la seguridad de que resultaría vencedor en el conflicto del Atlántico Sur[171].

Tras la guerra los británicos invirtieron 2.000 millones de dólares en una base aérea en Mount Pleasant, al sur de Puerto Argentino. El Reino Unido no construyó ni una base naval gigantesca, ni barracas monumentales para sus tropas en Malvinas. Sus estrategas piensan que básicamente se necesita una pista aérea para defender las islas.

La crítica de Train es sensata si se considera que los aviones argentinos, tras recorrer los 700 kilómetros desde sus bases en el continente para alcanzar Malvinas, llegaban a la zona de combate tan escasos de combustible que sólo contaban con dos minutos para buscar sus blancos, bombardearlos y defenderse de los cazas ingleses.

No es de extrañar que muchos de los veloces Mirage hayan tenido que huir cuando veían acercarse una patrulla de Harriers ya que si usaban el tiempo para enfrentarlos, corrían el riesgo de quedarse sin combustible. El Mirage, aunque algo anticuado en 1982 en relación con el Harrier, podría haber sido un digno oponente de haber contado con la posibilidad de explotar su velocidad y su capacidad para atraer a sus enemigos a combates en altitud, en donde el Harrier contaba con menos probabilidades de éxito.

Con sus portaaviones situados en los alrededores de Malvinas, los Harriers británicos tenían por lo menos cuarenta minutos para patrullar sobre la zona de combate y luchar contra amenazas aéreas y terrestres. Los aviones ingleses podían efectuar varias misiones al día mientras que los argentinos apenas contaban con tiempo suficiente para lanzarse una vez cada veinticuatro horas contra la flota británica.

Por otro lado, la obligación de llenar sus tanques de combustible hasta el tope para llegar a Malvinas obligaba a los aviones argentinos a cargar menos bombas y disminuían de ese modo sus posibilidades de acertar al enemigo.

Pero, aunque pudieran cargar al máximo sus aviones de bombas, los militares argentinos cometieron otro error que les costó caro: los aviadores de la Fuerza Aérea nunca se habían entrenado en el ataque contra buques antes de la guerra. Por razones que probablemente tengan que ver con la testarudez en mantener una separación estricta de las tareas encomendadas a cada fuerza, los pilotos navales eran los únicos en la Argentina que sabían atacar buques de guerra. Por otra parte, la Fuerza Aérea recién se enteró de los planes de guerra en Malvinas el 5 de enero de 1982, por lo que contó con un tiempo muy limitado para prepararse para la guerra aeronaval.

---

[171] Ídem.

Semanas antes del 2 de abril algunos pilotos de la Fuerza Aérea hicieron ataques simulados contra los buques vendidos por el Reino Unido a la Armada argentina. Pero pareciera que el adiestramiento sobre guerra naval no llegó a los mecánicos encargados de armar las bombas. Los artilleros de la Fuerza Aérea no sabían graduar las espoletas de las bombas para que éstas explotaran al hacer contacto con las finas capas de aluminio mucho más blando que la tierra. Al menos catorce bombas literalmente atravesaron de un lado al otro a las fragatas británicas sin estallar, rebotaron contra las estructuras de los buques o se enterraron sin explotar en el interior de las naves atacadas.

Los periodistas británicos Max Hastings y Simon Jenkins, autores del libro *La batalla por las Malvinas*, afirmaron que "...hubiese bastado una pequeña mejora en el armado de las bombas para que éstas estallaran al mero impacto. Los argentinos se enfurecieron más tarde al enterarse de que las bombas de fabricación norteamericana iban acompañadas de un manual en el cual se explicaban esas mejoras y que no se les había entregado en virtud del embargo establecido por los Estados Unidos, pues consideraban que tal información era un servicio normal posterior a la venta"[172].

El periodista Jack Anderson, comentarista del *Washington Post*, escribió que "por distintos motivos, según los informes secretísimos del Pentágono, entre el 60 y el 80 por ciento de las bombas usadas por los argentinos no estallaban. No menos de seis barcos británicos tenían bombas sin estallar en sus cascos. Entre las razones de ello se contaban la vejez de bombas de 250 y 500 kilos".

Las bombas argentinas hundieron dos destructores, dos fragatas británicas y un buque de desembarco. Dañaron además a catorce fragatas y dos buques de desembarco. ¿Hasta dónde hubieran afectado los aviones argentinos a la flota del Reino Unido si las espoletas de las bombas hubieran actuado correctamente?

Escasos de aviones, los argentinos debieran haber elegido además sus blancos cuidadosamente. La selección de objetivos fue un problema constante durante la guerra. Salvo escasas excepciones, los aviadores simplemente se dirigían a la zona donde se les informaba que había buques enemigos, en lugar de planificar ataques contra un buque en particular. A veces, podía ocurrir que un aviador naval regresara con información sobre la ubicación de un buque y la Marina se reservara los datos para que fueran sus propios aviones los que los atacaran y no los de la Fuerza Aérea, o viceversa.

---

[172] Max Hastings y Simon Jenkins, *La batalla por las Malvinas*, Emecé, Buenos Aires, 1984, pág. 250.

Además, durante la campaña los argentinos andaban a tientas sin saber dónde se ubicaban las fuerzas británicas debido a que no habían desplegado un sistema de vigilancia efectivo mientras esperaban a la flota británica.

Los militares argentinos no aprovecharon el tiempo que tardó en llegar la Task Force a Malvinas para instalar radares y un centro de control que les avisara a sus propios aviones dónde estaban los buques británicos que debían atacar y los aviones enemigos que debían evitar.

Concentrados en defender Puerto Argentino, los militares argentinos tampoco desplegaron una protección de cañones y misiles antiaéreos en todos los lugares donde se estacionaban las tropas[173], dejándolas libradas a su suerte cuando los aviones británicos acudían a lanzarles bombas y ametrallarlos. Los aviones británicos, que ya habían aprendido el peligro que representaban los antiaéreos argentinos, se dedicaban a arrojar sus bombas fuera del alcance de los cañones. En las colinas al norte de la capital de las islas, donde se concentraban gran cantidad de soldados argentinos, no había prácticamente cañones antiaéreos. Tampoco temían a los aviones argentinos, empeñados en otras tareas.

Parece que la obsesión de los comandantes de la Marina y la Fuerza Aérea argentinas fue competir entre sí para ver quién lograba hundir más buques de guerra británicos, sin prestar atención a los navíos que transportaban tropas y a los buques logísticos que hacían posible que la flota británica pudiera sostener una fuerza de 120 barcos y 27.000 hombres en medio del mar combatiendo a 13.000 kilómetros de Inglaterra.

Después de la guerra, se supo que la estrategia de la Fuerza Aérea argentina se basó en tratar de hundir al menos uno de los portaaviones británicos, para obligar al Reino Unido a quedarse sin apoyo aéreo y verse así obligado a retirarse[174].

Es cierto que la imagen de los buques de guerra ardiendo en el mar resultaba un espectáculo extraordinario y un orgullo personal para los aviadores militares. Sin embargo, al lanzarse contra los buques armados se acumularon enormes pérdidas entre los pilotos.

Si los pilotos argentinos hubieran atacado, por ejemplo, al buque de transporte *Canberra* hubieran ocasionado numerosas víctimas entre los miles de soldados que se encontraban dentro del enorme

---

[173] La única excepción fue el aeródromo de Ganso Verde, donde se instalaron algunos cañones antiaéreos que derribaron dos aviones Harrier británicos el 1º de mayo de 1982, demostrando así la efectividad de la protección dada por los cañones ante los ataques aéreos.

[174] Eduardo José Costa, *Guerra bajo la Cruz del Sur*, pág. 90.

transatlántico. Fueron los soldados que viajaron como pasajeros de este buque los que luego arremetieron contra las posiciones argentinas.

Para mostrar la importancia de las naves de apoyo sirve de ejemplo lo sucedido el 25 de mayo de 1982, cuando fue hundido el portacontenedores británico *Atlantic Conveyor*. Al hundirse, en el interior del carguero estaban almacenados, entre otros pertrechos, seis helicópteros Wessex, una pista de aterrizaje de aluminio destinada a crear un aeropuerto para los aviones Harrier en tierra, una docena de camiones pesados, tiendas de campaña para alojar a cuatro mil hombres y tres helicópteros Chinook capaces de cargar ochenta soldados en su interior o llevar una carga de once toneladas. El hundimiento del *Atlantic Conveyor* obligó a las tropas británicas a caminar largos trechos por la súbita carencia de helicópteros de carga y a pernoctar a la intemperie por la imprevista falta de tiendas de campaña.

Días antes de su hundimiento se habían descargado de las bodegas del buque catorce aviones Harrier. Si alguno de los submarinos argentinos hubiera interceptado a ese buque antes de que se acercara a Malvinas, podría haber privado a los británicos de los aviones que necesitaba para reemplazar a los Harriers derribados o accidentados. Restando los aviones que proveyó el *Atlantic Conveyor* antes de ser hundido, los británicos contaban a mediados de mayo con poco más de una docena de aviones en condiciones de operar.

La estrategia argentina permitió a los ingleses consolidar la cabeza de playa en San Carlos el 21 de mayo. Mientras miles de soldados y de toneladas de equipos británicos se almacenaban en la estrecha playa de San Carlos, los comandantes argentinos siguieron empecinados en tratar de hundir los buques de guerra enemigos.

Cuando las tropas del Reino Unido desembarcaron se quedaron un día entero esperando el contraataque argentino. Los soldados ingleses cavaron trincheras y armaron posiciones defensivas alrededor de la playa. Pasaron las horas y, a excepción de los disparos de un grupo de cuarenta soldados que pronto se retiraron, no hubo signos de resistencia al desembarco. Algún avión argentino lanzó algunos cohetes y bombas, pero sin afectar la capacidad de los británicos para avanzar hacia el interior de las islas.

Los británicos se preguntaban qué sucedía que, como lo indicaba el abc de la guerra, no aparecían las tropas argentinas a atacarlos mientras estaban en la posición más vulnerable, con cientos de soldados amontonados en una estrecha playa, rodeados por miles de toneladas de explosivos y con sus armas pesadas aún embaladas a su alrededor.

Sucede que Menéndez y el resto de los generales involucrados en la defensa de las Malvinas habían diseñado un esquema defensivo estáctico. Esto quiere decir que no habían previsto ir en búsqueda del enemigo, sino que se limitaron a esperarlos en las trincheras y los búnkeres. Salvo algunas incursiones de los grupos de comandos, los militares argentinos casi no movieron sus soldados de sus posiciones.

Cuando planificaron la defensa de Malvinas estaban leyendo libros de la Primera Guerra Mundial, a pesar de que desde 1945 había quedado demostrado que la guerra de trincheras había pasado tan de moda como las cargas de caballería con los sables desenvainados.

Los soldados argentinos no se movieron de sus posiciones hasta que fueron derrotados. La única actividad posible para los defensores era ir a cazar ovejas para alimentarse o dormitar para ahorrar calorías.

Los argentinos sufrieron de escasez de medios para mover sus tropas y pertrechos en Malvinas. Los británicos no contaron a lo largo de la guerra tampoco con grandes cantidades de medios terrestres y, aunque su flota de helicópteros era inmensa, nunca fue suficiente para transportar al grueso de sus tropas a través de las islas. La mayoría de los soldados ingleses recorrieron a pie gran parte del camino a Puerto Argentino o debieron proveerse de tractores y jeeps requisados a los civiles, a quienes los comandantes argentinos nunca quisieron quitar sus bienes por cuestiones de imagen y propaganda[175].

La carencia de movilidad argentina fue consecuencia de otro de los errores de sus estrategas militares. Los responsables de planificar la defensa no tuvieron en cuenta el tipo de terreno que predomina en Malvinas, en donde la mayor parte de los vehículos se hunde en el suelo húmedo y blando de turba.

Las defensas que estaban en las afueras de Puerto Argentino, incluso las que estaban a la vista del cuartel general de Menéndez, eran inaccesibles para el tipo de vehículos que el Ejército envió a Malvinas.

Los vehículos anfibios que habían participado de la invasión del 2 de abril, que podrían haber sorteado parte de los obstáculos que planteaba el terreno, fueron enviados al continente a poco de llegar porque el Ejército consideraba que eran sus propios vehículos y no los de la Marina los que debían andar por el territorio malvinense.

Cada vez que uno de los camiones Mercedes Benz llevados por el Ejército intentaba salirse del camino, terminaba hundiéndose bajo su propio peso y eran necesarios muchos hombres para volverlo a la carretera.

---

[175] La única requisa de vehículos ordenada por la comandancia argentina en Malvinas fueron los jeeps y camiones del gobierno británico que quedaron en el lugar tras el 2 de abril de 1982.

Un general que estuvo a cargo de una unidad en Malvinas explicó que:

—La causa del hambre que pasaron nuestros soldados en Malvinas fue que no teníamos medios para alcanzarles las provisiones que guardábamos en Puerto Argentino. Es cierto que en la ciudad había contenedores repletos de comida. Pero cuando fuimos perdiendo los helicópteros no tuvimos forma de acercarles ni provisiones ni municiones a los que estaban en los montes. Tampoco pudimos sacarlos de ahí o mandarles refuerzos porque no sabíamos cómo llegar hasta ellos.

No es que la Argentina careciera de vehículos apropiados para el suelo de Malvinas. Los tractores usados en territorios pantanosos del continente y los vehículos antárticos no fueron enviados por la falta de previsión de los comandantes, que no podían alegar que carecían de medios para averiguar de qué estaba compuesto el suelo malvinense.

Muchos conscriptos que estuvieron en Malvinas relatan cómo recorrían casi a diario el camino entre sus posiciones en los montes de las afueras de Puerto Argentino y los almacenes de comida que rodeaban al puerto. Aunque resulte insólito, el mismo camino que para los oficiales argentinos era intransitable, era caminado todos los días por soldados hambrientos que iban en busca de algo para comer a Puerto Argentino. El único impedimento real para realizar esas caminatas eran las órdenes de los oficiales, que les habían prohibido acercarse a la ciudad sin permiso bajo amenaza de ser sometidos a estaqueos u otra clase de castigos.

Aun cuando los militares argentinos nunca hubiesen podido resolver el modo de trasladarse por tierra dentro de las Malvinas, podrían haber lanzado ataques aéreos contra las tropas británicas para que sus soldados en tierra no se encontraran desprotegidos.

Los británicos repartían las misiones de sus escasos aviones entre la intercepción a los aviones que atacaban su flota y el lanzamiento de bombas contra las defensas argentinas. En cambio, los aviones argentinos usaron la mayor parte de sus salidas de combate para atacar a los buques militares británicos.

Es decir que mientras las trincheras argentinas eran bombardeadas por Harriers, los soldados que estaban en su interior no contaban con la posibilidad de llamar a sus propias aeronaves para pedirles que espantaran a los aviones ingleses o que bombardearan a las tropas que los atacaban.

Si algún comandante argentino tenía la suerte de que sus pedidos de apoyo aéreo fueran atendidos, debía esperar al menos una hora para que los aviones recorrieran los 700 kilómetros que separaban el territorio continental de las Malvinas. Para cuando llegaran los aviones pedidos, una hora después de haber despegado, era probable que los ingleses ya se hubiesen retirado o derrotado a las tropas argentinas.

En las islas había veinticinco aviones Pucará de ataque, siete Aeromacchi y cuatro T34 Mentor de entrenamiento armado. Pero la utilidad de esas lentas y livianas naves fue muy escasa, ya que precisaban del acompañamiento de aviones caza para poder atacar a las tropas del Reino Unido, que a su vez eran protegidas en todo momento por los aviones Harrier, misiles antiaéreos Rapier y portátiles Blowpipe británicos y Stinger norteamericanos.

El único daño que pudieron ocasionarles los treinta y seis aviones argentinos basados en Malvinas a los buques británicos ocurrió en los días posteriores al inicio de las hostilidades cuando un solitario Aeromacchi alcanzó a lastimar levemente con sus ametralladoras a una fragata británica.

Uno de los pocos casos en los que los aviones argentinos atacaron a las tropas inglesas ocurrió el 13 de junio, el día anterior a la rendición argentina, cuando un Skyhawk lanzó una bomba en el lugar donde debían reunirse los comandantes de las fuerzas terrestres inglesas. De haber sido lanzado unos cinco minutos más tarde, el proyectil hubiera matado o herido a gran parte de la plana mayor del Ejército británico en Malvinas.

Conocedores de las tácticas argentinas, los ingleses siempre evitaron agrupar a sus soldados en el mismo lugar por mucho tiempo. Sabían que de esa forma los exponían a los ataques aéreos del enemigo. Los generales argentinos, en cambio, decidieron acumular a sus soldados en cuatro guarniciones grandes aisladas entre sí y en una gran cantidad de diminutas guarniciones en algunos sitios estratégicos de las islas. En los cuatro centros neurálgicos de la defensa argentina se amontonaban grandes cantidades de soldados, cañones y equipos de apoyo.

Según las estadísticas, Gran Bretaña contaba con 8.000 soldados frente a los 10.000 de los argentinos.

La guarnición de Darwin-Ganso Verde contaba con 881 soldados. En la isla Gran Malvina había dos guarniciones: 930 soldados en Puerto Fox y 955 en Puerto Howard. Aisladas y sin medios navales o aéreos para cruzar de una isla a la otra, las guarniciones en Gran Malvina fueron espectadores impotentes de la batalla de San Carlos. El grueso de las tropas —7.135 soldados— estaba estacionado en Puerto Argentino[176].

Durante el desembarco en San Carlos, las tropas británicas tocaron el suelo malvinense a la vista de la guarnición argentina de Howard, pero ese destacamento carecía de cañones para dispararles o de transportes para cruzar el estrecho e intentar un contraataque. Fue

---

[176] Informe oficial del Ejército Argentino, Instituto Geográfico Militar, Buenos Aires, 1983.

así que las guarniciones de Howard y Fox no representaron un serio desafío para los planes de los británicos hasta el fin de la guerra.

La Argentina tenía diez mil hombres en Malvinas mientras que los británicos desembarcaron unos cinco mil. Pero sólo la mitad de los soldados argentinos entró en combate contra las tropas británicas y el resto permaneció en Puerto Argentino o en las bases alejadas del interior de las islas. Finalmente, se equiparó la cantidad de soldados que entraron en combate de uno y otro lado. Igualadas las fuerzas en número, dominaron la preparación y los medios con los que contaban los soldados británicos.

Cada vez que éstos debían atacar una posición argentina, se aseguraban de contar con una superioridad numérica indiscutible. Si el monte Dos Hermanas era defendido por trescientos soldados argentinos, los ingleses reunían seiscientas tropas apoyadas por cañones y aviones para conquistarlo. Desde los montes cercanos, los soldados observaban cómo los británicos derrotaban a sus compañeros que quizás estaban a poco menos de un kilómetro sin poder acudir en su ayuda por las órdenes de los oficiales de no abandonar las posiciones defensivas.

Incluso en Darwin-Ganso Verde, donde las crónicas inglesas dicen haber derrotado a 1.200 enemigos con sólo 600 hombres, la revisión de las cifras reales indica que los ingleses utilizaron 1.200 militares apoyados por cañones, barcos, helicópteros y aviones para desalojar a la guarnición argentina de 881 hombres.

Una vez logrado cada objetivo, los ingleses volvían a reagruparse para atacar el siguiente monte, y así sucesivamente hasta que entraron en Puerto Argentino.

Condenadas por la falta de movilidad y la ausencia de órdenes para salir de las trincheras, las tropas argentinas libraron batallas siempre en inferioridad numérica.

La dispersión de las fuerzas obedeció a un criterio de ocupación del terreno antes que a un despliegue estratégico, porque los generales argentinos mandaron a sus tropas a ocupar los principales centros poblados de Malvinas en lugar de concentrarlas en los lugares donde bloquearan un ataque británico.

De acuerdo con el almirante Train, los sitios previsibles donde desembarcarían los británicos eran: Stevely Bay en la isla Gran Malvina, un espacio remoto alejado de los ataques terrestres argentinos, pero también de Puerto Argentino, el principal objetivo de la campaña. Luego estaba Bluff Cove, veinte kilómetros al sur de Puerto Argentino, un lugar demasiado cercano al sitio donde se concentraba la mayor parte de las tropas argentinas. También podían desembarcar en Berkeley Sound, más próximo todavía a Puerto Argentino y a las defensas argentinas que rodeaban la ciudad. Otra opción era Puerto Argentino, pero los estrategas ingleses rechazaron la posibilidad por las pérdidas que podrían sufrir las tropas atacantes al enfrentar el núcleo defensivo argentino y por el riesgo que correrían los civiles de la ciudad al verse envueltos en la batalla. El último lugar considerado era el Puerto San Carlos, un lugar que estaba algo lejano de Puerto Argentino, pero que en compensación estaba más a salvo de un contraataque de los defensores y contaba con una playa protegida por montes en sus alrededores que dificultarían los ataques aéreos enemigos.

Es muy probable que si los argentinos hubieran puesto guarniciones más poderosas en Bluff Cove y San Carlos hubieran obligado a los británicos a pagar un alto precio por su desembarco en las islas.

Un informe de inteligencia elaborado por el general argentino Alfredo Sotera le informó el 17 de abril a Menéndez que los sitios más probables para el desembarco inglés eran el estrecho de San Carlos, Fitz Roy y Bahía de la Anunciación.

Si no querían enviar grandes cantidades de soldados a los lugares donde se podría producir el desembarco británico, los militares argentinos podrían haber optado por minarlos. La Marina argentina contaba con grandes cantidades de artefactos explosivos y con medios suficientes para colocarlos. Durante la guerra, sólo se sembraron unas veinticinco minas modelo 1925 en la entrada de Puerto Argentino, artefactos que fueron puestos por el buque *Isla de los Estados*[177] en los días siguientes a la invasión.

A los británicos les resultó tan obvio que los argentinos minaran los accesos a las playas estratégicas que, antes de dejar sus tropas en San Carlos, enviaron a un grupo de buques para rastrillar la zona y detectar los campos minados. Por cierto, las minas no estaban y así se les facilitó enormemente la tarea de llegar a la playa sin tener que exponerse a la peligrosa tarea de despejar de explosivos la zona.

Hubiera bastado con minar las entradas del estrecho de San Carlos a fin de que los británicos se vieran obligados a perder un tiempo vital para despejarlas y, en ese trámite, a revelar sus intenciones de desembarcar en esa zona. Avisada del lugar donde descenderían los atacantes, la comandancia argentina en Malvinas hubiera contado con el tiempo suficiente para colocar sus tropas en posición adecuada para echarlos de nuevo al mar.

Para efectuar un contraataque masivo las tropas argentinas deberían haber tenido conocimientos acerca de cómo trasladarse y atacar

---

[177] Jorge Muñoz, *Misión cumplida*, pág. 90.

coordinadamente. Sin embargo, montar un contraataque efectivo es una tarea reservada para soldados profesionales.

Diferente hubiera sido el devenir de la campaña si en lugar de enviar civiles adolescentes entrenados en maniobras militares, la Junta argentina hubiera resuelto que la guarnición en Malvinas estuviera mayormente compuesta por soldados profesionales.

Probablemente el envío de tropas expertas hubiera significado vaciar los cargos de gobierno que los militares argentinos habían ocupado desde el golpe de Estado de 1976 en los ministerios, gobernaciones, empresas estatales y hasta en los hospitales.

Durante la guerra, el 75% de la tropa argentina estaba compuesta por conscriptos de entre 18 y 20 años. La mayoría de los reclutas carecía de entrenamiento real en combate o desconocía las nociones básicas en cuestiones tan obvias como la limpieza de sus armas, hecho que llevó a que en el fragor del combate muchos quedaran indefensos ante el enemigo debido a que sus armas se atascaban por la mugre y el óxido, cuando no era porque habían llegado estropeadas del continente.

La mayor parte de los conscriptos argentinos tenía apenas un año de instrucción y, en la mayoría de los casos, sus tareas dentro de los cuarteles habían tenido más que ver con la sujeción a los deseos de los oficiales que con el entrenamiento táctico y el desarrollo físico para el combate.

Los soldados de carrera, a diferencia de los reclutas, podían tomar decisiones racionales en plena batalla. Su entrenamiento les había proporcionado conocimientos sobre cómo actuar ante cada situación que se diera durante el combate. Los conscriptos, tras un año en los cuarteles, habían tenido pocas oportunidades de aprender de qué se trataba una guerra, precisamente porque el servicio militar estaba diseñado para inculcarles la cultura de la obediencia ciega a los oficiales y a realizar tareas administrativas o de ordenanza que poco o nada tenían que ver con una batalla.

Aunque los jóvenes conscriptos trataron de reemplazar con coraje la falta de adiestramiento, el valor no era suficiente para enfrentar a los soldados británicos, preparados para la guerra por años de entrenamiento. Sirve de prueba que algunos de los regimientos británicos que llegaron a Malvinas venían de efectuar en Noruega entrenamientos intensivos en combate ártico.

La mayor parte de los ataques terrestres británicos se produjeron durante la noche. Los jóvenes reclutas argentinos carecían de equipos y adiestramiento para esta clase de batallas y era usual que gastaran sus pocas municiones disparando contra las sombras, e incluso se registraron casos de soldados que fueron alcanzados por los disparos de sus propios compañeros durante la confusión que reinaba en las batallas nocturnas.

Durante la guerra, sólo se envió la compañía de comandos 601 con cincuenta y ocho integrantes y algunas fuerzas especiales de la Gendarmería. Este último grupo resultó diezmado cuando el helicóptero que los transportaba fue derribado por los disparos de los propios soldados argentinos, que en repetidas ocasiones demostraron que carecían de instrucción básica para distinguir entre la silueta de un helicóptero argentino y uno británico.

La única unidad argentina en Malvinas más o menos equivalente en preparación y armamento a las unidades británicas era el Batallón 5 de la Infantería de Marina. Por razones de celos entre las fuerzas argentinas, los generales del Ejército enviaron al Batallón 5 a una posición secundaria. Fueron los propios británicos los que resaltaron la capacidad de los infantes de marina argentinos y la decidida resistencia que presentaron.

Recuerda un oficial británico que el día de la rendición el Batallón 5 de la Infantería de Marina llegó al campo de prisioneros perfectamente formado y con una gran disciplina, que contrastaba con el caos que reinaba entre los conscriptos del Ejército. Aquel oficial británico dijo que el balance de la guerra podría haber sido diferente si la Argentina hubiera mandado más regimientos como aquel que desfilaba ordenado el día de la derrota.

Los infantes de marina argentinos fueron los que organizaron el único contraataque durante la guerra. Por negarse a obedecer la orden de rendición del 14 de junio, el comandante de esa unidad, el capitán de fragata Carlos Robacio, posteriormente sufrió una sanción disciplinaria pedida por el propio Menéndez.

Cuando los ingleses fueron duramente golpeados por la aviación argentina en Bluff Cove en los días finales de la guerra, el capitán Robacio pidió permiso para ir en busca de los ingleses que se encontraban a sólo veinte kilómetros de distancia de su posición. A campo traviesa, las tropas de Robacio hubieran llegado antes del anochecer para enfrentar a las tropas británicas. En esos días, una victoria argentina hubiera significado mucho para los desmoralizados soldados que esperaban entrar en combate contra las tropas inglesas. Ninguno de los reiterados pedidos de Robacio fue autorizado por Menéndez y los generales del Ejército, que prefirieron dejar a las tropas en las afueras de Puerto Argentino perseguidas por la idea de un desembarco sorpresivo de los ingleses sobre la capital de las islas.

Sucede que los oficiales y suboficiales argentinos se veían limitados por el férreo verticalismo que prevalece en las Fuerzas Armadas.

Cuenta José Carrizo, ex cabo del Ejército argentino que combatió en la batalla de monte Longdon:

—Estaba de guardia en el monte Longdon cuando aparece un helicóptero frente a nuestra posición. Le informo al subteniente y éste ordena traer un Sam 7, que es un pequeño misil antiaéreo portátil. Pero no podíamos disparar porque antes teníamos órdenes de pedir instrucciones al segundo jefe. Tuvimos que llamar desde una radio de campaña. El segundo jefe a su vez le pidió órdenes al comando en Puerto Argentino. Cuando el subteniente al mando de nuestra posición logra comunicarse con el segundo jefe y éste con sus superiores en la ciudad, recibe insultos porque no habíamos disparado contra el helicóptero. Para cuando recibimos finalmente el permiso para disparar, el helicóptero ya había lanzado un cohete contra Puerto Argentino y se había ido más allá del alcance de nuestro misil.

El siguiente error de los estrategas argentinos en Malvinas fue carecer de artillería suficiente. Para la campaña del '82, los británicos enviaron para apoyar el avance de sus tropas tres baterías completas de cañones con un total de 54 piezas. Los argentinos contaban con 36 cañones del mismo calibre. Pero los cañones argentinos podían disparar a 10,5 kilómetros de distancia y los obuses británicos tenían un alcance de 17 kilómetros, lo que significaba que los artilleros ingleses podían bombardear las posiciones enemigas sin temor a que los cañones enemigos los alcanzaran.

La artillería argentina fue reforzada el 15 de mayo con la llegada de dos obuses de 155 milímetros que, con 20 kilómetros de alcance, superaban a cualquiera de los cañones utilizados durante el conflicto. La medianoche del 13 de julio, un día antes de la rendición argentina, llegó otro cañón de 155 milímetros a reforzar las defensas de las islas.

Pero además los generales argentinos decidieron que sus cañones permanecieran en posiciones fijas en lugar de moverlos a lo largo del terreno de Malvinas como hicieron durante toda la guerra sus adversarios.

Para desplazar los cañones hacían falta tractores especialmente aptos para operar en el terreno de Malvinas o helicópteros capaces de izarlos para llevarlos de una posición a otra. Los tractores de artillería fueron dejados en el continente alegando falta de medios para transportarlos hacia las islas. Los helicópteros debían tener garantizada previamente la protección contra aviones enemigos para poder desplazarse con cierta libertad, lo cual retrotrae al problema de la ausencia de cazas argentinos en Malvinas.

Con frecuencia los helicópteros eran usados de forma caprichosa por los jefes de cada unidad sin consultar a sus camaradas. Hacia el final del conflicto, las tropas argentinas habían perdido la mayor parte de sus helicópteros de carga por la acción de las fuerzas británicas o por carecer de repuestos para arreglar los aparatos que iban quedando fuera de servicio por el uso intensivo que se les daba.

Como si fuese poco, los escasos helicópteros argentinos que iban quedando intactos a medida que se acercaba el fin de la guerra debían ser movidos constantemente de un lugar a otro por el riesgo que representaban los bombardeos ingleses.

Los cañones de los buques británicos constituyeron un problema constante para la guarnición argentina durante toda la guerra. Para graficar la capacidad del bombardeo naval se puede señalar que cada fragata o destructor del Reino Unido tenía la capacidad de igualar el poder de fuego de una batería completa de cañones de tierra argentinos.

Algún almirante propuso en Buenos Aires enviar al crucero *General Belgrano* a Malvinas para que con sus quince cañones de 152 milímetros sirviera de batería flotante para disparar contra los buques y las tropas británicas que se aproximaran a Puerto Argentino. La idea era estacionarlo en las aguas del puerto, donde, si era alcanzado por las bombas, podría posarse en el fondo poco profundo y seguir operando. Con las bodegas bien provistas de municiones, una cubierta acorazada, misiles antiaéreos y Exocet a bordo, el *Belgrano* hubiera representado un difícil desafío a los ataques británicos.

El crucero disfrutaba del doble del poder de artillería que podían desplegar todas las baterías terrestres que enviaron los británicos a la guerra. Ninguno de los buques británicos durante el conflicto poseía cañones capaces de disparar a la distancia de los cañones del *Belgrano*. Pero la Armada decidió que varar el crucero en Puerto Argentino significaría perder una de sus mejores unidades. Finalmente el crucero fue hundido el 2 de mayo de 1982 por el submarino inglés *Conqueror*.

Pero los generales del Ejército argentino no querían que los barcos de la Marina se estacionaran en territorio malvinense. Debido a una obtusa lucha por espacios del poder, Galtieri boicoteaba el aumento de la presencia de unidades de la Armada y la Fuerza Aérea en Malvinas.

Los celos entre los miembros de cada fuerza llegaron a tal punto que el Ejército impuso al general Mario Benjamín Menéndez como autoridad máxima de la Argentina en Malvinas sin someter la decisión al debate con los otros miembros de la Junta.

Pese a haber demostrado sus cualidades militares a través de una impecable operación de desembarco el 2 de abril, el almirante Carlos Büsser fue reemplazado por un general horas después de haber tomado Puerto Stanley.

El Ejército decidió que Menéndez fuera a la vez el responsable militar de Malvinas y de llevar adelante las cuestiones administrativas de la gobernación de las islas[178]. La suma de responsabilidades resultó tan abrumadora que Menéndez terminó por verse superado por la magnitud del desafío que se le había impuesto.

Pero la Armada argentina no estaba exenta de responsabilidades a la hora de fomentar la competencia entre las fuerzas. Cuando el almirante Anaya decidió retirar la flota de mar por el riesgo que representaban los submarinos nucleares del Reino Unido, dejó la guerra en el mar casi exclusivamente a cargo de la Fuerza Aérea y de la aviación naval.

En lugar de colaborar entre ellos, los oficiales de la Marina y la Fuerza Aérea solían disputarse el protagonismo en los ataques a la flota británica o esconder la información que poseían sobre la ubicación del enemigo para que los aviones de la otra fuerza no los atacaran por su cuenta. No hubo una central unificada que decidiera cómo usar mejor los recursos limitados que poseían.

Una excepción a medias fue la misión conjunta del 30 de mayo en la que participaron aviones de la Armada y la Fuerza Aérea, en la que probablemente se atacó al portaaviones británico *Invencible*. La Fuerza Aérea argentina logró participar de la misión tras amenazar con no prestar sus aviones cisternas para que las aeronaves de la Armada pudieran llegar hasta el portaaviones británico.

Incluso la planificación de aquel ataque fue ocasión de que sucediera un hecho que refleja la rivalidad entre los comandantes argentinos: los analistas de la Marina intentaban conocer la localización de los portaaviones ingleses a fin de atacarlos. Para ubicarlos, necesitaban saber las zonas en donde el radar de la Fuerza Aérea en Puerto Argentino localizaba a los Harriers británicos. Cuando el destacamento de la Armada en Malvinas pidió a los operadores de la Fuerza Aérea que les dieran esa información, éstos dijeron no tenerla. Un grupo de marinos debió irrumpir en el centro de control de la Fuerza Aérea en las islas para comprobar que los oficiales del centro de vigilancia aérea borraban la información sobre el rumbo de los Harriers. Sólo cuando dejaron a un grupo vigilando el centro de control, los marinos argentinos pudieron recopilar la información suficiente para saber dónde estaban los portaaviones británicos.

Alguien puede suponer que los peores sentimientos de los comandantes argentinos surgieron en el fragor del combate. Pero los celos fueron anteriores al desembarco del 2 de abril, cuando los jefes del

---

[178] Aunque existía un comando superior en tierra, muchas de las decisiones defensivas más trascendentes fueron tomadas por Menéndez desde que comenzó el conflicto el 1º de mayo de 1982.

Ejército y la Marina decidieron por su cuenta irrumpir en las islas y recién informaron sobre sus intenciones a su par de la Fuerza Aérea cuando el plan de desembarco ya estaba en marcha.

El mismo 2 de abril de 1982, mientras los militares festejaban el éxito de su operación de desembarco, se produjo uno de los hechos más vergonzosos de la guerra.

Horas después de la caída de Puerto Stanley, el almirante Carlos García Boll, comandante de la Aviación Naval argentina, viajó a las islas a bordo de una aeronave de la Armada. El piloto del avión que llevaba a Boll pidió permiso para aterrizar a la torre de control del aeropuerto de Malvinas operada por oficiales de la Fuerza Aérea. Desde el aeropuerto le negaron el permiso para descender, alegando que no estaba anotado en la lista de aviones autorizados por la Fuerza Aérea. Mientras el piloto de la Marina insistía en que lo dejaran aterrizar, los aviadores colocaron obstáculos en la pista para impedir que el avión tomara tierra sin permiso.

El avión de la Armada quedó dando vueltas por encima del aeropuerto con el almirante adentro por casi una hora a la espera de ser autorizado a bajar. Sólo cuando el jefe de las tropas de la Marina en las islas, el almirante Büsser, amenazó con recurrir a sus hombres para mover los obstáculos de la pista, los oficiales de la Fuerza Aérea destrabaron el aterrizaje del comandante de la Aviación Naval.

¿El aeropuerto de Puerto Argentino era una base aérea o una base aeronaval? Los pilotos y marineros argentinos discutieron largamente esa cuestión en las semanas previas al 2 de abril. De la respuesta dependía cuál de las dos fuerzas se haría cargo del aeródromo una vez reconquistadas las islas.

Las disputas entre los militares argentinos se daban incluso entre los propios camaradas de la misma fuerza. Cuando al general Galtieri se le antojó que la 3ª Brigada de Infantería Mecanizada al mando del general Oscar Jofré fuera trasladada a las islas, provocó un serio problema entre sus comandantes en Malvinas. Sucede que por una cuestión de antigüedad, Jofré tenía un rango superior que el jefe de la guarnición del Ejército en Malvinas, el general Américo Daher. Fue así como Daher debió dejar su puesto al general Jofré, en medio del disgusto de muchos subalternos fieles al general relegado.

La competencia no cesó con el fin de la guerra; usualmente los libros sobre el conflicto escritos por aviadores dicen que todo el peso de la batalla fue llevado por la Fuerza Aérea, los marinos dicen que la Armada fue el arma esencial con que contó la Argentina y los del Ejército resaltan el valor de los soldados de tierra lamentándose por los errores de las otras fuerzas. Se han dado debates encendidos entre autores relacionados con la Marina o la Fuerza Aérea que siguen disputándose la verdad sobre quiénes fueron responsables del hundimiento de algunas naves británicas durante la guerra.

Lo que muchos autores omiten decir es que los traspiés sucesivos de los militares argentinos hicieron más fácil la tarea de los ingleses durante la guerra. El 14 de junio, cuando el general Menéndez firmó la rendición de las tropas argentinas en Malvinas, la cadena de errores que cometieron los integrantes de las Fuerzas Armadas tuvo un súbito y lógico desenlace.

En los días finales de la guerra dos intentos de golpe de Estado estuvieron a punto de derrocar a Menéndez en Malvinas. En ellos participaron algunos comandos del Ejército y los militares que rodeaban al teniente coronel Mohamed Alí Seineldín[179]. Los amotinados pretendieron desalojar a Menéndez y su plana mayor a mediados de mayo de 1982 para plantear una estrategia distinta que pusiera a las tropas argentinas a la ofensiva. El segundo intento fue organizado el 12 de junio cuando los mismos oficiales que habían participado en el primer conato de motín supieron que Menéndez planeaba rendirse sin lanzar al combate a las tropas que permanecían en Puerto Argentino. Sin el apoyo de los oficiales de la Armada y la Fuerza Aérea en Malvinas, los sublevados desistieron de sus intenciones en ambas oportunidades. La fecha del fin de la guerra podría haber sido diferente de haberse producido alguno de los golpes en Malvinas.

El almirante británico Sandy Woodward aseguró que al firmarse la rendición sus tropas estaban tan exhaustas y sus arsenales tan agotados, que dudaba de que hubieran logrado derrotar a sus enemigos si éstos les hubieran opuesto una defensa más encarnizada.

Posiblemente el coraje de los soldados, marinos y aviadores haya logrado que tras la guerra los militares del Reino Unido reconocieran haberse enfrentado a un duro oponente.

Pero los errores cometidos por los altos oficiales argentinos tuvieron un doloroso resultado en el cuerpo de los profesionales y conscriptos que lucharon en Malvinas. El coraje, en todo caso, es lo que les faltó a muchos jerarcas militares argentinos para admitir que no estuvieron a la altura de las circunstancias para completar la tarea que les fue encomendada, quizá por haber estado demasiado tiempo ocupados en tareas de gobierno y administración pública tras los golpes de Estado, labores que no figuran en ninguno de los manuales de un ejército moderno.

---

[179] Seineldín comandaría luego un alzamiento militar en la Argentina en 1990. Por su participación en esa sublevación fue degradado y condenado a prisión. Luego fue indultado en 2003 por el presidente Eduardo Duhalde.

Capítulo 22

Si hubieras tenido un poco de paciencia, Leopoldo

◆

L a Argentina pudo haber permanecido hasta hoy en Malvinas sin necesidad de combatir. Suena extraño decirlo, pero es lo que pudiera haber sucedido si los militares que llevaron adelante la guerra hubieran tenido un poco de paciencia.

En diciembre de 1981, los militares del Reino Unido se debatían entre la rabia y la impotencia al observar cómo su gobierno los obligaba a deshacerse de sus buques, a reducir las horas de vuelo de sus pilotos y a cancelar programas de desarrollo de nuevos armamentos. El gobierno conservador encabezado por Margaret Thatcher enfrentaba en ese momento una profunda crisis política y social ante los magros resultados de las medidas de ajuste económico y privatizaciones implementadas desde su asunción en 1979. La impopularidad de la primera ministra entre los millones de obreros británicos desempleados era similar a la antipatía que su figura despertaba entre los militares ingleses por los recortes de los presupuestos de defensa.

En la Argentina, la crisis económica caracterizada por índices de inflación récord aumentaba la resistencia de la población hacia la dictadura militar que gobernaba desde 1976. Aunque la situación financiera era cada vez más grave y la impopularidad de los militares argentinos crecía interna y externamente, la Junta Militar no se privaba de firmar jugosos contratos de fabricación y compra de nuevas armas.

El presidente de los EE.UU., James Carter, decretó un boicot a la venta de armas norteamericanas a la Argentina en 1978 por los constantes abusos a los derechos humanos cometidos por los militares. Pero el resto de los países occidentales se mostraban dispuestos a proveer de armas a los generales de Buenos Aires. Desde el golpe militar

249

del 24 de marzo de 1976 hasta el fin de la dictadura en octubre de 1983, los militares gastaron 13 mil millones de dólares en contratos de armas.

Podían gastar literalmente cuanto quisieran en lo que quisieran sin temer a las críticas; desde las primeras horas en el gobierno apelaron a la desaparición real de toda oposición, impulsaron una política militarista que estimuló a la sociedad a considerarse amenazada por peligros externos de diversa naturaleza y forzaron un agravamiento de la tradicional rivalidad con Chile al desconocer los laudos que delimitaron la frontera común entre ambos países.

En realidad, el programa de rearme argentino se inició a comienzos de la década del 70, cuando el gobierno de facto del general Lanusse aprobó los lineamientos generales del Plan América, cuyo propósito era transformar a la Argentina en una potencia regional y en un gran productor de armas. Mediante la firma de contratos con empresas europeas, las fábricas controladas por los militares argentinos recibirían además la tecnología para producir muchas de sus armas.

Durante los años posteriores a la Segunda Guerra Mundial, los Estados Unidos dejaron a la Argentina fuera de los programas de ventas de armas por considerarla un colaborador encubierto del fascismo europeo y un posible competidor en su política de hegemonía continental. Esa experiencia caló hondo en los planificadores militares argentinos. En adelante, decidieron los generales de Buenos Aires, sólo intentarían comprar armas europeas o fabricarían sus propios pertrechos para no volver a depender de Washington para equiparse.

Cuando el gobierno estadounidense bloqueó las ventas de armas de su país a la Argentina en 1978, los militares argentinos sonrieron satisfechos; ellos ya habían cerrado trato con los europeos y no necesitaban los tanques, aviones y barcos vendidos por los norteamericanos.

Hacia 1982, los países europeos occidentales e Israel eran los principales vendedores de armas a la Argentina. Desde Alemania llegaba la tecnología para fabricar en los astilleros locales seis fragatas y cuatro destructores clase Meko, el reactor de entrenamiento Pampa, seis submarinos convencionales TR 1700, quinientos tanques y vehículos acorazados de la familia TAM y cientos de jeeps y camiones militares de la firma Mercedes Benz. De Francia debían llegar helicópteros de transporte Puma, cuatro corbetas Tipo 69, catorce aviones Super Etendard y sesenta misiles antibuque Exocet, en sus versiones para lanzamiento desde buques y desde aviones. Inglaterra proveyó dos destructores Tipo 42 y misiles antiaéreos portátiles Blowpipe. Israel envió dos lanchas rápidas misilísticas clase Dabur y aviones Dagger, una copia de los Mirage franceses impulsados por un motor norteamericano. Mientras EE.UU. retaceaba repuestos para los motores de los cazabombarderos Skyhawk, Israel aceptaba vender catorce de estos aparatos a la Argentina. Austria le vendió su cazatanques SK-105 Kurassier e Italia helicópteros y misiles antiaéreos Áspide.

Las empresas alemanas, limitadas para exportar armamentos por los acuerdos firmados tras el fin de la Segunda Guerra Mundial, acordaron entregar tecnología a la Argentina para que las fábricas militares produjeran sus propias armas. Fue una forma elegante de esquivar la imposibilidad de vender los modernos equipos que desarrollaban.

Con ayuda de la nueva tecnología importada y la desarrollada localmente, los ingenieros militares argentinos avanzaron rápidamente en la creación de sistemas cada vez más modernos: aviones contrainsurgencia Pucará, misiles lanzados desde aviones Martín Pescador, cañones de 155 milímetros y una parafernalia de armas portátiles y morteros.

En los comienzos de la década del 80, las Fuerzas Armadas argentinas iban adquiriendo lo mejor que podía obtenerse en el mercado internacional de armas y ninguno de los países vecinos podía equiparar la cantidad y calidad de equipos que estaban acumulándose en los arsenales de Buenos Aires.

Pero comprar armamentos en el mercado internacional no equivale a llenar un carro de supermercado y luego pasar por caja para pagar. Los contratos, muchas veces, se firman con años de antelación a la entrega. La Argentina había planificado sus compras de tal forma que estuviera en condiciones de enfrentar a cualquier país vecino a mediados de la década del 80. La guerra de Malvinas, por supuesto, ocurrió antes de que se completara el Plan América y eso tuvo un precio muy alto durante la guerra del '82.

Desde la crisis de Suez en 1956, la Real Marina británica era una sombra de la que alguna vez fuera una orgullosa marina imperial que dominaba sin sombra los mares del mundo.

La decadencia de la flota de Su Majestad comenzó en julio de 1956. En ese año, los gobiernos de París y de Londres recibieron con estupor la noticia de que el presidente egipcio Gamal Abdel Nasser había nacionalizado el canal de Suez, el estratégico paso entre el Mediterráneo y el océano Pacífico controlado hasta ese momento por empresas del Reino Unido y Francia.

En respuesta al desafío de Nasser, Inglaterra y Francia organizaron una incursión militar sorpresiva contra Egipto y conspiraron para que Israel también atacara a aquel país simultáneamente. Los israelíes aceptaron participar de la ofensiva, deseosos de aprovechar la oportunidad para golpear a su más poderoso antagonista en la región.

Tanto Francia como Inglaterra habían observado impotentes desde el fin de la Segunda Guerra Mundial cómo sus otrora inmensos imperios se deshacían entre guerras independentistas y acuerdos políticos más o menos pacíficos. La intervención en Suez ofrecía a las dos naciones europeas la posibilidad de demostrar que aún seguían siendo capaces de intervenir militarmente allí donde sus intereses fueran afectados.

El 31 de octubre de 1956, las fuerzas combinadas de Gran Bretaña, Francia e Israel entraron en Egipto, derrotaron a sus ejércitos y en poco menos de una semana se hicieron con el control del canal de Suez. Simultáneamente, Israel se apoderó de grandes porciones del desierto egipcio del Sinaí.

La Unión Soviética, en aquellos años el soporte político y militar del régimen de Nasser, amenazó con una represalia nuclear si los países invasores no se retiraban del territorio de su aliado. Estados Unidos, que no fue informado por los franceses e ingleses sobre el golpe que habían planeado contra Egipto, ordenó a sus aliados que abandonaran el suelo egipcio bajo amenaza de obligarlos a retirarse. El presidente norteamericano Eisenhower envió una poderosa flota a la zona para hacer valer su amenaza. Con el rabo entre las patas, las tropas británicas, francesas e israelíes abandonaron Egipto[180] y en las horas siguientes Nasser se hizo con el control absoluto del canal de Suez.

La humillante retirada británica de Suez marcó el fin de la era imperial de Inglaterra. El degradante retorno de los barcos ingleses a sus bases indicó que el Reino Unido jugaría en adelante un papel subalterno en el tablero del poder mundial y que sólo intervendría en una zona de guerra cuando los Estados Unidos lo aprobaran. Francia evitó ser deshonrada alejándose de la Organización del Tratado del Atlántico Norte.

La consecuencia inmediata de la fallida campaña de Suez fue la subordinación de la flota inglesa a la OTAN, alianza que era dominada por los Estados Unidos. Los funcionarios de la coalición occidental fueron los primeros en proponer que el Reino Unido solamente se dedicara a perseguir submarinos rusos en el mar del Norte y a desplegar una fuerza de sumergibles armados con misiles atómicos.

Ya desde 1960, en el edificio del Ministerio de Defensa británico, conocido como Whitehall, no se hablaba de otra cosa que de reducción de gastos militares y de la anulación de programas de compras de nuevas armas. Las primeras víctimas de los recortes serían los portaaviones de la flota británica, que pronto fueron reduci-

---

[180] Aunque los israelíes retuvieron una parte de la península del Sinaí, hasta el acuerdo de Camp David (1978) que implicó su devolución a Egipto.

dos en número hasta quedar representados por un único buque, el *Ark Royal*.

El *Ark Royal*, la nave insignia de la flota británica, fue retirado del servicio en 1976. De esa forma desapareció el último de los buques británicos capaces de llevar aviones. En su reemplazo, el Ministerio de Defensa autorizó dos pequeños buques portahelicópteros de 30 mil toneladas.

Los planificadores de la Armada Real hicieron una pequeña trampa a los políticos de Whitehall cuando solicitaron que se les permitiera poner a bordo de los portahelicópteros un escuadrón del nuevo avión de despegue vertical Harrier. Mediante ese artilugio, esquivaron la prohibición que tenían de construir portaaviones. Oficialmente, en los manuales de la OTAN los buques madre de los Harrier eran portahelicópteros, pero eso poco les importaba a los marinos británicos mientras sus aviones pudieran despegar y aterrizar desde las cubiertas de sus barcos.

Llegada la década del 80, la flota británica había sido reducida a sólo dos portahelicópteros, el veterano *Hermes* y el *Invencible*, ambos con un total de unos veinte Harriers a bordo. La cifra de aviones embarcados por Inglaterra a fines del '81 era ínfima en relación con los 3.000 aparatos que llevaban los portaaviones británicos cuatro décadas atrás, durante la Segunda Guerra Mundial, y equivalente a la que en esos años podía embarcar la Argentina a bordo de su portaaviones *25 de Mayo*.

En 1981, el ministro de Defensa de Margaret Thatcher, John Nott, presentó un nuevo plan para la reorganización de la Marina de guerra denominado "Command 8288". Nott dio a conocer una lista de navíos de la Armada Real que debían ser sacados de servicio, entre los que se encontraban los dos portaaviones y numerosos destructores, fragatas y buques auxiliares. En esencia, el ministro propuso eliminar casi en su totalidad la flota británica a excepción de los barcos antisubmarinos y los sumergibles armados con misiles nucleares. El gobierno de Margaret Thatcher parecía estar destinado a acabar con lo último que quedaba de la flota imperial británica.

Los contadores del gobierno de Thatcher, ávidos de reducir los gastos de la Armada, ya les habían dado un nuevo destino al *Hermes* y al *Invencible*. El *Hermes* fue vendido a la India junto a un grupo de aviones Harrier y el *Invencible* fue prometido a Australia. Ambos debían ser entregados a sus nuevos propietarios durante la segunda mitad del año 1982. Hacia mediados de 1983, los astilleros británicos estarían finalizando la fabricación del *Illustrious*, el portahelicópteros diseñado para reemplazar al *Invencible*. Esto significaba que durante gran parte de 1982 y un buen tramo del año siguiente la flota británica no tendría ni siquiera un portaaviones.

Otros nueve buques de la flota de guerra serían vendidos a aliados tradicionales del Reino Unido. Un crucero clase County había sido vendido a Pakistán y otro a Chile. Una fragata Leander había sido adquirida por Nueva Zelanda y otras estaban prometidas a Australia, Brasil y Chile. Una nueva generación de fragatas sería fabricada desde 1985 para reemplazar parte de los buques dados de baja.

Muchos de los buques en servicio requerían de extensos programas de mantenimiento para sus motores antes de ser entregados a sus nuevos dueños, ya que sus turbinas se encontraban dañadas por años de uso del combustible barato que le entregaban los ahorrativos encargados de presupuesto del Ministerio de Defensa.

En el rol de segundones de los norteamericanos que algunos políticos de Londres y Washington asignaban a la flota inglesa, tampoco tenía sentido una fuerza de desembarco anfibia. Es por esa razón que los buques *Fearless* e *Intrepid*, el corazón de la fuerza de asalto británica, iban a ser puestos fuera de servicio sin que se previeran nuevas naves para reemplazarlos. Igual destino debían sufrir los buques logísticos de desembarco *Sir Galahad* y *Sir Tristan*.

En Malvinas ya se había anunciado el retiro del buque de vigilancia *Endurance* cuando comenzara el invierno austral, es decir, en junio de 1982. Con este retiro, la única fuerza naval británica en Malvinas estaría representada por el pequeño patrullero *Forrest* anclado en Puerto Stanley y algún bote de goma de la guarnición de Royal Marines en las islas.

La reducción presupuestaria iba más allá incluso de las fuerzas militares; desde hacía años, el gobierno británico planeaba cerrar la base del British Atlantic Survey en las Georgias del Sur, única presencia permanente del Reino Unido en esas islas. Sólo una apresurada venta de sellos postales organizada por la gobernación británica en Malvinas logró los fondos para evitar que la base en Georgias fuera cerrada en 1982.

Las fuerzas terrestres británicas sufrían problemas similares a los de sus camaradas de la Armada. El Regimiento 16 de Paracaidistas, cuyos hombres fueron de los primeros británicos en tocar suelo egipcio durante la invasión de Suez, era uno de los más emblemáticos cuerpos del Ejército de la Corona. Como si fuera responsabilizado de la debacle de 1956, el 16 de Paracaidistas había sido disuelto en 1974 y sólo se había conservado la Brigada 3 de Comandos, cuyo destino era incierto en 1981.

Desde 1956 en adelante, regimientos enteros fueron deshechos y sus plantillas de soldados reducidas. El informe de Nott de 1981 proponía otra drástica reducción de las tropas británicas. A partir de ese año, decía el reporte, diez mil soldados serían dados de baja, lo cual implicaba una reducción del 15 por ciento del total de soldados del Reino Unido.

Hasta los más mínimos elementos de las fuerzas inglesas eran reemplazados con demoras. La infantería seguía empleando los viejos fusiles FAL, similares a los usados por la Argentina, diseñados en Bélgica en 1952. El ultramoderno fusil de combate SA-80 destinado a reemplazar al FAL en el Ejército del Reino Unido todavía era un proyecto que esperaba la aprobación parlamentaria —y por lo tanto los fondos— para ser fabricado a gran escala.

Pedidos de tiendas de campaña, nuevos uniformes y partidas de municiones para reemplazar a las que estaban vencidas requerían de innumerables e interminables gestiones burocráticas de los generales y almirantes británicos para que los políticos del Whitehall aprobaran las órdenes de compra.

Los aviadores ingleses bramaban cada vez que un proyecto para producir aviones más modernos era suspendido o anulado por falta de fondos. La Royal Air Force, que había derrotado a la aviación de Hitler, puso todas sus esperanzas en el *Tornado*, un caza supersónico desarrollado junto a Alemania e Italia, y en la versatilidad del pequeño Harrier, cuya verdadera eficacia en un combate moderno era todavía una incógnita. Pero en cuanto a nuevos bombarderos, aviones radar y helicópteros de combate, los brigadieres británicos sólo encontraban excusas presupuestarias cuando reclamaban que sus aviones se volvían más y más obsoletos cada día que pasaba.

Hacia fines de 1982, las Fuerzas Armadas británicas se encontrarían en uno de los puntos más bajos de su capacidad de combate. La flota británica sería la más afectada ya que cuando se completase el proceso de reducción propuesto por el ministro Nott, el Reino Unido carecería de los medios para intervenir militarmente más allá de Europa.

Sólo una batalla como la que se gestaba en Malvinas era capaz de demostrarles a los políticos del Reino Unido que nada podía reemplazar a los portaaviones y buques de desembarco cuando una potencia extranjera desafiara su presencia en alguno de los territorios de ultramar que aún conservaba.

El general Leopoldo Fortunato Galtieri y el almirante Jorge Isaac Anaya supieron a inicios de 1981 que en cuestión de meses se convertirían en integrantes de la Junta Militar que gobernaba la Argentina. En septiembre de 1981, Anaya y Galtieri convinieron que necesitaban de un hecho político fuerte para revertir el creciente descontento de la población con los gobernantes militares. Anaya le propuso a Galtieri desembarcar en Malvinas para evitarle un desenlace oprobioso al régimen militar inaugurado en 1976.

El almirante le explicó al general que la Marina británica se encontraba en retroceso y citó la venta de los portaaviones ingleses a India y Australia. Para reforzar sus argumentos, señaló cómo el gobierno de Thatcher ofrecía a precio de saldo sus destructores y fragatas entre sus aliados. La reducción de la flota británica, especuló Anaya, sólo significaba que el Reino Unido desatendía sus responsabilidades coloniales.

De acuerdo con la visión del jefe de la Armada, Gran Bretaña no respondería militarmente a una intervención argentina en Malvinas debido a la debilidad de su flota y el escaso interés que los políticos del Reino Unido mostraban por los archipiélagos australes, actitud que quedaba corroborada por el inminente retiro del *Endurance* de la zona.

Por pedido de Galtieri y Anaya, un grupo de militares argentinos se encargó de planificar la incursión a Malvinas. Los estrategas trabajaron en diferentes escenarios antes de proponer una fecha para desembarcar en las islas. Finalmente, Galtieri y Anaya recibieron un informe en donde se sugería que la época más razonable para realizar un desembarco en Malvinas sería entre julio y octubre de 1982.

La fecha propuesta por los estrategas a la Junta no era antojadiza. Recién en la segunda mitad de 1982 la Argentina contaría con las armas y los soldados suficientes para poder desafiar a Gran Bretaña con relativas posibilidades de éxito.

La incorporación de conscriptos de la clase 1963 se había iniciado al comenzar el año, de manera que eran necesarios algunos meses para entrenarlos adecuadamente, condición necesaria si se llegaba —algo improbable según diría Galtieri años después— a un enfrentamiento con las tropas profesionales del Reino Unido.

Los almirantes argentinos consideraban que, antes de iniciar una posible guerra, la Armada debía completar su equipamiento. En particular, debía esperar a que la fuerza de aviones de ataque Super Etendard recientemente adquiridos a Francia estuviera completamente desplegada a bordo del portaaviones *25 de Mayo* o en bases argentinas. Para abril del '82, la empresa francesa Dessault Breguet sólo había entregado cuatro aviones de un total de catorce pedidos por la Argentina. El resto era esperado para junio de ese año.

Algo similar sucedía con los misiles antibuque AM39 Exocet que armaban a los aviones Super Etendard. Para el 2 de abril, solamente habían arribado a las bases navales cinco de los diecinueve AM39 comprados por la Argentina.

En el juicio a los comandantes de la junta por su actuación en Malvinas consta la declaración del almirante Anaya en la que recuerda que los aviones Super Etendard y sus misiles debían estar antes del 1º de junio en la Argentina y que para la misma fecha también se deberían haber conseguido los aviones antisubmarinos P3 Orion, que hubieran resultado sumamente útiles para enfrentar la amenaza de los submarinos británicos[181].

Además de esperar la entrega de nuevos equipos, los ingenieros y pilotos navales argentinos deberían completar el entrenamiento para sacar el máximo provecho de los aviones y misiles adquiridos a Francia. A modo de ejemplo, al iniciarse la guerra, ninguno de los pilotos argentinos de Super Etendard había disparado uno solo de los misiles Exocet debido a que todavía no se habían resuelto algunos problemas de compatibilidad entre los misiles y los aviones lanzadores. Cuando llegó la guerra, sorpresivamente los mecánicos navales argentinos lograron poner en condiciones los misiles sin ayuda de los ingenieros de la Dessault.

La Marina argentina había comprado a la firma alemana Thyssen un proyecto para construir seis submarinos diesel TR1700. En abril de 1982, ya habían sido fabricados dos de estos submarinos, bautizados *Salta* y *Santiago del Estero*. Pero a inicios del año '82 esos sumergibles todavía no estaban plenamente operativos, por lo que su utilidad en combate era dudosa. En la posguerra, los almirantes británicos indicaron que si los submarinos argentinos más modernos hubieran estado completamente operables, hubieran representado una muy seria amenaza para su flota.

El apresuramiento con que fue lanzada la campaña de Malvinas obligó al submarino *Salta* a zarpar con severos problemas en sus motores y en el sistema de puntería de sus torpedos, defectos que durante la campaña le impidieron acertar en al menos una ocasión contra un gran buque de guerra del Reino Unido. El *Santiago del Estero* no pudo dejar su base en Mar del Plata por problemas en sus motores y para cuando fue solucionado el inconveniente en su sistema de propulsión, la Argentina ya se había retirado de Malvinas.

Thyssen también iba a proveer cuatro destructores Meko 360 y seis fragatas Meko 180, armadas con misiles Exocet y con una moderna dotación de misiles y sistemas electrónicos a bordo. Estas naves podrían haber representado un serio desafío para los más sofisticados buques británicos. Pero al iniciarse la guerra, la Argentina solamente contaba con dos destructores y tres corbetas modernas y el resto eran anticuadas naves construidas durante la Segunda Guerra Mundial.

---

[181] Alberto De Vita, *Malvinas 82: cómo y por qué*, Instituto de Publicaciones Navales, Buenos Aires, 1994, pág. 30.

Existían otras razones para esperar a julio antes de enviar las tropas argentinas a Malvinas. Quizá la más importante era que para mediados de 1982 el Reino Unido no contaría con ninguno de sus portaaviones. Sin ellos, no habría aviones Harrier protegiendo a la flota británica y, sin los Harrier, no había modo de garantizar la supervivencia de los buques y el avance de los soldados británicos.

Si esperaban a mediados de año, el invierno austral haría más difícil el despliegue de la flota británica en torno a Malvinas. Las naves británicas sufrían serios problemas de mantenimiento por los recortes presupuestarios que la Armada inglesa atravesaba desde hacía años. Algunos de los viejos equipos a bordo de las naves de guerra del Reino Unido tendrían serias dificultades para operar con efectividad en el crudo invierno del Atlántico Sur. Tal como quedó demostrado durante los combates, muchos de los sistemas electrónicos quedaron fuera de servicio tras algunas semanas de navegación en las borrascosas aguas que rodean a Malvinas. Todo parecía indicar que Galtieri y sus socios debían ser pacientes para aumentar sus posibilidades de retener las Malvinas. Como dijo un general argentino, debían pasar el invierno.

¿Qué sucedió entonces que, pese a lo que aconsejaban sus propios estrategas, los militares decidieron adelantar la fecha de la invasión?

A modo de excusa, la historia oficial argentina afirma que Galtieri y Anaya decidieron adelantar la invasión el 24 de marzo cuando se enteraron de que Londres había enviado al submarino nuclear *Superb* a bloquear la llegada de barcos argentinos a las islas. La partida del submarino fue anunciada por la prensa británica, basada en fuentes de la Armada Real. Navegando a toda máquina, el *Superb* tardaría unos quince días en llegar a las islas, de manera que para los primeros días de abril estaría patrullando las aguas malvinenses. Según los periodistas del Reino Unido, el envío del submarino era una respuesta directa del Reino Unido a la presencia de trabajadores argentinos en las islas Georgias y al aumento de las tensiones entre Londres y Buenos Aires.

Si el *Superb* se estacionaba en las aguas de Malvinas, afirman algunos autores, la invasión argentina nunca se podría haber llevado a cabo por la amenaza que podía significar un moderno submarino de ataque para el portaaviones argentino *25 de Mayo* y las naves cargadas de tropas que protagonizarían el desembarco.

Además, si la flota submarina británica llegaba a tiempo para situarse entre el continente y las islas, el arribo de los soldados argentinos se demoraría un tiempo crucial, dando tiempo a Gran Bretaña para enviar por vía aérea algunos cientos de soldados a las islas.

La presencia de una guarnición reforzada en Malvinas obligaría a postergar el desembarco hasta una fecha incierta o intentar un ataque sangriento para desalojar a los británicos de las islas. Los diplomáticos argentinos habían determinado que se debían tomar las islas sin provocar bajas británicas para que las respectivas cancillerías pudieran resolver el tema sin las limitaciones que representarían los muertos y heridos que dejaría una invasión cruenta.

Sin embargo, esta cadena de razonamientos que explica el apuro de la Argentina por desembarcar en Malvinas tiene algunos puntos cuestionables.

Fuentes británicas señalan que el submarino *Superb* no partió hacia las Malvinas sino hasta diez días después del desembarco argentino en las islas. La decisión de acelerar la invasión se tomó a partir de información difundida por los periódicos británicos influidos muy probablemente por los servicios de inteligencia de su país para que fueran parte de una velada amenaza hacia los argentinos que se disponían a desembarcar en Malvinas. Sustentar la decisión de lanzar la invasión sobre la base de informaciones brindadas por un periódico del país adversario es por lo menos cuestionable para un general o un almirante.

En segundo lugar, el suceso que desató la supuesta partida del submarino fue la presencia de chatarreros argentinos en las Georgias. Esos obreros fueron enviados a bordo de un buque que estaba bajo el mando de la Marina. Si la Argentina estaba interesada en crear una situación de tensión que justificara su intervención en Malvinas, tranquilamente podría haber diferido la partida de los obreros de Davidoff a Georgias para después de julio, cuando el país estuviera preparado militarmente.

Con la evidencia acumulada hasta el presente, pareciera que el incidente de los chatarreros de Davidoff fue usado para probar demasiado pronto la capacidad de reacción de los británicos ante un desembarco argentino en las islas en disputa o, si se quiere, una maniobra de Anaya para que Galtieri se viera obligado a no echarse atrás en su promesa de invadir Malvinas. En cualquier caso, si se quiere creer que Gran Bretaña había mandado un submarino a Malvinas el 24 de marzo, la acción llevada adelante por la Armada fue el factor que aceleró la partida del submarino.

La tercera debilidad de la decisión de apurar la Operación Rosario por la presencia del *Superb* está en el argumento acerca del peligro que representaban los submarinos británicos. Gran Bretaña no hizo nada por detener el desembarco argentino, aun cuando tenía señales concretas y tangibles dadas por sus propios analistas y un informe de inteligencia chileno que los alertaba sobre los preparativos desde meses antes del 2 de abril.

Hasta el 1º de mayo, fecha en que comenzó el contraataque británico, ninguno de los buques civiles o militares argentinos que cruzó a las Malvinas fue amenazado por los torpedos ingleses. De hecho, al menos seis buques mercantes argentinos transportaron pertrechos a Malvinas sin ser torpedeados.

El buque *Formosa*, un enorme y desprotegido mercante de más de cien metros de eslora que llevó pertrechos a Malvinas el 17 de abril, no tuvo ningún inconveniente en navegar de ida y de vuelta a las islas, y solamente recibió daños el 1º de mayo cuando unos aviones argentinos lo bombardearon luego de confundirlo con un mercante inglés.

Recién el 30 de abril los submarinos británicos recibieron la orden de disparar contra buques argentinos. De más está decir que el bloqueo de los submarinos británicos se mantuvo durante toda la guerra, pero el único éxito que obtuvieron los sumergibles lo lograron al sur, mucho más allá de la zona de exclusión, cuando el *Conqueror* hundió al crucero argentino *General Belgrano*.

Una posible explicación de la ligereza con que la Junta Militar argentina ordenó adelantar la invasión de Malvinas puede encontrarse en el modo en que Galtieri y Anaya pensaban al mundo en ese momento.

El presidente de facto estaba seguro de que su gobierno era un aliado fundamental de los Estados Unidos en América latina. Después de todo, la Argentina, obedeciendo un pedido de la administración norteamericana, había mandado cientos de sus soldados a entrenar a los insurgentes centroamericanos que luchaban contra el gobierno sandinista de Nicaragua y asesoraban a cuanta fuerza se opusiera a los grupos de izquierda que operaban en la región.

El levantamiento del embargo de armas a la Argentina anunciado por el gobierno de Ronald Reagan durante la visita de Galtieri a los Estados Unidos en noviembre de 1981 convenció al general de que era el niño mimado de la administración republicana de Reagan.

El "general majestuoso", como lo había calificado la prensa norteamericana, creía que sus méritos eran suficientes para que, sin importar cuándo invadiera Malvinas, Washington se colocara en una posición neutral o impusiera su influencia para que "dos de sus principales aliados" resolvieran diplomáticamente sus diferencias.

El jefe de la Armada estaba seguro de que el Reino Unido no respondería militarmente, de manera que poco importaba que estuvieran listos o no los pertrechos que la Argentina había encargado a los fabricantes de armas.

A criterio de Anaya, la todavía reciente incursión de un comando argentino en la isla de Thule en 1976, que no generó más que algunas notas de protesta de la cancillería británica, probaba que Londres no tenía intenciones de enfrentarse a la Argentina en el Atlántico Sur.

No debe subestimarse además la situación política interna argentina en marzo de 1982. La central sindical había lanzado el primer paro general en años, en abierta provocación a los militares. Una violenta y multitudinaria manifestación encendió el 30 de marzo las alarmas de los miembros de la Junta ante una oposición que se mostraba cada vez más desafiante. Los militares debieron haber especulado que una espectacular fuga hacia adelante, con desembarco de tropas en Malvinas, galvanizaría los sentimientos de la población y haría olvidar el desencuentro entre las Fuerzas Armadas y el resto de la sociedad.

Tanto Galtieri como Anaya creyeron que daba igual que pusieran una fecha u otra para el desembarco en Malvinas. El adelantamiento, en todo caso, aceleraría los tiempos de gloria para el general y el almirante.

Cuando comenzaron a caer las bombas, Galtieri y Anaya debieron responder con todo lo que tenían. El éxito de sus Exocet pronto quedó neutralizado cuando se acabaron los cinco misiles que la Argentina tenía en sus arsenales. Por el apuro de los comandantes argentinos en ir a la guerra, los aviadores navales tuvieron que usar uno de sus Super Etendard como caja de repuestos ante la imposibilidad de conseguirlos en Francia. Los submarinos alemanes que había comprado la Armada no pudieron efectuar un solo ataque exitoso contra la flota británica por defectos en sus equipos. Los buques de guerra retornaron a la seguridad de los puertos cuando el crucero *General Belgrano* fue hundido por el submarino británico *Conqueror*. Los aviones argentinos no pudieron soportar las pérdidas causadas por los aviones y buques británicos. Los reclutas argentinos, escasamente preparados y equipados para una guerra moderna, fueron presa de los soldados británicos que los hicieron retroceder continuamente hasta encerrarlos en un diminuto perímetro en torno a la capital de las islas.

El violento invierno malvinense resultó ser el más feroz enemigo que enfrentaron las tropas argentinas y, para cuando atacaron los soldados británicos, muchos reclutas se encontraban tan disminuidos por el clima, la desmoralización y el hambre que su capacidad de resistir eficazmente una ofensiva estaba en sus niveles mínimos.

El apuro de Galtieri y Anaya por ir a la guerra fue quizás el factor que determinó finalmente el resultado de ésta.

El fin de la guerra trajo el aumento explosivo de los presupuestos de defensa del Reino Unido. A partir de la guerra de Malvinas, las Fuerzas Armadas británicas fueron favorecidas por un inédito número de nuevas armas. Dos nuevos portaaviones y cuarenta Harriers reforzaron la capacidad militar de Londres para defender a sus colonias. Nuevas fragatas y destructores más modernos fueron fabricados por los astilleros británicos en los años siguientes a la guerra, añadiendo las mejoras que recomendaban las lecciones del conflicto en el Atlántico Sur. Se incorporaron nuevos buques de desembarco y helicópteros para ampliar la capacidad anfibia de las tropas del Reino Unido. La Fuerza Aérea y el Ejército británicos también recibieron modernos equipos para reemplazar sus armamentos más anticuados.

Por el contrario, luego de la guerra la Argentina sufrió un severo recorte en sus partidas para compras de armas. Muchos de los equipos adquiridos por los militares argentinos antes del conflicto nunca fueron entregados porque la diplomacia inglesa actuó para evitar que los países europeos contribuyeran al rearme de las Fuerzas Armadas argentinas. Otros contratos militares cayeron ante la escasez de fondos que siguió a la guerra, cuando los gobiernos democráticos recortaron los presupuestos de adquisición de armas.

La Argentina mantiene prácticamente las mismas armas a pesar de que pasaron casi veinticinco años desde el fin de la guerra. El golpe de la derrota y el súbito recorte de los gastos en defensa dejaron a las Fuerzas Armadas en una improbable capacidad para representar una amenaza militar seria incluso para los países vecinos, que antes resultaban rivales inferiores.

La efectividad de los nuevos equipos adquiridos por los británicos fue puesta a prueba con éxito en la ex Yugoslavia y en dos ocasiones en Irak. Pero el efecto más beneficioso para los militares británicos fue haber podido superar el trauma que arrastraban desde la campaña de Suez en 1956.

En perspectiva, Anaya y Galtieri, con su decisión de adelantar el desembarco en Malvinas, fueron los aliados que los militares del Reino Unido buscaban para revertir la decadencia en la que se encontraban.

No sería insensato pensar que, haciendo uso del más cínico humor inglés, en el futuro algún pequeño remolcador o bote menor de la flota británica llevara el nombre de *HMS Galtieri* o *HMS Anaya*, considerando el favor que le han hecho a la flota de Su Majestad estos dos militares argentinos que no supieron tener paciencia.

Capítulo 23

Encuentro en una playa solitaria

◆

D os hombres se dirigen el uno hacia el otro en una playa casi desierta de la Argentina. Están frente al balneario Las Brujitas en la ciudad bonaerense de Miramar. Uno es un joven que combatió en Malvinas siendo apenas un adolescente. Es bajo, fornido y su cara castigada por el acné tiene una mirada penetrante por debajo de un par de cejas que parecen dos pinceladas negras pintadas con derroche. Camina sacando pecho, como un compadrito que entra a la pista para bailar un tango.

El otro es un anciano ex general de casi setenta años. Anda encorvado como si tuviera que pensar dónde da cada paso. Sus carnes cuelgan en lo que fue un cuerpo fornido y musculoso. Es alto, muy alto. Los años vencieron sus articulaciones haciéndolo marchar como un viejo marino que añora el vaivén de la cubierta de su barco.

El mar borra las huellas que ambos dejan con cada paso sugiriendo el olvido de lo que apenas acaba de pasar. Casi no hay testigos de lo que está sucediendo. Termina el verano de 1995 y la mayoría de los turistas volvieron a sus ciudades dejando Miramar casi vacía.

La soledad de la playa se acentúa por la hora temprana de la mañana en la que el sol todavía no calienta lo suficiente como para hacer germinar a los turistas y sus sombrillas. En el borde del mar, solamente están esos dos hombres participando del encuentro espontáneo.

El ex general perdió su rango cuando un tribunal lo degradó por su imprudencia durante la guerra. El joven es ahora un abogado que intenta dejar atrás la guerra poniendo todo su empeño en pasar el mayor tiempo posible con su mujer Florencia y su hija Pilar.

En algún momento los pasos de ambos hombres los ubicarán el uno frente al otro. Cualquier cosa puede pasar cuando el ex soldado Gabriel Sagastume y el ex general Leopoldo Fortunato Galtieri estén frente a frente.

Gabriel hizo la conscripción en el regimiento 7 de La Plata. En marzo de 1982 fue dado de baja y volvía a acostumbrarse a la vida civil tras un año de servicio militar. Su novia Florencia, la misma que le acercaba comida en cada visita al cuartel, lo ayudaba a ser nuevamente la persona que era antes del reclutamiento. Todavía pensaba en volver a la universidad y retomar la carrera de Ingeniería que quedó trunca por la conscripción.

El 2 de abril Gabriel estaba junto con su amigo Omar en un auto cuando escuchó por la radio que la Argentina había desembarcado en Malvinas. La noticia lo alteró; ya había contribuido con su cuota de tiempo a la vida militar y no quería verse envuelto en una guerra.

El viernes 9 de abril estaba en su casa. Lo recuerda porque ese día era el cumpleaños de su hermano. El timbre sonó. Venían a notificarle que debía presentarse de inmediato al regimiento. La guerra reclamaba a los Sagastume que entregaran a su hijo para la gran masacre que se gestaba en Malvinas.

El nuevamente soldado conscripto Gabriel Sagastume pensó que se trataba de una simple formalidad. Que sólo querían saber que estaba allí por si lo necesitaban. Le dijo a su madre mientras salía para el cuartel:

—Voy al regimiento. Calculo que vuelvo al mediodía.

Tardó tres meses en retornar.

Gabriel llegó a Malvinas el 13 de abril. Al igual que el resto de la tropa, estaba animado por las promesas de los oficiales, que aseguraban una corta temporada en las islas.

"¿Guerra? No va a haber", decían los sargentos y tenientes. Simplemente estarían allí un tiempo y regresarían a sus casas para contar su aventura. Los ingleses no irían más allá de las amenazas y nunca se aventurarían al extremo del mundo por un par de islas carentes de todo valor y protegidas por un enorme y poderoso contingente de soldados argentinos. De manera que lo único que debían hacer los conscriptos era estar allí y esperar el momento para ser devueltos a sus casas.

Tras pasar una noche en los cuarteles de Moody Brook, Gabriel y sus compañeros fueron enviados a las faldas del monte Longdon. Acamparon con sus carpas en la intemperie y comenzaron a cavar trincheras. El clima era agradable y se veían algunas nubes que de tanto en tanto cruzaban el cielo.

Cuando las zanjas estuvieron terminadas, los conscriptos se pusieron a observar el paisaje. No había mucho que hacer además de esperar. Ni prácticas de tiro, ni entrenamientos de combate, sólo dar tiempo al tiempo. Pasaron los días. Nada a que dedicarse salvo mirar el horizonte y conversar con los otros soldados.

Una mañana llovió. El agua cayó sin pausa en los días siguientes mientras la temperatura bajaba sin cesar. El cambio de clima pareció afectar el humor de los oficiales, que empezaron a contestar duramente las preguntas y quejas de los conscriptos. Algunos soldados pedían más abrigo. Otros preguntaban por qué las comidas comenzaban a hacerse más espaciadas. Alguno preguntó qué había sido de aquella promesa de volver a casa pronto. Otro quiso saber qué día llegarían los ingleses.

Los oficiales respondieron reclamándoles hombría cuando los conscriptos demandaban simplemente abrigo y comida. Llegaba el mes de mayo y Gabriel Sagastume comprendió por fin que la guerra estaba por llegar a Malvinas.

—Cuando recuerdo Malvinas —dice— lo primero que siento es hambre. Y es una cosa que se siente en todo el cuerpo. El hambre te degrada, te convierte en un animalito, en una mala persona.

Cuenta que en Malvinas llegó a pensar en robarles las raciones a sus amigos cuando largos días de la dieta a base de aire lo incitaron a conseguir como fuera algo para comer. Durante la guerra, un pomelo podrido que encontró en un charco de barro se convirtió en un manjar que tardó instantes en devorar.

También recuerda la orden de los oficiales de que no mataran a las ovejas de los isleños, aun cuando pasaran días enteros sin que les llegara un mísero plato de sopa a las posiciones. Gabriel dice que cuando el hambre apretaba, las prohibiciones se volvían formalidades. Los soldados salían de sus posiciones a escondidas para cazar ovejas. Algunos no podían esperar siquiera a llegar a las trincheras y emprendían contra la carne cruda en el mismo lugar donde caían los animales. Recuerda Gabriel que, excepto el cuero y los huesos, toda la carne y las vísceras de los animales eran convertidos en alimento por los conscriptos argentinos.

A fin de calmar el apetito en las trincheras, Gabriel y sus amigos usaban un anotador para escribir sobre las cosas que querían comer. Gabriel anotaba las recetas para cocinar las comidas que nunca había probado. En los días en que el papa Juan Pablo II visitaba la Argentina para intentar frenar la guerra, aprendió cómo se hacían las bombas de papa.

Como otros veteranos, Sagastume asegura que después de un rato de hablar sobre comida, algo de esa terrible hambre que sentían se apaciguaba.

—Nos alimentábamos psicológicamente —dice.

En una trinchera, en medio del hambre y las bombas, aprendieron a cocinar cosas que sonaban eróticas cada vez que se las nombraba. Hoy, cuando su hija no puede acabar un plato de comida, él siente la obligación de terminarlo aun cuando ya no sienta hambre.

El estaqueo es indigno. Los brazos y las piernas abiertas con todas las partes vulnerables del cuerpo ofrecidas al frío y el castigo de los oficiales. En la intemperie, los estaqueados sólo pueden pasar el tiempo pensando cuánto falta para cumplir la sanción.

El estaqueo en Malvinas era doblemente atroz. Era inhumano porque no había forma de protegerse cuando se estaba indefenso ante los elementos y más aún porque el escarmiento muchas veces no se suspendía aunque se iniciara un bombardeo británico. Era cruel porque la sanción provenía de aquellos que estaban allí para enseñarles a defenderse de los ingleses y no para hacer respetar la tradición de la obediencia ciega al rango. Algunos soldados llegaron al punto de desear que comenzara el combate para poder disparar libremente a los que habían ordenado el estaqueo.

—Cuando empiecen a tirar, vos cuidate porque yo te disparo por la espalda, no tengo problema —llegó a decirle un conscripto a un cabo primero.

En Malvinas hubo tantos estaqueos que hoy es difícil encontrar algún veterano que no los haya padecido o presenciado. Los militares de carrera argentinos defienden esa práctica con el argumento de que ayudaban a los conscriptos a comprender la necesidad de disciplina y que ésta salva vidas en el momento del combate.

Para Gabriel todo eso es una tontería. Fue atormentado con el estaqueo y no encuentra atenuantes para dejar de condenarlos. En su caso fue inducido por el hambre a escapar hacia Puerto Argentino a robar comida. Cuando fue descubierto, un oficial del cual prefiere guardar el nombre lo ató a las estacas.

—El hambre fue siempre responsabilidad de los oficiales —dice Gabriel. Su acusación alcanza desde el cabo en el frente de batalla hasta los generales que lo enviaron a Malvinas sin prever las necesidades más obvias de los soldados.

Incluso cuando las bombas comenzaron a desfigurar las posiciones argentinas, la comida siguió siendo una prioridad para los soldados.

—El hambre estaba por encima de la supervivencia a un bombardeo. Recuerdo que nos estaban bombardeando y nosotros estábamos en medio del descampado. Éramos dos o tres. Nos metimos en una posición abandonada. Ahí había una lata de carne. La abrimos y nos pusimos desesperados a comer. Caían las bombas y nos salpicaba la tierra... a nosotros nos importaba comer. Si teníamos la oportunidad de comer, no la podíamos dejar pasar. Comer estaba por encima de la posibilidad de que nos cayera o no un bombazo encima.

Gabriel supo hasta qué punto la sociedad argentina ignoraba lo que estaban pasando en Malvinas cuando recibió una carta de Florencia. Su novia le escribía una recomendación que le sonó como una broma macabra en medio del hambre:

—No comas mucho chocolate, te salen granitos.

Sagastume resume esos días en los que el frío, la inactividad y el hambre fueron lo único que sucedió:

—Mal alimentados y con frío, íbamos cayendo en una sensación de sueño permanente. Encima en las islas había muy pocas horas de luz. Amanecía a las nueve de la mañana y se hacía de noche a las cuatro de la tarde. Eran muchas horas de oscuridad; dormíamos todo el día y tratábamos de estar quietos porque no teníamos otra actividad que quedarnos en el pozo a esperar.

Fue así que pasó el tiempo hasta que, como un despertador brutal, las bombas de los ingleses sacaron a los soldados argentinos en Malvinas del sopor permanente en que vivían.

—Son patos —fue la respuesta del sargento cuando dos conscriptos lo despertaron en medio de la noche para informarle sobre el peligro de un ataque inglés.

Los dos jóvenes a cargo del radar del monte Longdon pertenecían al Regimiento 7 de La Plata en donde también había hecho el servicio militar Gabriel Sagastume. Los radaristas habían pasado toda su conscripción haciendo tareas de oficina gracias a algún contacto familiar que les evitó hacer los encargos más serviles de la conscripción. Al llegar a Malvinas recibieron una breve instrucción para operar el radar que vigilaba hacia el norte de Longdon. No debería haber mucha diferencia entre la máquina de escribir que usaron en el continente y ese artefacto instalado en la cima del monte para detectar al enemigo.

Las falsas alarmas habían infundido una engañosa confianza en los oficiales del regimiento que defendía el monte situado al norte de Puerto Argentino. Alguna oveja o un pato que se cruzó frente al haz electromagnético del radar en días anteriores ya había puesto inútilmente en alerta a la tropa.

La noche del 11 de junio los soldados fueron a la carpa del oficial para informarle que la pantalla se había inundado de puntos que trepaban por la ladera norte. Pero el sargento les dijo que se trataba de aves antes de volver a dormirse[182]. Después de todo, aquellos jóvenes soldados no eran profesionales como él y no sabían interpretar lo que apareciera en la pantalla. Los soldados insistieron con otros oficiales sobre el peligro que se dirigía hacia ellos. Un general desde Puerto Argentino mandó a apagar el radar asegurando que los ingleses nunca podrían atacar desde aquella dirección.

"Los patos" que quiso ver aquel oficial eran en realidad de tres regimientos de paracaidistas ingleses que avanzaban sobre el perímetro defensivo del Regimiento 7 de La Plata en monte Longdon. Minutos después de ser detectados por el radar estaban sobre las carpas donde los soldados aún dormían. La sorpresa había sido tan absoluta que poco pudieron hacer los defensores cuando explotaron las primeras granadas dentro de sus trincheras.

Cuando se inició la batalla los defensores ocuparon a la carrera sus posiciones. Buscaron reparo mientras las balas repiqueteaban contra las rocas. Era de noche y casi ninguno sabía dónde estaban los fusiles que atacaban y dónde los que defendían. La oscuridad era rota por el rastro luminoso de las balas antes de estrellarse contra las trincheras argentinas.

En una de ellas estaba Gabriel con otros tres compañeros. Se aplastaron contra el piso sepultando la cara contra el suelo de turba, como si al enterrarse fueran a borrar la pesadilla de explosiones, ráfagas y gemidos de los que estaban siendo muertos y heridos alrededor.

Yendo de una roca a la otra, Gabriel y sus compañeros evitaron caer heridos. Aprovechaban la oscuridad para no quedar en la mira de los ingleses. De tanto en tanto, una bengala estallaba en el cielo trayendo la luz del día al campo de batalla. En el escenario lúgubre que creaban los enemigos aprovecharon para herirse y matarse con mayor eficacia. Cada bengala iniciaba una breve temporada de tiro al blanco en la que incluso los que huían eran alcanzados por los disparos. De a poco, el campo de batalla se fue poblando de cuerpos tendidos. Un bosque de manos suplicantes se alzó donde caían los heridos.

Gabriel no podía luchar. El miedo a la muerte lo obligaba a mantenerse pegado a la turba. Sólo deseaba que no le dispararan. Fue en ese momento que escuchó aullar al soldado Nowisky por entre los bramidos de la batalla. Estaba detrás de una roca gritándoles a los británicos mientras vaciaba su fusil contra las sombras y los destellos que tenía enfrente. Gabriel recuerda con precisos detalles ese momento:

---

[182] Otros veteranos del Regimiento 7 de La Plata aseguran que los ecos en el radar fueron identificados como ovejas, aunque la digresión zoológica no afecta el sentido de la historia narrada.

—Se paró —dice mientras entrecierra los ojos como si la escena pasara de nuevo frente a él— y los empezó a insultar. Les gritaba ¡tiren, la reconcha de su madre! ¡La puta que los parió! Y él tiraba como loco. Disparaba casi parado desde detrás de una roca baja. Tiraba sin parar. Vaciaba un cargador y enseguida lo cambiaba sin dejar de putear a los ingleses. Y entonces, cuando vimos que el gringo se puso así nosotros también empezamos a tirar. Buscamos posición y empezamos a tirar.

Gabriel dice que de no haber sido por aquel conscripto que irradiaba adrenalina en medio de la batalla quizá nunca hubiera disparado. Fue en ese momento que se ganó el derecho a contar en primera persona lo que es pelear en una guerra. De no haberse puesto de pie, todavía miraría con la cabeza gacha el suelo de Malvinas. Aquella batalla fue la academia en la que Gabriel ingresó como soldado y egresó como veterano.

—El odio es un derivado de la injusticia —dice. Es la definición que le nació mientras veía a sus compañeros muertos o heridos llegado el día de la rendición. Conserva las preguntas que le recorrieron la mente mientras dejaba el campo de batalla: ¿Cómo le van a tirar una bomba a este tipo? ¿Qué hacemos acá? ¿Por qué estos tipos nos tienen que tirar así? ¿Tienen que lastimarnos o matarnos? Gabriel Sagastume sigue sin una respuesta definitiva para esos interrogantes.

El fin de la guerra llevó a Gabriel Sagastume a la ciudad de Comodoro Rivadavia. Luego fue trasladado al hospital militar de Campo de Mayo en las afueras de Buenos Aires. Cojeaba entre otros heridos a causa del pie de trinchera. Sus padres sabían que estaba allí y fueron a buscarlo con una numerosa comitiva:

—Lo veo venir a mi tío Mariano que vive en Salta. Atrás venía mi vieja y atrás Florencia y atrás la hermana —recuerda mientras algunas lágrimas le lamen las mejillas—. Fue un shock impresionante, abrazar a uno, al otro, al otro, y una cadena de besos y abrazos, de alegría. Nadie lloraba, era alegría de vernos, de tocar, de decir tenés todos los dedos, tenés los brazos, tenés las piernas. Incluso decían "no hablés, ahora no hablés, a ver si éste está medio loco, no le saquemos ningún tema, no cuentes nada, hablamos nosotros".

Mientras estuvo internado, Gabriel volvió a soñar con las comidas de su madre y con la idea de probar pronto cada una de esas exquisiteces que había aprendido a cocinar en Malvinas. "Milanesas de mamá", ése era el primer plato en su lista de prioridades gastronómicas. Pero iba a tener que esperar para volver a comer las milanesas de su madre. Por un descuido del personal médico en el hospital de Comodoro Rivadavia, se contagió de hepatitis. Además de pie de trinchera, llevó a su hogar una enfermedad que lo dejó en cama por cuatro meses y con una estricta dieta a cumplir.

Su novia Florencia lo guardó en su convalecencia, cocinándole diariamente lo poco que le dejaba probar la enfermedad.

—Ella me acompañó los cuatro meses que estuve en cama —dice mirando a Florencia como un devoto que ve a la mismísima Virgen María—. Venía todos los días a casa y me cocinaba. Estaba cagado de hambre y con la obsesión de comer lo que no podía.

A Gabriel le llevó un tiempo rehacer su vida tras el regreso de la guerra. Entró a trabajar en la Secretaría Electoral de La Plata cuando los militares argentinos abandonaron el poder en 1983. Un cupo reservado para ex combatientes le permitió conseguir un trabajo con el cual mantenerse ocupado y conseguir algo de dinero.

Su noviazgo con Florencia seguía adelante y necesitaba darle un sustento económico a sus deseos de volver a sentirse una persona corriente. Aunque las pesadillas todavía lo azotaban muchas noches, seguía manteniendo vivo el sueño de armar una familia que perdurara más allá de sus recuerdos de la guerra. Se casó poco después de volver de las islas y en 1991 nació su única hija, Pilar.

A poco de comenzar a trabajar inició la carrera de abogacía. Hizo méritos para conseguir promociones y ascensos dentro del Poder Judicial y en 1998 fue nombrado fiscal penal de la provincia de Buenos Aires, trabajo que mantiene hasta el presente.

Como fiscal, asiste todos los días al patético espectáculo que da la criminalidad. Afirma que su experiencia en Malvinas lo transformó en una persona fría a la hora de involucrarse en los casos judiciales. Esa frialdad se hace sin embargo más tibia cuando tiene que presenciar cómo algún veterano extravía el camino y termina tras las rejas. Nunca tuvo que tener a uno de ellos del otro lado del mostrador, pero la imagen de sus ex compañeros desorientados en el laberinto del delito, dice, lo convence de haber optado por lo correcto en lugar de dejarse ganar por las secuelas más tristes del paso por la guerra.

En los primeros años del regreso, la dedicación a su trabajo y a su familia lo alejaron de los veteranos. Algunas veces se juntaba con algún compañero de trinchera, pero sus visitas al Centro de Veteranos de La Plata se fueron espaciando. Gabriel reconoce que hubo algo de hastío por hablar todo el día de lo que le pasó en Malvinas.

Desde hace unos años volvió a encontrarse con otros veteranos de guerra. Hoy es secretario de Cultura del Centro de Ex-Combatientes de Islas Malvinas de La Plata. Cada martes por la noche se junta con otros veteranos para comer y hablar acerca de cómo van sus vidas. Aunque Malvinas sigue siendo el tema dominante, también tienen tiempo para confiarse entre sí sus sentimientos y para ayudarse enfrentando de a varios los temores que tiene cada uno. Como muchos veteranos, Gabriel se siente parte de esa familia de sobrevivientes de la batalla que lo parió en las trincheras.

Aunque sabe que no puede olvidar lo sucedido, el ex soldado, que fue un mediodía al cuartel y volvió tres meses después a su casa, también se prometió no dejar de lado el presente mientras recupera lo que puede de ese pasado del que nunca eligió participar.

Después de casarse Gabriel y Florencia solían ir de vacaciones a Miramar. El padre de Florencia les prestaba una casa cerca del balneario Las Brujitas.

Corría la primera semana del mes de febrero del año 1995 y la pareja aprovechaba al máximo la playa yendo temprano a ver la indecisión de las olas. Un día, cuando apenas habían pasado las nueve de la mañana, llegaron al balneario con su hija Pilar, que en ese entonces tendría unos 4 años de edad.

Vieron que sólo compartían la playa con otra familia. Dos niños de la edad de Pilar jugaban en la arena. Pasó muy poco tiempo hasta que su hija fue a jugar con ellos con esa facilidad para las relaciones públicas tan común en los niños.

Gabriel y Florencia se sumergieron en la lectura. Era otro día de playa y no había nada por qué preocuparse. Pero Florencia estaba inquieta. Le costaba concentrarse y no dejaba de mirar por encima de su libro. Observaba a un anciano que caminaba por el borde del mar.

"Ése es Galtieri", dijo Florencia. Gabriel miró hacia el mar. La playa era muy amplia y los rasgos del anciano eran imprecisos desde donde estaban. Echó un vistazo a su libro y se dio cuenta de que ya no resultaba tan interesante lo que leía. Quería saber si aquél era o no el que lo había mandado a la guerra.

Gabriel dejó la lectura y recorrió la distancia que lo separaba del mar. El brillo del sol sobre el agua difuminaba la imagen que tenía a su frente. Sin el uniforme y la gorra de general, aquel viejo alto que paseaba bajo el sol de la mañana tenía un impreciso parecido con la imagen que su mente conservaba del hombre fuerte del gobierno militar argentino en 1982.

No fue directo hacia el anciano, sino que caminó perpendicular a él. Había tan poca gente en la playa que no quiso pasar un momento de bochorno yendo a encarar a alguien que podría no ser quien suponía.

Llegó al borde de la playa pero todavía seguía estando lejos de lo que quería ver. Mientras caminaba hacia el agua, la figura se había alejado nuevamente dándole la espalda. El anciano caminaba en la arena mojada un trecho de un centenar de metros y luego volvía sobre sus pasos, para reiniciar un paseo que parecía una ronda de vigilancia. Gabriel se detuvo al lado del mar. Sus pies comenzaron a reducir la distancia entre ambos. El viejo ni siquiera parecía haberse percatado de su presencia. Simplemente miraba la arena como si buscara algún significado en ella.

Ahora, el que quizá fuera Galtieri estaba a unas decenas de metros de Gabriel. El Atlántico lo mojaba bajo sus pies recordándole el momento en que, con apenas 19 años, fue subido con apuro a un avión para ir a Malvinas, en algún lugar de ese océano. El viento le golpeó el pecho, ahora lleno de vello y de una angustia que volvía como náuseas cada vez que pensaba que podría encontrarse con Galtieri frente a frente.

Miró hacia donde estaban Florencia y Pilar y se frenó por un instante. Su hija seguía jugando con los otros niños. Salvo esas personas con quienes compartían la playa esa mañana, no había más gente sobre la arena. Aquel que caminaba al lado del mar debía haber venido con esa familia. "Aunque sea por un rato mi hija está haciéndose amiga de los nietos de Galtieri", pensó con un dejo de pánico. Miró a Pilar y a sus nuevos amigos jugando con sus baldes al borde del mar. Se dio cuenta de que debía saber con urgencia si se trataba o no de Galtieri. Sólo debía seguir dando pasos para provocar el encuentro con ese desconocido que desde allí se parecía un poco más al ex general.

El anciano continuaba marchando hacia él. Su cuerpo agraviado por los años se inclinaba como si un peso en su nuca lo empujara. Gabriel enderezó su pecho y siguió adelante. El rostro de enfrente comenzó a definirse. Tras un instante, el viejo se pareció a Galtieri. Un paso después era más parecido aún. Los segundos iban dando más claridad a esa cara que venía a su encuentro. Algunos pasos más adelante, el rostro de Galtieri se le reveló con toda nitidez.

¿Qué debería haber hecho Gabriel Sagastume cuando estuvo frente a frente con Galtieri? ¿Golpearlo? ¿Escupirlo y deshonrarlo de cualquier forma posible para compensar tantas carencias en Malvinas? ¿Tratar de razonar con él para darse una respuesta a las preguntas que trajo de la guerra? ¿Apelar al perdón cristiano y ofrecerle la otra mejilla? ¿Buscar la parte humana de aquel símbolo de toda la infamia que presenció en la guerra? ¿Preguntarle simplemente por qué?

Gabriel quería saber muchas cosas. Y ese anciano tenía las claves para responder al menos las dudas esenciales que le dejó su paso por la batalla. Se acordó del frío y la improvisación con que fueron enviados cuando apenas tenía edad para afeitarse. Recordó las promesas de un viaje casi turístico que se trocó en una travesía por el abismo. Pudo recordar las recetas con que alucinaban en la trinchera que compartieron durante tres meses con el hambre. Vio las ovejas despanzurradas y las estacas clavadas en la turba. Sintió nuevamente el lamento de los que agonizaban y el olor de la sangre desparramada en la batalla. Se acordó de los "patos" que masacraron a su regimiento. Escuchó al gringo Nowisky dándole el valor que los oficiales se negaron a transmitirles. A su madre prometiéndole las milanesas que comería cuando se recuperara de la hepatitis. Se vio a sí mismo tentado de robar a sus compañeros para calmar el hambre. Recordó, por fin, que ese anciano que tenía enfrente era el que había comenzado una guerra que quizá nunca podrían haber ganado.

El viejo llegó frente a él. Gabriel lo miró y le dijo: "Usted es Galtieri". El ex general lo miró levantando el mentón como pidiendo no ser molestado. La boca entreabierta, los ojos entre grises y celestes mirándolo desde arriba y la quijada labrada a golpes de culata le daban un aire de suficiencia que el veredicto de incompetencia de un tribunal militar nunca había podido borrar.

—Yo fui a la guerra por culpa suya. Tengo un montón de compañeros muertos por culpa suya —alcanzó a decir Gabriel cuando la mano de Galtieri dibujó una pirueta indefinida en el aire como para espantar a aquel joven que interrumpió su paseo. Ese gesto liquidó lo que el ex conscripto estaba por decir.

Esperó una respuesta. Y la tuvo. El anciano le dijo simplemente:

—Y m'hijo, son cosas que pasan.

Nada más. Luego, el ex general se dio vuelta y dejó a Gabriel solo. En un instante la familia que lo acompañaba en la playa recogió sus cosas y desapareció detrás de Galtieri. Gabriel se quedó firme en el borde del mar esperando la orden de romper filas. Por un segundo había vuelto a ser el conscripto Sagastume y ese viejo que se marchaba uno de esos generales a los que no se les debía dirigir la palabra sin permiso.

"Son cosas que pasan." Hasta hoy es todo lo que obtuvo Gabriel como explicación del ex general Leopoldo Fortunato Galtieri.

Capítulo 24

Me dicen "Argie Lover"

◆

E l malvinense James Peck[183] es alto, desgarbado y rubio. Posee esa mirada melancólica que sólo los ingleses saben fabricar. El pintor trabaja cada día hasta la madrugada en su atelier, al lado de la estación de bomberos de Puerto Argentino, en una habitación en la que hace tanto frío como a la intemperie. James nació en Malvinas en 1969. Es la séptima generación de malvinenses e hijo de Terry Peck, el ex jefe de policía de las islas y uno de los dos civiles que pelearon junto a las tropas británicas en la guerra del '82.

James Peck fue al Colegio de Arte de Chelsea, en el Reino Unido, donde se graduó en 1993. Con su título en la mochila volvió a Puerto Argentino para iniciar su carrera como artista. No pasó mucho tiempo hasta que se casó con una malvinense llamada Carol a la que conocía desde la infancia.

Luego decidió irse una temporada a la Argentina. Había estado allí con su padre antes de la guerra y recordaba poco de esa enorme ciudad tan cerca y tan lejos de su hogar. Llegó a Buenos Aires en diciembre de 1996. Su mujer y su hijo ocasionalmente fueron a visitarlo en su casa porteña. James tenía la intención de explotar su condición de artista malvinense para hacer conocer sus pinturas.

Ni bien pisó tierra argentina las autoridades migratorias le pidieron su permiso de residencia. Con dificultad, James tuvo que explicarle que había nacido en las Malvinas y que no era preciso que contara con semejante permiso ya que, al menos para los argentinos,

---

[183] Entrevista con James Peck y María Abriani realizada en junio de 2004 en Puerto Argentino, islas Malvinas.

él era su compatriota. "No quiero tener problemas con un inmigrante ilegal", le dijo el funcionario del aeropuerto. El asunto no pasó a mayores cuando los burócratas comprendieron lo que el artista les explicaba.

Primero James vivió en hoteles, hasta que se mudó a una oficina en desuso en la zona comercial de Once que le prestaron unos argentinos que conoció apenas llegó a Buenos Aires. Allí instaló su atelier y hogar durante nueve meses.

Pese a los temores que había traído respecto de la forma en que sería tratado por ser malvinense, pronto logró hacerse de muchas amistades en Buenos Aires. Uno de ellos fue Miguel Savage, un veterano de guerra que combatió en el monte Longdon y a quien James considera hoy uno de sus mejores amigos.

Mientras preparaba una exposición de su obra en Buenos Aires, James recibió una nota de la aduana argentina. Le indicaban que para retirar sus cuadros de los depósitos aduaneros debía pagar 263 dólares en concepto de "importación" de sus obras desde Malvinas.

El artista fue a explicarles varias veces a los funcionarios de la aduana que dado que el país consideraba a las islas como un territorio propio no tenía sentido que pretendieran hacerle pagar un arancel por la importación de sus cuadros.

La obstinación de los funcionarios por cobrar la factura de importación llevó a James a contactar a los periodistas locales. Su estrategia tuvo resultado; en pocos días los medios más importantes recogieron la historia y reclamaron a los funcionarios que permitieran al artista malvinense retirar sus obras de la aduana. Un alto funcionario de la Secretaría de Cultura de la Nación dijo indignado a los medios que "esas pinturas tendrían que entrar libremente. Tienen que circular sin trabas, porque las Malvinas están dentro del país"[184]. Finalmente la factura de importación fue anulada y James se llevó sus cuadros al atelier del barrio de Once.

Cuando James ya se encontraba de regreso en Malvinas su amigo Miguel Savage fue a visitarlo acompañado por su esposa y sus dos hijos, Francisco y Magdalena[185].

James y su amigo argentino subieron al monte Longdon y buscaron las posiciones del Regimiento 7 de La Plata donde Miguel había combatido durante la guerra. Días más tarde volvieron al mismo lugar con Terry Peck, el padre de James. Los veteranos intercambiaron sus

---

[184] *La Nación*, 21 de noviembre de 1997.
[185] El relato fue extraído de conversaciones con James Peck y de la página personal de Miguel Savage en http://www.geocities.com/viajesavage/page2.html.

experiencias en combate. Miguel le contó que su abuelo había sido oficial de la Real Fuerza Aérea británica durante la Segunda Guerra Mundial. Terry comenzó a contarle sobre sus primeros días en la guerra y cómo se vio envuelto en la batalla de Longdon.

En un momento, Terry recordó que tres días antes de la batalla de Longdon estaban emboscados en un lugar al norte del monte. Fue allí donde él y los soldados británicos que lo acompañaban divisaron a un grupo de seis soldados argentinos que caminaban en dirección al río Murrell. Uno de los oficiales sugirió matarlos. Pero cuando pidieron permiso al jefe de regimiento para disparar éste les ordenó no abrir fuego para no alertar a los argentinos en Longdon. Entre los soldados argentinos que casi mata Terry Peck iba Miguel Savage.

Comenzaba el año 2000. James trabajaba nuevamente en su atelier de Puerto Argentino. Su paso por Buenos Aires le sirvió para conjurar el resentimiento hacia todo lo que fuese argentino. Quizá por eso no tuvo inconvenientes en acercarse a María Abriani, una artista de esa nacionalidad que había llegado a Puerto Argentino en febrero de 2000.

—Fui a Malvinas para pintar. Mi idea era venir unas semanas, pintar los paisajes de las islas y con esa excusa hacer una exposición en la Argentina para darme a conocer —dice María.

James y María se cruzaron un par de veces en los limitados confines de Puerto Argentino. Pero el malvinense estaba aún casado con Carol. La relación entre James y María, aclaran los dos sin que se les pregunte, no fue más allá de un simple contacto entre dos artistas y el intercambio de números telefónicos.

—Yo todavía estaba casado por lo que era… ¡Hola! ¡Chau! —dice James sonriendo cómplice a María.

En uno de los viajes de James a la Argentina volvieron a encontrarse. Él la invitó a salir. Las invitaciones se repitieron y pronto el malvinense y la argentina estaban enamorados. Lo que comenzó como un noviazgo pronto se transformó en una relación más formal. María viajó a Malvinas y se instaló en la casa de James, que tiempo antes se había separado de su esposa malvinense.

James comenzó a escuchar que le decían "Argie Lover". En esos días, él y María soportaron miradas cargadas de antipatía y críticas disfrazadas de recomendaciones de aquellos que no veían con buenos ojos a la pareja formada por el malvinense y la argentina.

María intentó conseguir trabajo en Puerto Argentino, pero siempre existía un impedimento para lograrlo. O la vacante acababa de ser cubierta, o necesitaban a alguien diferente para el puesto o la respuesta era simplemente "no podemos emplear a un argentino".

Para muchos, quien tenía más derecho a desaprobar a James era su padre. Después de todo, entre todas las posibles nacionalidades, su hijo había elegido enamorarse de una mujer argentina y la había llevado a vivir entre ellos.

Sin embargo no fue así. Terry Peck, aquel que había recibido una condecoración de manos de la ex primera ministra Margaret Thatcher, el representante de los veteranos ingleses en las islas, el que había guiado a las tropas británicas por el terreno malvinense hasta tomar el fusil y luchar en la sangrienta batalla de monte Longdon, no estaba molesto.

Incluso Terry no tuvo reparos de vivir junto a su nuera argentina cuando, hartos de la hostilidad en Puerto Argentino, James y María decidieron mudarse a la casa del ex jefe de policía en Darwin.

—Él comprendió que era mi elección y la respetó. Vio que estaba contento con María —dice James.

El tiempo pasó y María quedó embarazada. Recibió la noticia en el hospital de las islas a fines de 2001.

La llegada de un nuevo hijo llenó a James de esperanzas acerca del futuro. Pero las autoridades isleñas le informaron a James que, debido a que María era extranjera, el sistema de salud de las islas no cubriría el costo del alumbramiento. Sin el seguro de salud, el parto tendría un costo de casi 40.000 libras.

Fue así que James y María decidieron tener su hijo en la Argentina. Jack —el pequeño Jack, como le llaman sus padres— nació en la Maternidad Suizo Argentina de Buenos Aires. Fue argentino como su madre. Pero semanas más tarde regresó a las islas para crecer como un malvinense, como su padre.

Cuando la pareja volvió a las islas, el gobierno isleño no le concedió al pequeño Jack el permiso de residencia por tener un pasaporte argentino.

—Le dieron un permiso por una semana... recibí una llamada telefónica de la oficina de inmigración. Me decían que Jack tenía que dejar las islas en una semana... —explica James sin dejar de mover su cabeza como si aún no creyera al punto que había llegado la molestia de algunos malvinenses con su familia.

De acuerdo con los burócratas de Malvinas, Jack, que en ese momento tenía apenas unas semanas de vida, debía abordar el siguiente avión que partiera de las islas por no tener permiso de residencia. Es decir, su madre o su padre —o ambos— debían acompañarlo hasta la salida. Era obvio que estaban invitando a la pareja a abandonar el archipiélago.

El diario inglés *The Guardian* publicó en esos días un artículo describiendo el hostigamiento contra James, María y Jack[186]. La nota afirmaba que James y María estaban siendo forzados al exilio.

—Se trata de discriminación... uno no puede elegir dónde va a encontrar el amor —dijo enojado el padre de James en sus declaraciones a la prensa británica.

Aunque finalmente se le concedió a Jack un permiso de residencia permanente, la controversia por la familia Peck en Malvinas no desapareció. Hacia fines de 2004 los Peck decidieron dejar las islas. Iban a probar suerte en Australia o la Argentina. En realidad no sabían aún su destino final. Sólo tenían la certeza de que ya era suficiente la hostilidad hacia María en Malvinas y demasiadas las tonterías creadas en torno al origen de Jack. En algún lugar del planeta, James, Jack y María seguirán peleando para formar una familia sin ser objeto de las amargas disputas políticas ajenas.

Todavía James y María deben enfrentar el desafío más difícil. Ocurrirá cuando Jack crezca y comience a preguntarles sobre las razones de su exilio.

Tendrán que explicarle que James es el nieto del héroe de Malvinas. Que uno de los mejores amigos de su padre combatió contra su abuelo en una guerra en 1982. Deberán explicarle el porqué del conflicto y las razones por las que casi mil personas murieron disputándose un agrio pedazo de tierra en medio del helado Atlántico Sur.

María tendrá que hablarle de esos soldados casi adolescentes que enfrentaron el frío y el hambre. Que hubo héroes y cobardes y cuántas veces los héroes mostraron cobardía y los cobardes se transformaron en héroes. Tendrá que hablarle de un gobierno militar que quiso torcer el destino de su desprestigio comenzando una guerra difícil de ganar. Del júbilo popular de un país triunfalista que luego quiso olvidar que apoyó fervientemente una aventura militar. Habrá tiempo para hablar de soldados comiendo de la basura y de historias de conscriptos inexpertos acometiendo sin temor contra tropas profesionales. De militares valerosos y de sádicos en uniforme.

James le hablará de la guerra que vio cuando era aún un niño. De la irrupción de miles de soldados en un puerto tranquilo y alejado del mundo. Del terror y de las redadas. De las celebraciones de victoria y de los civiles que arriesgaron su vida para luchar contra los ar-

---

[186] "Forbidden love in a cold climate", *Guardian Newspapers*, 5 de noviembre de 2002.

gentinos. De un gobierno que apeló a una guerra para alimentar el orgullo por un imperio que ya había desaparecido. De los fusilamientos y los abusos de los vencedores. De las pequeñas cobardías y de los héroes venidos en cientos de barcos. Le explicará qué es lo que aún provoca la guerra entre los isleños y dentro de los veteranos de ambos bandos.

El hijo de María y James un día ya no será un pequeño. Quizás entonces prefiera dejar de escuchar historias y comience a hacer preguntas. Tendrá interrogantes simples que pueden serle urgentes para comprender de dónde vino y a qué bandera le debe lealtad.

¿De quién voy a heredar las islas? ¿De mamá o de papá? ¿Pueden convertirse algún día mamá y papá en enemigos? ¿Por qué después de tantos años no hay una solución al conflicto? ¿Hay una solución? ¿Por qué murieron mil personas tratando de encontrarla por las armas? ¿Era necesario? ¿Hubo alternativas? ¿Podría alcanzarme a mí también la guerra en el futuro? ¿De qué lado debería combatir? ¿A quién traicionaría si alguna vez opto por no ser parte de ningún bando? ¿Cuánto puede valer una tierra? ¿Otras mil vidas? ¿Cómo se llama esa tierra? ¿Malvinas o Falklands? ¿De quién es, al final de todo, la tierra? ¿Puede ser la tierra de nadie?

Índice

◆

Esta edición de 3.000 ejemplares
se terminó de imprimir en
Indugraf S.A.,
Sánchez de Loria 2251, Bs. As.,
en el mes de marzo de 2006.
www.indugraf.com.ar